本书是国家社会科学基金教育学青年课题"信息社会学课程化研究（课题批准号：CCA100174）"的阶段性成果

信息技术课程发展研究丛书

总主编 / 董玉琦

信息社会学课程开发理论与实践

XINXI SHEHUIXUE KECHENG KAIFA
LILUN YU SHIJIAN

钱松岭 / 著

教育科学出版社

·北 京·

序

中小学信息技术课程的主要目的是提升学生的信息素养，培养信息社会的理想公民。就我国目前的中小学信息技术课程实施发展状况来说，信息技术课程脱胎于计算机课程，还带着强烈的工具主义烙印，存在着技术至上的倾向，内容上缺少有关信息权利与义务、伦理道德、法律法规、社会信息系统等信息社会学方面的知识，忽视了课程的科学精神与人文精神的培养。全面培养学生的信息素养一定是信息科学、信息技术与信息社会的综合化（简称STS综合化），三者之间的关系越来越密切，而且彼此发生转化的时间周期越来越短，这也是社会发展对中小学信息技术课程STS（Science，Technology，Society，科学、技术、社会，简称STS）综合化的促动。

基于以上认识，本书在中小学信息技术课程框架内，以信息社会学为切入点，试图探求中小学信息社会学课程开发的模式、目标、内容选择与组织以及教学策略与评价，使之更好地与信息科学、信息技术内容合理融合、有机统一，以增强中小学信息技术课程的文化底蕴。

本书通过对课程开发理论、信息社会学本体知识和中小学信息社会学课程研究现状进行文献研究，分析了这些方面对中小学信息社会学课程开发的适用性。然后，以英国、美国、日本和印度四国中小学信息社会学课程的相关政策性文件、商业性出版的教科书和课堂教学三方面为主要研究对象，从课程开发的基本要素，即课程目标、课程内容、课程结构、课程实施与课程评价等方面进行比较与分析，阐述了与中小学信息社会学课程相关的哲学、心理学、社会学三个方面的理论基础，提出中小学信息社会学课程要体现文化传承、社会科学、反思探究等三个社会学课程传统。同时，还从社会、个人和学科三个维度对中小学信息社会学课程的价值进行了分析。

此外，本书进一步对中小学信息社会学课程进行了差异性分析与归类分析，确定了相关课程、核心课程和活动课程三种基本开发形式，并提出了课程开发的 KPRC 模式：K 为 Information Sociological Knowledge 的简称，指信息社会学知识；P 为 Information Processing 的简称，指信息处理流程，是信息技术学科的方法特质与过程原则；R 为 Social Relationship 的简称，指学生的社会关系；C 为 Cultures 的简称，指文化，包括传统文化与多元文化。此模式将课程目标定位为"培养数字公民"，并通过专家审议确定了宏观、中观与微观的三级目标体系。课程内容包括信息伦理、信息法律、社会信息系统、信息安全和信息科技发展史五个领域，从自我、自我与他人/他物、自我与社会三个层面的关系来组织这些内容，并分为四个水平阶段。

基于以上研究，笔者在调查教学实验对象课程需求的基础上开发了相应的三种课程资源，并对其进行专家审议，然后开展了教学实验，从中小学信息社会学课程的教学、学习内容、教学评价和未来研究四方面提出了建议。

本书在理论分析与教学实践的基础上提出了中小学信息社会学课程开发的 KPRC 模式，系统构建了中小学信息社会学课程基本框架。第一，提出了培养数字公民的终极目标，并明晰了宏观、中观和微观的三级目标体系；第二，确定了信息伦理、信息法律、社会信息系统、信息安全和信息科技发展史五大内容领域；第三，课程组织方式以自我、自我与他人/他物、自我与社会为课程的横向组织线索，以学生生理、心理发展的不同阶段为纵向组织线索，分为四个水平阶段；第四，确立了中小学信息社会学课程开发的三种基本模式：相关课程、核心课程与活动课程。希望本书的研究成果能对信息技术课程的发展起到一定的推动作用！

目　录

第一章　绪　论

　　全球经济一体化、民族文化发展的交融性、信息传播的"去时空性"都是社会发展一体化的体现，教育领域也出现了普通教育与职业教育一体化、普通教育与特殊教育一体化等综合趋势。对于学校课程来说，在社会发展的促动下，综合化同样也是一种发展趋势。

　　中小学信息技术课程从无到有，经过三十几年的发展，从最初的计算机教育课程发展到如今的信息技术教育课程，也是不断满足社会需求发展的过程。信息技术的不断发展加快了社会转型的速度，同时也给社会带来诸多问题，如不良信息、侵犯隐私权与知识产权等信息安全、信息污染、信息犯罪问题，这些问题需要人们在开展社会研究的基础上对信息技术自身进行反思与修正。同样，反映在信息技术课程上，依旧单一、片面、狭窄的"技术学习"特征显然不足以满足社会发展的需求，计算机科学、信息技术的学习要与社会科学的要素整合在一起。这种整合不仅限于科学探究领域，也应拓展到学校课程的层面。由此，从综合的角度来看，中小学信息技术课程中的信息社会学课程内容同样需要系统设计，这是中小学信息技术课程研究的一个重要课题。

一、研究背景

(一) 信息社会发展的要求

在信息社会，人的社会化进程中带有强烈的数字化属性，作为信息社会人，人与人之间的交往会通过数字化的技术传递信息。信息技术发展给社会所带来的影响是空前巨大的，表现在社会结构、社会组织、社会制度以及文化等方面。信息社会结构发生改变，社会原有的块状结构和层次结构相结合的模式开始呈现出一种网状结构；传统的社会组织结构受到挑战，如虚拟公司、虚拟社区等新型的网上组织出现；人类生产方式与经济结构随之变化，促进政治民主化，人们的工作、生活方式也与以往有所不同，信息技术在促进人与人信息联系的同时也产生出很多新的信息社会问题。

人们通过互联网等新兴信息技术进行信息交往活动，形成特定的信息社会关系，而新的社会关系促进了人的社会化发展。同时，人的主体性在虚拟社会中有了前所未有的机遇和可能性，为人的个性发展与全面发展提供了环境。另一方面，网络也会造成人对社会角色认知的偏差，使人依赖虚拟的网络信息活动，极易形成心理上的虚无与畸形，多重虚拟身份也会诱发认同危机，被信息异化。

据《全球信息社会发展报告 2015》数据显示，"2015 年中国信息社会指数为 0.4351，位居世界第 88 位"①。在向信息社会转型时期，信息技术成为青少年生活、学习帮手的同时，其带来的负面影响又会使青少年的世界观、人生观、价值观、道德观以及认知方式、行为方式等方面发生剧烈变化。垃圾邮件、色情等不良信息、网络欺侮、网络隐私侵权、知识产权的侵蚀都已经成为新世纪一大"景观"。中国互联网络信息中心 2011年 7 月发布的《第 28 次中国互联网络发展状况统计报告》显示，2011 年上半年，遭受过病毒或木马攻击的网民达 2.17 亿人，比例为 44.7%；有过账号或密码被盗经历的网民达到 1.21 亿人，占 24.9%，较 2010 年增加3.1 个百分点；有 8% 的网民在网上遇到过消费欺诈，该群体网民规模达

---

① 央广网.《全球信息社会发展报告 2015》发布，中国位列全球 88 位 [OE/BL]. [2015-07-18]. http://www.cac.gov.cn/2015-05/16/c_1115304247.htm.

到 3880 万人①。2013 年 7 月发布的《第 32 次中国互联网络发展状况统计报告》中的数据表明，截至 2013 年 6 月底，我国网民规模达到 5.91 亿，手机网民规模达 4.64 亿。学生群体是网民中规模最大的职业群体，占比为 26.8%。② 据 2007 年数据显示，我国网络成瘾的青少年高达 250 万人；③ 据 2009 年中国青少年网络协会公布的《中国青少年网瘾数据报告》显示，约 1600 万青少年有网瘾，其中比较严重的占 2%，约 330 万人；据《2013 上半年垃圾短信报告》显示，2013 年上半年全国垃圾短信总量超过 2000 亿条，广告推销类垃圾短信最多，诈骗类短信危害最大；④ 国家知识产权局发布的《2012 年中国软件盗版率调查报告》显示了各类软件的盗版率，信息安全类软件为 36%；办公软件最高，为 53%；操作系统软件盗版率为 23%。⑤ 个人信息泄露的事件层出不穷，2012 年 1 月，电子商务网站 Zappos 遭到黑客攻击，2400 万用户的电子邮件和密码等信息被窃取；2012 年 7 月，京东、雅虎等多个网站累计超过 800 万用户的信息泄露；2013 年，中国人寿（601628，股吧）80 万页客户资料泄露⑥……这些问题不仅破坏人们安宁的生活，甚至会导致人身伤害、死亡等恶性事件发生，而且给社会各个方面都带来各种各样的问题。与信息技术相关的青少年信息社会问题是信息社会的焦点问题之一，中小学信息技术课程无疑承担着如何解决这些问题的使命。

---

① 中国互联网络信息中心. 中国互联网络发展状况统计报告（2011 年 7 月）[EB/OL]. [2013-11-08]. http：//www. cnnic. cn/gywm/xwzx/rdxw/2011nrd/201207/t20120709_30886. htm.

② 中国互联网络信息中心. 中国互联网络发展状况统计报告（2013 年 7 月）[EB/OL]. [2013-11-08]. http：//www. cnnic. cn/hlwfzyj/hlwxzbg/hlwtjbg/201307/P020130717505343100851. pdf.

③ 李玉霞. 建青少年健康成长的和谐网络文化环境 [EB/OL]. [2013-11-08]. http：//theory. people. com. cn/GB/49172/110628/111856/6588757. html.

④ 人民网.《2013 上半年垃圾短信报告》显示：垃圾短信半年总量 2000 亿 "北上广" 成 "重灾区" [EB/OL]. [2013-11-08]. http：//politics. people. com. cn/BIG5/n/2013/1107/c70731-23469606. html.

⑤ 中华人民共和国国家知识产权局.《2012 年中国软件盗版率调查报告》发布 [EB/OL]. [2013-11-08]. http：//www. sipo. gov. cn/mtjj/2013/201305/t20130522_799868. html.

⑥ 中国产经新闻. 个人信息泄露何时休？[EB/OL]. [2013-11-08]. http：//news. hexun. com/2013-11-07/159441471. html.

（二）学生自身发展的需求

终身学习是 21 世纪的生存概念，如果没有终身学习，人们就难以在 21 世纪生存。"学会认知、学会做事、学会共处、学会生存"[①] 是终身学习理念的重要支柱与最终目标。在信息社会生存的一代新型知识公民必须具备信息素养。1989 年美国图书馆学会（American Library Association，简称 ALA）提出，一个具备信息素养的人能够判断什么时候需要信息，并且懂得如何去获取信息，如何去评价和有效利用所需的信息。信息素养成为衡量人发展的重要指标。信息素养不仅仅包括信息技术和技巧的掌握，更要求学生在学习、生活和工作中理解信息技术，并能够有目的地、安全地和负责任地应用信息技术。信息技术是社会发展变革中的强大力量，因此信息社会公民理应在信息技术应用中理解社会、伦理、法律法规和经济，不断提高信息素养，使其服务于创造性学习和自主学习。

（三）信息技术教育与课程自身发展的需求

以信息素养为培养目标的信息技术课程是信息科学与信息技术大发展的结果。放眼世界信息技术教育的发展，其自身也有一个发展变化的历程。无论在信息技术教育发达的国家，还是在我国，信息技术课程都经历了从计算机课程向信息技术课程的转变。纵观我国信息技术课程发展史，信息技术课程由计算机课程演变而来，大致经历了强调程序设计的计算机课程阶段、突出实际应用的计算机课程阶段到如今指向信息素养的信息技术课程阶段，其内容与价值是不断发展与丰富的。信息技术教育起源于计算机教育，正在经历着信息技术教育，最终将走向信息教育，如图 1-1 所示。

然而，就我国目前的信息技术课程实施发展状况来说，信息技术教育脱胎于计算机教育，还带着强烈的工具主义的烙印，信息技术课的教学还存在着技术至上的倾向，内容上缺少对信息权利与义务、伦理道德、法律

---

① 联合国教科文组织总部 . 教育——财富蕴藏其中 ［M］. 联合国教科文组织总部中文科，译. 北京：教育科学出版社，1996：75-88.

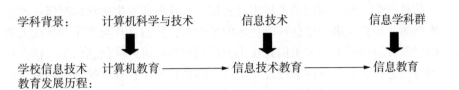

图1-1 世界信息技术教育发展历程示意图①

法规等方面的有效教学，目标上忽视了课程的科学精神与人文精神的培养，信息素养的发展变得片面。因此，结构合理的、能全面培养信息素养的信息技术课程亟待加强研究。

二、研究目的与研究内容

（一）研究目的

本书围绕着如何在中小学信息技术课程中通过信息社会学课程与信息科学、信息技术等内容融合的途径来促进信息社会中个体的社会化进程这一核心问题展开研究，研究目的有三个：第一，解决当前中小学信息技术课程存在的单纯培养学生技术技能的问题；第二，论证将信息社会学内容转化到中小学信息技术课程当中，使课程尽可能满足个体发展需求是否可行有效；第三，如何系统设计中小学信息技术课程中的信息社会学内容。

（二）研究内容

在信息社会中，个体在其社会化进程中需要掌握信息技术技能；利用信息技术进行工作学习，还需要理解信息科学原理并根据需要运用等，同时也要安全、合法、负责任地使用信息技术。中小学信息技术课程以其独特的时代气质，必然要承担起培养学生的信息科学、信息技术与信息社会学等方面综合信息素养的使命。

正是由于信息技术与信息科学成为深刻影响社会发展的主导力量，而这种力量是把"双刃剑"，兼具创造与破坏的可能，对于信息科学与信息技术的反思从来没有像今天这样强烈和深入。因此，信息科学、信息技术

---

① 董玉琦. 信息技术课程研究的新视野：从信息技术教育走向信息教育 [J]. 中小学信息技术教育，2002（5）：6.

与信息社会三者之间的关系越来越密切，而且彼此发生转化的时间周期越来越短。我们在进行信息科学技术的教学时，从信息社会文化背景或人类的经验背景中开展，对于信息技术课程的理解也可以从信息科学、信息技术与信息社会三个方面来理解。那么，信息技术课程背后的知识体系也是以信息学科为支撑基础的，董玉琦认为其学科体系也可以基于 STS 视角来进行划分，如图 1-2 所示。

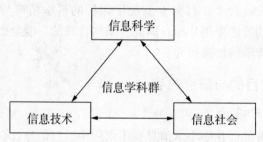

图 1-2　基于 STS 视角的信息学科群划分①

　　信息科学是以信息为主要研究对象、以信息的运动规律为主要研究内容、以信息科学方法为主要研究方法、以扩展人的信息功能（特别是其中的智力功能）为主要研究目标的一门科学。

　　信息技术是研究信息的获取、传输和处理的技术，由计算机技术、通信技术、微电子技术结合而成。信息技术是利用计算机进行信息处理，利用现代电子通信技术从事信息采集、存储、加工、利用以及相关产品制造、技术开发、信息服务的新学科。②

　　信息社会学是研究信息社会流通以及信息与社会变化的相互关系和信息化社会结构的一门学科，也是研究信息学与社会学的一门横断学科。它以信息学理论为基础，探讨信息社会化的特点与发展规律和信息化社会结构的基本模式，以及信息对推动社会进步的作用与影响，即信息的广泛应用所引起的整个社会经济结构、就业结构的变化等基本问题。③

----

① 董玉琦. 信息技术课程研究：体系化、方法论与发展方向 [J]. 中国电化教育，2007 (3)：8-12.

② 钟义信. 信息科学原理 [M]. 北京：北京邮电大学出版社，1996：7.

③ 符福桓. 信息社会学 [M]. 北京：海洋出版社，2000：1.

　　基于这样的认识以及上述背景分析，在信息技术课程中，关于信息社会学的课程内容显然需要予以充实与发展。此外，信息社会学是信息学科群中的一个重要组成部分，它应该是信息技术课程的学科来源与课程发展的内容之一。信息技术课程必须是将信息科学教育、信息技术教育以及信息社会教育予以有机整合的一种课程。

　　信息社会学课程开发是指以信息社会学基础知识与基本方法为基本内容，以促进学生信息社会化进程并有效参与信息社会为目的，培养学生在信息的获取、加工、管理、表达与交流过程中安全、合法、负责任地利用信息科学与信息技术有效参与信息社会的能力，对以信息与社会为主题的内容进行选择与组织的课程设计以及课程实施、评价的动态过程。

　　为了确定研究内容，本书做出以下研究假设：第一，无论中小学信息技术教育发展到什么阶段，中小学信息技术课程内容都与信息社会紧密联系，随着信息社会的不断发展，信息社会学课程不仅仅只是一种意识形态教育，它也有自身的知识架构和内容体系；第二，从中小学信息技术课程或从信息教育这样一个更广阔的视野来看待信息技术课程的发展，信息社会学课程内容是针对信息社会文化在中小学信息技术课程中的创造性转化，撷取并重新组织传统技术文化以及信息时代既有的文化，重构课程模式，使之与人文精神、科学精神相结合，以赋予课程深厚的文化底蕴；第三，从 STS 理念的角度来理解中小学信息技术课程，STS 教育是从社会文化背景或者从人类经验的背景中去认识科学技术；第四，中小学信息社会学课程在实施层面具有弹性、多元的方式。

　　基于以上研究假设，确定本书的具体研究内容如下：

　　（1）信息社会学本体知识的梳理；

　　（2）中小学信息社会学课程开发模式；

　　（3）中小学信息社会学课程目标体系；

　　（4）中小学信息社会学课程内容选择与组织；

　　（5）中小学信息社会学课程教学策略及评价。

三、研究设计

　　中小学信息社会学课程开发研究应根据具体的研究问题来确定相应的研究方法，将理论研究与实践研究相结合，在围绕特定研究问题的过程中，来选择、确定研究方法，使之与研究设计相匹配。

　　根据课程开发的基本流程，笔者提出基于课程基本元素的"预设与生成"的研究思路，在课程开发伊始便根据某种教育哲学确立课程开发目标，在开发过程中，充分尊重教师、学生、专家与专业人员的意见，在教学实践中通过各种研究方法把课程开发看成一个动态、不断调适的过程，如图1-3所示。

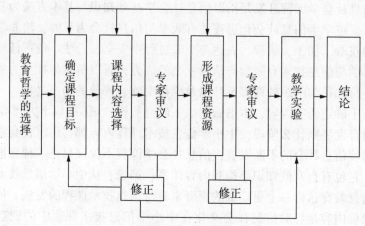

图1-3　预设与生成的课程开发流程

　　笔者确定的研究方法主要包括文献研究、专家审议、问卷调查和教学实验研究等，如图1-4所示。

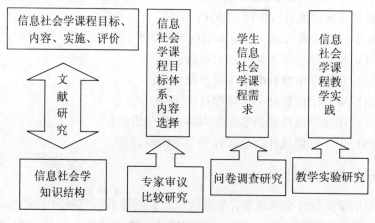

图1-4　主要研究方法

1. 文献研究

采用文献研究的目的主要是通过对文献资料的分析诠释，对课程开发理论、信息社会学本体知识架构以及与中小学信息社会学课程开发的相关理论进行梳理，使其形成简明、便于理解的类别，为研究打下良好的理论基础。

2. 比较研究

采用比较研究的主要目的是通过检视、判断一些主要国家中小学信息社会学课程之间的相同点与不同点，分析、归纳、概括中小学信息社会学课程的本质联系，以便较好地把握中小学信息社会学课程发展演进的规律，更准确地辨别我国与他国在中小学信息社会学课程领域的相同点与差异性。

3. 专家审议

采用专家审议方法的主要目的是通过对相关领域中的课程专家进行意见咨询来确定信息社会学课程目标体系和课程资源的设计，以保证目标体系与课程资源的信度与效度。

4. 问卷调查

采取问卷调查研究的主要目的是了解参加教学实验的学生样本的课程需求，通过对学生的信息社会行为进行问卷调查，对学生掌握信息社会学课程知识的特点与存在的问题进行相对科学的确认，然后针对学生的实际，有的放矢地设计课程资源。

5. 教学实验

教学实验是通过人为地控制某些因素，运用取得的数据进行逻辑推理的过程。本书采取教学实验的主要目的是探讨中小学信息社会学课程教学的可行性、有效性及其常用教学策略与评价方法。

6. 其他

在对中小学信息社会学课程资源的设计、在教学实验效果的确认过程中我们采用访谈、观察的方法，以比较灵活地了解教师和学生对教学内容、教学形式、教学效果等方面的认知状况，以期对教学实验结果进行合理、科学的解释。

经过对上述研究内容与研究方法的思考，笔者提出的研究路线如图1-5所示。

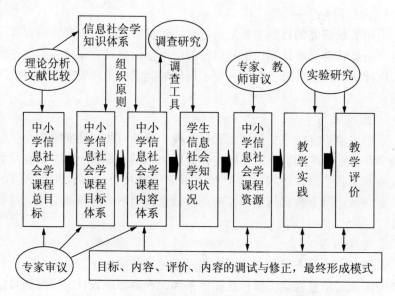

图 1-5　中小学信息社会学课程开发研究路线图

四、研究意义

信息社会学课程是信息时代培养信息社会公民的需要。让学生形成适于信息社会发展的健康、积极的价值观，负责任地使用技术并参与到信息社会的建设与管理中，信息社会学课程无疑有着传承信息文化、构建和谐信息社会的重要作用。

本书以中小学信息社会学课程开发为研究对象，试图给出中小学信息社会学课程的开发模式、目标、内容选择与组织及其教学策略、评价等。这对中小学信息技术课程发展具有积极的意义。

（一）理论意义

一是丰富和发展中小学信息技术课程理论研究。本书以中小学信息社会学课程的开发模式、目标、内容选择与组织及其教学策略、评价为主要研究内容，梳理了中小学信息社会学课程开发的相关理论基础，并从社会、个人和学科三个维度对其进行了价值分析与定位，从而可以丰富和发展中小学信息技术课程的理论。

二是丰富中小学信息技术课程开发的研究内容与研究方法。本书以信息社会学学科知识以及现实信息社会问题为课程开发的基础内容来源，运用文献研究、国际比较、专家审议、教学实验等研究方法，为中小学信息技术课程开发提供内容的参考与方法的借鉴。

(二) 实践意义

一是指导中小学信息社会学课程的开发。本书探索了不同的课程开发模式，确定了中小学信息社会学课程的基本开发原理，并提出了 KPRC 开发模式，确立了中小学信息社会学课程目标体系，提出了课程内容选择与组织的方式，以期为中小学信息社会学课程开发提供方法指导。

二是丰富中小学信息社会学课程的内容。本书借鉴国际中小学信息社会学课程内容开发的各种主题，继承我国优良的传统技术文化，不断完善、优化信息社会学与信息科学、信息技术的融合，提出了信息伦理、信息法律、社会信息系统、信息安全和信息科技发展史五大领域，从而使中小学信息技术课程中的信息社会学内容得到拓展与丰富。

三是指导中小学信息社会学课程资源的设计。本书基于不同的课程开发模式，进行了多种课程资源的设计，开发了体现知识本位、社会本位和学生本位的相关课程、核心课程和活动课程的基本样态，为中小学信息社会学课程资源的设计提供策略性与实践性的指导。

四是指导中小学信息社会学课程的教学实践。一方面，本书按照学生生理、心理发展的不同阶段，提出了课程内容的四个水平阶段；另一方面，本书基于上述基础理论，进行了教学实验，尝试了故事法、戏剧法、讨论法、角色扮演法、活动法等多种教学方法，同时，还进行了课堂评价，力图为中小学信息社会学课程教学提供教学、评价策略方面的指导。

五、概念界定

(一) 信息

1928 年，哈特莱在《信息传输》一文中提出信息是代码、符号、序列所承载的内容，第一次从科学的角度提出了信息的概念。后来香农在他的论文《通信的数学理论》中给出了信息的定义："信息是用来消除随机不定性的东西"①。信息是一种缩小偶然事件出现的不确定性的度量，即信息量越大，不确定性越小。偶然事件出现的不确定性是由该事件的概率熵度量的，信息量在数值上等于概率熵。这是香农的信息论关于信息的观点。同年，美国数学家、控制论创始人维纳出版了《控制论》，指出"信息就是信息，既非物质，也非能量"②。这二人的定义都是从科学技术角度对信息的狭义理解。信息的定义由此开始发展，到 20 世纪 80 年代中叶，关于信息的定义就有 134 种之多。

值得注意的是维纳对信息的另一个理解："信息是我们适应外部世界进行交换的内容的名称。"③ 这个定义体现出了信息的交换特质，从哲学角度来看，是主体与客体的关系，是信宿与信源的关系。类似的定义还有以下几个。"信息是事物相互作用的表现形式；是事物联系的普遍形式；信息是被反映的物质属性。"④"信息概念所概括的，是与信息加工系统的研究、制造、使用和物质技术服务相关的领域，同时包括机器设备、软件和组织方面，还有工业、商业、管理、社会和政治作用的组合。"⑤ 刘钢也从语言学、词源学以及中国古代与西方哲学的角度对信息的本质进行了深入探讨，认为信息是"传与授的过程"，信息的"互持性"关键在于其交互性。⑥ 钟义信认为哲学信息范畴分为本体论信息与认识论信息，本体论信息是"某事物的本体论层次信息，就是该事物运动的状态和状态改变的方式的自我表述/自我显示"，认识论信息是指"主体所感知的或该主体所表述的相应事物的运动状态及其变化方式，包括状态及变化方式的形式、含义和效用"。⑦ 认识论层次的信息加入了主体（人、高级生物、机器、电脑）与客体（客观事物）的约束。它反映和显示关系存在，离

① 叶海智. 信息技术与情感教育 [M]. 北京：科学出版社，2007：2.
② N. 维纳. 控制论（或关于在动物和机器中控制和通信的科学）[M]. 郝季仁，译. 2 版. 北京：科学出版社，2009：11.
③ 叶海智. 信息技术与情感教育 [M]. 北京：科学出版社，2007：11.
④ T. S. 库恩. 科学革命的结构 [M]. 李宝恒，纪树立，译. 上海：上海科学技术出版社，1980：91.
⑤ B. C. 戈特. 信息学的社会作用和哲学—方法论问题 [J]. 王鹏令，译. 哲学译丛，1985（6）：10.
⑥ 刘钢. 信息哲学探源 [M]. 北京：金城出版社，2007：124.
⑦ 钟义信. 信息科学原理 [M]. 北京：北京邮电大学出版社，2002：50.

开了信源、信道和信宿之间的关系，就不存在所谓认识论信息问题。

本书从社会学视角看待信息，社会学就是有系统地研究社会行为与人类群体的科学。在信息社会中，人的社会行为正是通过信息的交换来实现的，信息活动就体现了人的社会联系。因此，本书认同认识论信息的含义，即认为信息是通过特定媒介，尤其是信息技术载体，主体对客体或者主客体关系存在的反映和揭示。

（二）信息社会

日本学者梅棹忠夫最早提出"情报社会"①。之后，约翰·奈斯比特在《大趋势：改变我们生活的十个新方向》一书中概括了信息社会的特性。他指出，"虽然我们仍然认为我们是生活在工业社会里，但是事实上我们已经进入了一个以创造和分配信息为基础的经济社会"②。阿尔温·托夫勒在《第三次浪潮》中对未来社会的结构做了生动的预测和描述。他认为，超工业社会将建立新的信息领域，为无生命环境输入智慧，并通过计算机储存处理大量的信息，极度地扩大社会记忆，使之变得既丰富又活泼；长期批量性生产将转变为短期、少量与预定性生产，大公司的目标结构、责任将发生改变，将强调其社会的道德责任。丹尼尔·贝尔在《后工业社会的来临》一书中提到，在未来的新社会里，最重要的战略资源则是信息和知识。他写道："如果工业社会以机器技术为基础，那么后工业社会是由知识技术形成的。如果资本与劳动是工业社会的主要结构特征，那么信息和知识则是后工业社会的主要结构特征。"③卡斯特的信息社会理论成果，包括《信息化城市》《信息时代：经济》《社会与文化》三部曲，对信息社会在城市结构、社会经济与文化方面的发展趋势都进行了论述，是世界各国认识信息社会的重要参考理论。卡斯特在1997年出版的《认同的力量》一书中认为，"信息技术革命已催生出了一种新的社会模式，即网络社会。这种社会模式有其特征，这就是经济行为的全球

---

① 霍福广，刘社欣. 信息德育论 [M]. 北京：人民教育出版社，2008：24.
② 约翰·奈斯比特. 大趋势：改变我们生活的十个新方向 [M]. 梅艳，译. 北京：中国社会科学出版社，1984：3.
③ 阿尔温·托夫勒. 第三次浪潮 [M]. 朱志焱，译. 北京：新华出版社，1996：6.

化、组织形式的网络化、工作方式的灵活化、职业结构的两极化"①。这种社会模式也就是一般所说的信息化范式。

国内学术界在信息化、信息社会发展的相关研究中，普遍地借鉴了他们关于社会发展阶段划分的学说，运用后工业社会、第三次浪潮、信息社会等概念作为分析未来社会发展的重要工具。20世纪80年代，徐德保认为："信息化社会是一个把信息看作比物质或能源更为重要的资源，以信息的生产为中心，使社会和经济发展起来的社会。"② 20世纪90年代初期，乌家培认为："信息化社会是这样一种社会，它区别于农业社会、工业社会，而是以知识和信息为基础的社会，它以现代信息技术的出现和发展为技术特征，以信息经济发展为社会进步的基础。"③ 20世纪90年代中期，刘昭东等认为："信息化社会是以信息为社会发展的基本动力，以信息技术为实现信息化社会基本特征的手段，以信息经济为维系社会存在和发展的主导经济，以信息文化改变着人类教育、生活和工作方式以及价值观念和时空观念的新型社会形态。"④ 刘昭东的定义最为综合，涉及信息、信息技术、信息经济和信息文化等范畴，较好地总结了国内外学者的研究成果。

（三）信息社会学

关于信息社会学的定义与研究对象，国内学者从不同角度给出了众多的定义，表1-1是代表性的定义以及研究对象的简要对比。

表1-1　信息社会学定义与研究对象对比

学者	信息社会学定义	主要研究对象
符福桓	信息社会学是研究信息社会流通以及信息与社会变化的相互关系和信息化社会结构的一门学科，也是研究信息学与社会学的一门横断学科。⑤	信息与社会的相互关系

---

① 曼纽尔·卡斯特．认同的力量［M］．北京：社会科学文献出版社，2001：5.
② 靖继鹏，吴正荆．信息社会学［M］．北京：科学出版社，2004：3.
③ 靖继鹏，吴正荆．信息社会学［M］．北京：科学出版社，2004：3.
④ 靖继鹏，吴正荆．信息社会学［M］．北京：科学出版社，2004：3
⑤ 符福桓．信息社会学［M］．北京：海洋出版社，2000：2.

学者	信息社会学定义	主要研究对象
胡悦校	信息社会学是关于信息社会特性的研究,其中包括知识信息(包括科学情报)的传播及其作用、信息技术的社会影响、信息工程和信息系统的社会环境、信息产业和信息经济的社会问题,以及一般性的信息需求、信息行为、信息政策、法律等研究内容。①	信息社会的特性
邹志仁	信息社会学是信息学、社会学的交叉学科,涉及系统论、计算机科学、通信科学、经济学、管理科学、行为科学、心理学、传播学等学科。②	信息科学的多个方面
赵保佑	信息社会学即情报社会学,就是运用社会学的理论与方法,研究社会的情报现象和情报交流过程中与社会的关系。③	情报与社会相互作用、相互制约的规律
谢俊贵	信息社会学是研究信息社会的形成、发展与良性运行规律的一门学科。④	信息社会的形成、发展与良性运行规律
胡昌平	信息社会学是社会学作用于包括情报学在内的信息科学的产物,是从处于不断变革中的社会整体入手运用社会学理论方法分析社会信息现象与过程,探索社会信息规律,研究人类信息活动中的社会关系以及信息工作的社会基础和社会信息系统的一门学科。⑤	—

---

① 谢俊贵. 社会学视野中的信息社会学 [J]. 湖南师范大学社会科学学报, 2003 (2): 45-50.
② 邹志仁. 试论信息社会学 [J]. 情报学报, 1997 (6): 468-470.
③ 赵保佑, 等. 情报社会学 [M]. 北京: 东方出版社, 1992: 1.
④ 谢俊贵. 我国信息社会学研究的回顾与展望 [J]. 情报科学, 2002 (1): 108-111.
⑤ 胡昌平, 廖冬青, 陈行亮. 信息社会学 [M]. 南昌: 江西科学技术出版社, 1990: 1-10.

续表

学者	信息社会学定义	主要研究对象
靖继鹏	信息社会学是在社会信息化过程中提出并逐步建立起来的,是信息学和社会学的交叉学科,是以社会信息化、信息学和社会学为基础,研究信息社会的活动、特点及发展规律、社会结构、经济结构、劳动就业结构和人们工作、生活方式等的变化,寻求信息化条件下信息社会的良性运行与协调发展的条件和机制,以推动信息社会发展的一门新兴学科。①	信息社会的活动、特点及发展规律、社会结构、经济结构、劳动就业结构和人们工作、生活方式等的变化

通过上表的呈现,符福桓的定义比较简练,而靖继鹏的定义表述得更加具体、全面,充分注意到了信息社会学形成的来源以及信息对社会的影响,这也正是本书所关注的重要方面,因此本书取靖继鹏对于信息社会学的定义。

(四) 信息社会学课程

本书所指的信息社会学课程的一个基本前提是在中小学信息技术课程的框架内,以 STS 的理念构建信息技术课程,在这个框架中,寻求与信息科学、信息技术相关的信息社会学课程内容的合理组织、融合、优化。

具体来说,就是将与信息科学、信息技术课程内容具有内在逻辑或价值关联的社会学课程内容予以合理组织、优化,进行有机连接或整合,旨在培养学生形成系统的观念与能力,发展全面的信息素养。学生在处理信息的过程中形成对信息技术的整体性认知与负责任的态度,养成深刻理解和灵活运用信息技术、科学与社会学知识解决信息社会问题的能力,并能够积极有效地参与信息社会的建设,成为信息时代的数字公民。

根据上述对信息社会学课程的定义,我们可以分析出如下具体内涵:

(1) 信息社会学课程内容既包含学科知识,又有学生获得的主体经验;

---

① 靖继鹏,吴正荆. 信息社会学 [M]. 北京:科学出版社,2004:16.

（2）信息社会学课程既与信息科学、信息技术课程内容统整，又有其本体固有的独立性；

（3）信息社会学课程与信息科学、信息技术课程内容统整的依据是内在逻辑关系与内容的关联性；

（4）信息社会学课程的目标表现为使学生形成系统的、整体性的认知能力，成为具有全面信息素养的数字公民。

第二章　学校信息社会学课程
开发相关研究概述

　　中小学信息社会学课程开发的相关研究主要包括课程开发理论、信息社会学本体知识架构、中小学信息社会学课程等三个主要方面。本章对课程开发理论、信息社会学本体、国内中小学信息社会学课程研究现状进行梳理，主要厘清一般课程开发理论对中小学信息社会学课程开发的启示；明晰信息社会学的理论、主要内容和研究方法；梳理国内与信息社会学内容相关的课程目标与内容研究。

一、课程开发理论

　　课程开发的一般模式主要包括目标模式（objective model）、过程模式（process model）、实践模式（practical model）和情境模式（situational model）等。它们都是在不断深入的理论思考与实践应用中生成的，吸纳了不同的哲学、社会学、心理学和教育学思想，体现出不同的课程理念与实践范式，各个模式有其既定的价值取向，并且几乎每一种模式都是对其他模式的批判与继承，同时它们也有不同程度的理论盲点与实践局限性。审视和分析这些模式，对中小学信息技术课程开发模式的厘定与构想具有重要意义。

（一） 泰勒的目标模式

目标模式受实证主义哲学理念和科学管理思想影响，将课程目标的设定视为课程开发的核心，并以课程目标为基本依据构建课程开发模式。泰勒的目标模式吸收了博比特、查特斯的研究成果，提出了课程开发的基本程序、步骤和方法，即所谓泰勒原理。他认为任何课程开发都必须回答以下四个问题：学校试图达到什么样的教育目标？提供什么样的教育经验才能实现这些目标？怎样有效地组织这些经验？我们怎样确定这些目标正在被实现？[①]

泰勒探讨了应对这些问题的方法和程序，即确定课程目标、选择课程内容、组织课程内容和评价课程实施结果。其原理包括三个来源与两个过滤器。

三个来源是指课程开发要考虑学生的兴趣和需要；要考虑当前的社会生活，分析社会需要；要考虑学科的功能与作用以及对一般公民的用处。两个过滤器其中之一是指哲学过滤器，即课程开发要信奉某种强调民主价值的哲学；另外一个是指心理学过滤器，即通过心理学的筛选，使课程在人的不同发展阶段以有意义以及可行的方式形成具体的行为目标。

泰勒的目标模式在形成的 20 多年里，经过不断的发展与完善，又形成了很多变形。其中奥利瓦在波法姆和贝克的图表上做了进一步扩展，形成了更完整的泰勒模式图，如图 2-1 所示。

塔巴发展了泰勒模式，并提出一个对泰勒模式更为详尽的解释方案，使其更易操作，并具有简练、明晰的特点。塔巴提出了课程开发过程的八步模式，包括诊断需要、建立目标、选择内容、组织内容、选择学习经验、组织学习经验、评价、检查平衡和顺序。

惠勒将直线式的课程开发的改为圆环式，使目标模式具有了自我调节机制，这一模式的课程研制路线同样以目的、目标作为起点，然后循序进行的是选择学习经验—选择学习内容—组织统合学习经验与内容—评价，

[①] Tyler，R. Basic principles of curriculum and instruction ［M］. Chicago：The University of Chicago Press，1949：1.

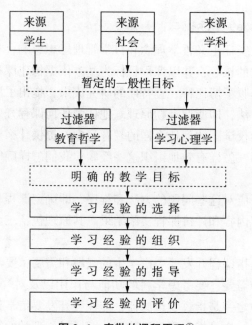

图 2-1 泰勒的课程原理①

然后再回到目的、目标，对其予以调整，进行新一轮的课程研制过程。

凯尔对目标模式的贡献在于划分了目标的种类，他将布卢姆的学生行为目标分类法引入课程目标的确定过程，从而提高了课程研制方案的可操作性以及实施中的可控性。莱顿索通也基于泰勒模式的线性特征以及三个目标来源修正、扩展泰勒的目标模式，在他的课程开发三个基本过程即选择、组织、评价中，莱顿索通改变了原有的线性过程，赋予了选择与组织过程的交互作用。他还认为学习经验是由被写成目标的行为构成的，而学习活动是学习者为了达成特定目标而进行的行为。

课程目标决定了其他各个环节。目标模式的课程开发过程简单明了，便于操作，各个环节相扣、层层递进，形成了严密的逻辑秩序。但这种完整性与严谨性隐含着目标模式的线性与封闭性特点，它忽视了课程开发的情境性与过程性，在专注于课程预设性与规划性的同时，限制了课程要素

---

① 郝德永. 课程研制方法论 [M]. 北京：教育科学出版社，2000：152.

呈现的偶然与随机性。目标模式工具化的知识观与社会效用标准观更强调课程的社会适应与社会控制，而对社会文化的批判、改造与重建缺乏责任意识与使命感。

（二）斯滕豪斯过程模式

过程模式是斯滕豪斯在对目标模式的批判与反思的过程中形成的，他针对目标模式忽视过程的缺点，指出课程开发应重视起对过程的研究，他特别重视知识的性质与内在价值以及学习知识活动的内在价值。

"过程模式的特征是不以事先确定好的、由仔细分解一般目的而得出的目标系统作为课程编制的依据，而是关注整个课程（包括教学）展开过程的基本规范，使之与宽泛的目的保持一致。"[1]

过程模式并不否定课程目标的存在，认为它只是一般性的、宽泛的教育目标，强调课程目标如何脱离行为主义的模式。这个目标重在概述教育过程中可能出现的各种学习结果，并以此为依据确定课程开发的规则，即程序原则。它只是作为指导思想或者方法。

在过程模式中，课程内容的选择必须立足于对教育教学过程中的各种原理以及方法的详细分析，从具有内在价值的知识形式以及学科结构中选择基本概念、原理、方法作为课程内容，即课程内容的选择应以教育及知识本身固有的标准为依据，而不是以预设的学生行为结果为准绳。过程模式的主要任务就在于这种反映教育本体功能以及知识内在价值的课程内容的选择。

斯滕豪斯认为，课程领域应该是一个开放的而不是封闭的系统，学生的学习不是直线式的、被动的反应过程，而是一个主动参与和探究的过程。他倡导在过程中发挥学生的主体作用并发展学生发现和探究的能力，在这个过程中，不存在简单的正确结果或错误结果。

斯滕豪斯提出了过程模式实施的一般原则：教师与学生共同探讨有争议的问题；教师应保持中立立场，并不以权威的身份对学生施加影响；解决有争议问题的方式是讨论和探究，而非传授既定的结论；探讨的结果应

① 施良方. 课程理论——课程的基础、原理与问题［M］. 北京：教育科学出版社，1996：172-173.

是多样的，而非统一的，应尊重所有不同的观点；教师应对学习的质量和标准承担责任。① 因而在教学中，应关注学生的个人理解与判断。在教育过程中，教师应该是一个诊断者而非打分者，教育的改进主要依赖于教师对实践活动即教育过程的诊断而非预设的目标。

其实，过程模式与目标模式在课程开发的基本环节上并无实质性区别。过程模式只是更重视对课程实施过程的非预设性，它强调学生的学习主体性，使得课程开发的所有环节和要素变得更加不确定。

（三）劳顿的情境模式

劳顿的情境模式批判了以往课程开发模式脱离社会现实，不符合学校教育具体情境的特点，将课程开发的逻辑起点由知识、社会、儿童转移到社会文化，试图通过规范一个较为宽泛的逻辑起点来弥合、弥补三种课程观的分歧和不足。他主张课程的开发应当全面地分析社会文化，梳理社会文化的变迁与课程发展的关系，并准确把握学校教育情境，使课程能够传播社会文化知识，以此发展学生的自主意识和能力，适应并主动参与和影响未来社会的各种情境。这样的课程才能与社会和学校的教育情境紧密联系。

情境模式以社会文化为出发点进行课程开发，关注那些能够反映人类共同智慧财富的、有助于不同社会人群相互理解、沟通和合作的公共基础文化，并以哲学、社会学和心理学作为价值准则、判断标准和方法论依据来对其选择统整。劳顿为其文化的选择与价值判断确立了如下原则：社会的效用；社会责任感；共同文化教养；个人满足感；有关认知的方面；家长与社会压力；心智能力。

如图 2-2 所示，情境模式的开发程序包括对学校课程进行哲学层面的分析，明确教育目的与价值；进行社会学分析，把握社会现实情境；进行文化的选择，确定社会文化背景；运用心理学理论，具体设计课程。

后来，斯基尔贝克在对具体的学校情境进行微观层面分析的基础上构建了学校本位的课程研究模式，分为分析情境、确定目标、设计方案、解

---

① Elliot, J. A. A curriculum for the study of human affairs: the contribution of lawrence stenhouse [J].
Journal of Curriculum Studies, 1988 (15): 112.

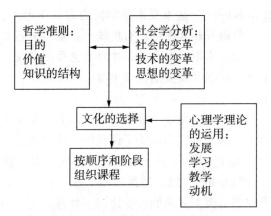

图 2-2　情境模式课程开发流程图

释与实施以及检查、评价、反馈与重建五个阶段。

　　"情境模式作为当代最有影响力的三大课程研制理论之一，被视为既能包含目标模式，又能包含过程模式的综合化课程研制理论，是一种灵活的、适应性较强的课程研制模式。"① 这种模式关注课程与学生和环境的联系，增强了灵活性，但是它"却使课程蒙上现实适应论的阴影，易造成学校课程研制中头痛医头、脚痛医脚的'居无定所'的现象。"②

（四）施瓦布的实践模式

　　施瓦布发现一般的课程开发都在"寻求一般性的原理和复杂的模式，寻求既定的秩序和不变的因素"③，所反映的都是普遍性的事实，课程目标及其理论来源单一化，而教育过程的复杂性使事物的"个性"在这种抽象出来的高度概括的一般性规则中被忽视了。因此，施瓦布反对偏重理论倾向的课程开发，认为课程开发应该更多考虑实践的要素，其决策过程应该是具体的、情境化的、个别的，应该通过广泛的参与、对实践的细致分析以及对理论的反复权衡，使课程诸要素之间达到协调与平衡，从而进行课程设计。

---

① 郝德永. 课程研制方法论［M］. 北京：教育科学出版社，2000：188.
② 郝德永. 课程研制方法论［M］. 北京：教育科学出版社，2000：189.
③ Schwab, J. J. The practical：a language for curriculum［J］. School Review, 1969（78）：1-23.

施瓦布提出课程的四个基本要素是学科内容、学习者、环境和教师。各要素之间各有其价值并相互作用，有机统一。学科内容要符合学习活动的现实要求并与其他要素形成互动关系才具有课程的意义；教师和学生都是课程开发的主体，课程开发要适合学生身心发展特征；环境是指有助于学生发展的环境。

实践模式的课程开发步骤是"课程审议"，即"课程开发主体通过对教育实践问题的审议和评议，达成关于课程的一致性观点、意见和策略的课程开发活动"①。施瓦布建议成立由校长、社区代表、教师、学生和课程主席组成的"课程小组"，以保持课程四个基本要素的协调与平衡。施瓦布认为，课程问题是极为复杂的，要协调、处理好这些问题不可能靠某种现成的理论或规则，而是要靠"艺术"，实践的艺术和择宜的艺术。实践的艺术是指对于个别、特定的要素和情境进行详尽的了解和充分的考察，这样才有可能真正识别实践中的问题所在。择宜的艺术是指对可能影响课程决定的各种理论依据，从概念术语、逻辑结构、彼此的联系和区别方面进行透彻分析。在这样的基础上，比较相近的理论和相异的理论，考察各自的"偏见"，以便做出正确的选择和决定。即感知问题，明确问题和解决问题。

实践模式以教师和学生为课程开发主体，增强了课程的针对性和实效性，但同过程模式一样，其具体的操作规范或设计规划很难为师生把握；实践模式的真实情境为课程设计带来千变万化的复杂性，那些相对统一的课程同样是学校课程不可或缺的部分，而实践模式在针对这种课程的开发上就显得乏力。

无论是目标模式、实践模式、过程模式，还是情境模式，都是以某一视角、某一方式来解释课程开发这个复杂的系统问题，它们都有其独特价值，互相补充，真正合理的课程开发应统整这些模式，充分考虑和应用各种模式的优点，综合运用这些模式，尽可能地使课程开发符合学生发展的现实需求。

---

① 有宝华. 综合课程论 [M]. 上海：上海教育出版社，2002：193.

二、信息社会学本体知识

(一) 国外信息社会学研究状况

信息社会学在国外也尚未成为一门独立的学科，但国外以"信息与社会"为主题的理论以及内容研究却颇为丰富，下面进行简要介绍。

1. 理论研究概况

迄今为止，有关"信息与社会"的理论研究还不完整，国外的信息社会学理论发展大致分为三个阶段。

第一阶段大约从 20 世纪 60 年代初期至 70 年代后期。由于计算机开始应用于社会生产，美国和日本等发达国家的一批学者从经济和社会的角度对信息社会进行了探讨，开始对工业社会结构的危机进行剖析，提出了有关信息经济、知识产业的概念和理论，如贝尔的后工业社会理论、德鲁克的知识经济理论、马克卢普的知识产业测度理论、图尔纳的程序化社会理论、麦克卢汉的媒介即信息和地球村的观点等。

第二阶段大约从 20 世纪 70 年代后期至 90 年代初。由于计算机广泛应用于社会生产生活的各个角落，越来越多的国家开始认识到社会变迁的趋势，这一时期，有关信息社会的研究受到国际社会的广泛关注，有关的研究成果被从美国、日本介绍到世界各地，如阿尔温·托夫勒的《第三次浪潮》、约翰·奈斯比特的《大趋势》等。阿尔温·托夫勒从技术基础、经济形态、社会群体和组织、信息通信、权力结构、观念形态等领域，揭示了第二次浪潮或工业化浪潮的基本结构。约翰·奈斯比特对信息社会进行了定性概括，指出虽然我们仍然认为我们是生活在工业社会里，但是事实上我们已经进入了一个以创造和分配信息为基础的经济社会。

第三阶段从 20 世纪 90 年代初至 21 世纪初。互联网的崛起，为人们对信息社会发展的实践探索提供了真实的场景，使信息社会理论迅速发展。这一阶段的主要代表作有尼葛洛庞帝的《数字化生存》、世界经合组织出版的《迈向全球信息社会》、卡斯特的《网络社会的崛起》《认同的力量》和《千年终结》。最新最具广泛社会影响的是曼纽尔·卡斯特以网络社会理论为中心的信息社会理论，他利用社会技术、经济、政治等各个层面的数据和材料，通过理论分析与综合，提炼出信息时代的网络社会理论，使人们明白了信息与网络在多大程度上渗透并影响人类的现实社会和生活。

2. 信息社会知识分类

中小学信息社会学课程强调在中小学信息技术学科内进行课程开发，因此，信息技术相关的社会学知识便是我们重点考察的。美国计算机协会（Association of Computing Machinery，简称 ACM）对与计算机相关的学科知识进行了分类。1982 年，他们建立了一个计算机知识分类系统，对计算机学科的结构、内容以及分类系统的使用进行了分类，为计算机文献的出版提供分类与索引指导，并为课程设置内容提供指导，该分类在 1983 年、1987 年、1991 年、1998 年进行了修订，现在的"The ACM Computing Classification System"是 2012 年更新的版本。这个分类系统给出了以下一般术语，分别是算法、文件、经济、实验、人力因素、语言、法律、管理、测量、绩效、可靠性、安全、标准、理论、验证等。此分类系统是一个知识树，共有 12 个分支，包括：硬件、计算机系统组织、网络、软件与软件工程、计算理论、计算数学、信息系统、安全与隐私、以人类为中心的计算、计算方法论、计算机应用、社会与职业主题。[1] 以社会与职业主题分支为例，其下分支有：计算机工业；计算机与信息系统管理；管理实施；软件管理；系统管理；计算发展史；计算机教育；计算机与商业；计算机职业；计算机/技术政策；知识产权；隐私政策；监督；商业政策；入网控制；计算机犯罪；政府技术政策；医疗信息政策；使用者特征。再以知识产权分支为例，它包括：数字权利管理；版权；专利；商标；条约；数据库保护法；中级可靠性；软件知识产权；软件逆向工程；硬件逆向工程。

计算机本体论项目（The Computing Ontology Project）一直研究计算机与信息相关学科的整体构成，力图充分描述涉及计算机主题的各个学科的不同与重叠之处，以及各种教育者与研究者感兴趣的主题，包括任何与计算机、管理和处理信息相关的学科。这个项目由美国国家科学基金 NSF（National Science Funds）、美国计算机协会、电气和电子工程师协会 IEEE（Institute of Electrical and Electronics Engineers）以及瑞典开放大学提供支

---

[1] The 2012 ACM computing classification system [OE/BL]. [2013-11-18]. http：//www.acm.org/about/class/2012.

持。该项目也参考了 ACM 的分类系统、澳大利亚计算机协会（Australian Computer Society）、ACM、IEEE-CS 和 AIS 以及德国信息学课程认证的研究成果，其中也涉及信息与社会主题。①

若将以上看作是结构知识的话，那么我们再从"教养的知识"来看信息社会学知识。斯皮内洛（Spinello）和塔瓦尼（Tavani）的著作《数字伦理读本》中的分类无疑是网络伦理方面的重要代表，奎恩（Quinn）的著作《信息时代伦理》是沿着前者的线索继续扩展的。2003 年出版的著作《火的礼物》是一本涵盖信息技术的使用所带来的社会问题的书籍。乔尔·鲁蒂诺（Joel Rudinow）和安东尼·格雷博什（Anthony Graybosch）的《媒体与信息伦理学》的内容包括自由与信息、对媒体作用的评估、伦理与广告、伦理与娱乐、隐私、秘密与机密、知识产权、安全等方面。这些研究者和组织关于信息社会学知识的分类详见表 2-1。

表 2-1　信息社会学知识分类

代表人物或组织	信息社会学知识分类
斯皮内洛	技术、伦理概念与框架；网络法规、自由表达和内容控制；隐私权；安全与犯罪；职业伦理和行为准则。②
奎恩	伦理；网络（主要是对于背景的理解）；知识产权；隐私权；计算机与网络安全；计算机可靠性；职业与经济（信息技术对产业与经济的影响）；职业伦理。③
拜斯	隐私权与个人信息保护；通信的加密与窃听；计算机的可靠性、安全性，网络空间内的言论自由；知识产权；计算机犯罪；计算机与工作；计算机的影响与控制；职业道德与职责。④

① The computing ontology project［OE/BL］.［2013-11-18］. http：//what. csc. villanova. edu/twiki/bin/view/Main/OntologyProject.
② Spinello, R. Readings in cyberethics［M］. 2nd ed. Sudbury：Jones & Bartlett Publishers，2004：1.
③ Quinn，M. Ethics in the information age［M］. Boston：Pearson Addison Wesley，2005：1.
④ Baase，S. A gift of fire［M］. 2nd ed. NJ：Prentice Hall / Pearson Education Inc，2003：1.

续表

代表人物或组织	信息社会学知识分类
ACM 计算机学科知识分类系统	计算机与社会（社会问题、组织影响、电子商务等）；计算机法律问题（软硬件保护、政府问题等）；计算机与系统管理（系统管理、安全与保护等）；计算机职业（职业、组织、职业伦理）；个人计算机（硬件、管理维护等）。①
计算机本体论项目	法律系统；技术变化带来的影响；人类平等；道德监督；职业伦理；职业职责；用户行为；知识产权；合同；公民自由；隐私权；伦理；社区价值；经济活动。②

从表 2-1 我们可以看出，信息与社会的分类涉及社会信息系统（信息社会结构、社会组织）、法律制度、信息伦理、信息安全以及一些信息活动的社会问题。如果从社会信息生产的流程来看，信息伦理、信息安全、法律系统都属于社会信息流通的规则或者说是政策，信息系统属于信息流通的系统即信道。

（二）国内信息社会学研究状况

1. 理论研究概况

国内的信息社会理论研究起步较晚，我国信息社会学理论研究目前主要出自信息管理学界。胡昌平的《信息社会学》从讨论社会信息资源开始，研究了社会信息资源的结构和流通规律，建立起社会信息流通模型，在此基础上对社会信息的需求与利用进行分析，并对社会交往与互动中的信息活动和社会组织与管理中的信息活动进行了系统的研究。符福桓的《信息社会学》主要探讨了信息技术革命、信息高速公路、信息化社会和社会信息系统。罗益群的《信息社会学》分别考察了经济信息化、农业信息化、城市信息化和社会信息化，并首次在论著中论及社会信息文化、信息安全、信息伦理等社会问题。靖继鹏的《信息社会学》在研究信息

---

① The 2012 ACM computing classification system［OE/BL］.［2013-11-18］. http：//www. acm. org/about/class/2012.

② The computing ontology project［OE/BL］.［2013-11-18］. http：//what. csc. villanova. edu/twiki/bin/view/Main/OntologyProject.

文化与网络文化、信息技术对各种社会结构和社会组织影响的基础上，探讨了社会信息资源的各种类型和社会配置问题，以及城市信息化和社会信息化的测度与评价问题。张昱的《信息社会学》（社会学专业系列教材）的主要内容包括：信息是社会的基本要素；信息社会；信息社会结构；信息的价值；信息社会组织；信息的权力；信息社会生活方式等。

关于信息社会学的期刊文献主要包括以下几类：对国外信息社会理论的介绍；信息社会学理论研究；综述类；方法论；信息管理与信息系统课程设置；信息化问题；信息资源配置问题；书评；传播媒介以及其他相关问题。

从图 2-3 中可以看出，国内学者在国外信息社会理论研究成果的基础上，正在把信息社会学作为一门学科进行积极的构建，国外理论介绍与国内信息社会学的理论构建是国内社会学研究的特点。此外，社会信息化也是信息社会学发展的基础，因此也是一个非常受关注的问题。

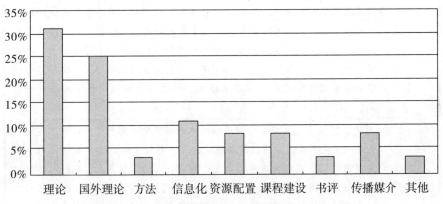

图 2-3　信息社会学期刊文献内容分类一览

2. 信息社会学的研究内容

关于信息社会学的研究内容，国内不同学者的观点也不一，符福桓、汪冰、赵保佑、胡昌平等人都是从信息情报专业角度出发，对信息社会学的研究内容做了界定，而谢俊贵从社会学角度出发来探讨信息社会学的研究内容。表 2-2 是各学者关于信息社会学研究内容的简要对比。

表2-2　信息社会学研究内容对比

学者	信息社会学研究内容
符福桓	信息社会学理论体系主要有以下7个方面：1. 信息化社会的含义及其主要标志的理论；2. 信息的社会功能理论；3. 信息化社会标志及信息与社会关系的理论；4. 信息高速公路的发展及对社会经济的影响；5. 信息化社会的结构及发展模式的理论；6. 社会信息系统及其管理工程的理论；7. 社会信息环境与信息事业发展政策的理论。
汪冰	情报社会学的研究内容分为微观与宏观层面。微观研究主要包括以下问题：1. 关于情报传递者的研究；2. 关于情报内容的研究；3. 情报受体（用户）的研究；4. 关于情报效果的具体研究。情报社会学的宏观研究是将情报现象本身、情报机构和情报事业的考察置于政治、经济、文化科技教育、人口、职业等各社会因素的大背景下进行的。宏观研究关注以下问题：1. 关于情报与社会关系的研究，包括情报工作、情报机构的社会功能；情报事业发展的负向社会效应；社会的发展变化对情报本身以及情报事业发展的影响和制约；2. 关于情报系统内外部社会关系与矛盾运动的研究，包括情报系统作为社会大系统之子系统与其他系统的关系、情报机构之间的社会关系；3. 关于社会情报环境的研究，包括社会情报能力、社会情报意识、国家情报政策；4. 关于情报社会学方法论的研究，情报社会学的方法体系包括常用社会学方法技术、相关学科与现代科学方法、特征方法。
赵保佑	1. 总论。根据马列主义关于辩证唯物主义与历史唯物主义的观点阐述情报社会学的研究对象、学科性质与研究内容，并指出和分析研究情报社会学的实践意义。2. 从社会发展的角度，研究社会的情报需求，包括人类的情报需求、社会因素对情报需求的影响、不同情报用户及其情报需求的特点、情报用户的调查研究等。3. 情报对社会的依赖。情报既然是人类社会实践的产物，则人类的社会实践活动是取之不尽的情报源，而情报活动、情报技术、情报交流方式都受到人类社会实践活动的制约和影响，情报系统作为社会巨系统中的一个子系统，既服务和顺从于总系统又依赖于总系统。4. 研究情报效果与社会发展的关系。5. 研究情报政策与社会进步的关系。6. 研究社会情报信息产业的发展规律。

续表

学者	信息社会学研究内容
胡昌平	1. 情报的社会特征；2. 情报源的社会结构；3. 社会情报形态；4. 社会情报意识；5. 情报的社会价值及其规律；6. 情报工作的社会基础结构；7. 社会的产业结构与情报流通模式；8. 情报的社会传递与控制；9. 情报的社会利用机理；10. 社会发展与情报流通规律；11. 影响用户情报需求及行为的社会因素；12. 情报用户的社会管理；13. 社会情报系统及其控制；14. 社会情报产业；15. 社会情报化问题；16. 情报社会方法等。
谢俊贵	1. 信息社会学基本概念；2. 信息社会的基本特征；3. 信息社会的形成过程；4. 信息社会的形成基础；5. 信息社会的结构形态；6. 信息社会的运行规律；7. 信息社会的社会生活；8. 信息社会的社会问题；9. 信息社会的社会管理；10. 信息社会学相关内容。

从表 2-2 中我们可以看出，信息社会学的研究内容因研究者的不同视角而呈现出不同的侧重。汪冰、赵保佑和胡昌平等人都是从图书情报领域的视角来考虑信息社会学的研究内容，而符福桓则侧重信息社会学的理论研究，且部分内容的论述因信息技术的飞速发展变得不合适，谢俊贵结合社会学视角，对信息社会的形成与特征进行总结，内容涉及社会结构、社会组织、社会管理以及社会生活等诸多方面。

以上从信息社会学研究内容考察了信息社会学这门学科的研究状况，作为一门学科，它的发展虽然还不成熟，知识架构还不系统，但充分体现了信息给社会各个方面带来的影响以及信息与社会相互的关系，这也一定是信息社会学课程知识的重要来源。显然，从学科知识转化到课程知识，我们必须考虑学生日常生活中新出现的信息活动方式，结合其对学生生活乃至社会的影响来考虑学校课程的功能，丰富学校课程内容与课程价值。

三、与信息社会学相关的学校教育内容

《中国电化教育》和《电化教育研究》这两种期刊均关注国内外电教理论的最新发展、电化教育研究的最新动态、全国各地教育改革的进程、中小学电化教育实验的最新成果、具有广泛指导意义的经验总结等。此外，《中小学信息技术教育》是直接面向中小学信息技术教育的专业刊

物，是中国教育技术协会中小学专业委员会指定会刊。《中国信息技术教育》杂志是中华人民共和国教育部主管、中央电化教育馆主办的教育科研期刊，该杂志注重网络时代现代教育理论的探讨，报道全国各地信息技术教育的进程。这两种期刊均服务于中小学教育信息化建设，关注教育教学和教育科研，展示学校教育现代化的风采，宣传现代信息技术教学科研成果，力图以教育信息化推进教育现代化。笔者在这四种期刊中查阅到了与中小学生相关的以"信息与社会"为主题的文献共 226 篇，文献的年代分布如图 2-4 所示。

图 2-4 信息与社会主题文献分布图

如图 2-4 所示，各年文献分布量相当，2009 年较多，2010 年有所回落，但也高于 2008 年及以前的数量。这主要是因为《中国信息技术教育》从 2009 年由月刊变为半月刊，文献数量倍增。由此可知，信息与社会方面的主题一直是信息技术教育中一个重要的组成部分。

如图 2-5 所示，经过对相关文献的梳理，与信息社会学相关的教育

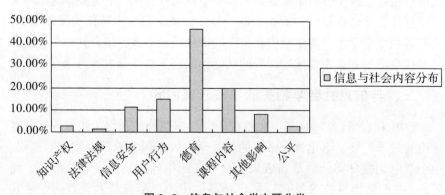

图 2-5 信息与社会学主题分类

内容基本可以分为三大类：一类是学校德育系统中的相关内容；一类是学校信息技术课程中的相关内容；另一类则是一些与信息社会问题相关的内容。

（一）学校德育系统中的相关内容

对于信息与社会这样一个主题，大家大多把视线集中在德育方面，按照德育与信息技术教育的关系，主要把德育方面的文献分为两种：一种是利用信息技术手段进行德育；另一种是现代信息技术环境对德育内容产生的影响。根据本研究的目的，我们关注后一种文献。

1. 理论方面

北京师范大学顾明远的《试论网络文化对传统教育的冲击》探讨了互联网对教育观念、教学内容、方法和教学模式的正负两方面的影响。北京师范大学的檀传宝在《变化了的童年与积极变革的德育——德育如何面对网络时代》中提出网络时代使儿童和成人一样必须面对不同的价值观念，做出相对开放、自由和理性的选择；与网络时代童年的消失或者变迁的实际相适应，在品德发展与德育方面也必然和应该存在积极与消极的改变。南京师范大学的高德胜在《学校德育如何适应网络时代的挑战》中认为，学校教育既有自己的时间观念，又要向学生传递时间观念，分析当今学校教育所持的时间观念及这种观念存在的问题在信息时代就显得非常必要。聊城大学李合亮的《技术网络与道德网络辩证——关于网络道德的深层思考》深思隐藏于技术层面背后的道德变迁与制度规范的应对，进而探讨促进网络与人类道德和谐发展之路。江西师范大学蔡连玉的《儿童信息保护：理论与体系构建》和《儿童网络伤害及其保护研究：中美比较的视角》探讨了儿童信息保护的理论，认为儿童信息保护体系主要由儿童自我信息保护和儿童他者信息保护两部分组成。西北师范大学贾志斌的《网络媒体对青少年道德素质的影响分析》分析了网络媒体对青少年的正负两方面影响。

2. 实践调查

针对信息技术的影响尤其是网络技术对中小学生的影响，一些研究者也开展了相关调查，如北京师范大学的王铟、沈绮云、李伟等 2004 年调查了互联网对中小学生的负面影响，2006 年调查了网络虚拟交往方式对中学生的影响。南京师范大学秦彦彦、张义兵 2005 年对中学生电脑游戏现状进行了调查。

　　3. 相关会议、课题、项目

　　2005 年 9 月江苏省教育厅和教育部人文社会科学重点研究基地南京师范大学道德教育研究所联合主办信息时代的未成年人道德教育国际研讨会，展示了国内外学者的研究成果，如班华的《网童的特点与教育引导》、檀传宝的《变化了的童年与积极变革的德育——德育如何面对网络时代》、台湾学者温明丽的《PACT 道德规范模式在网络伦理中的运用》和美国拉里·努奇（Larry Nucci）的《明日世界的终身道德教育》等。①

　　2005 年 9 月至 2008 年 7 月，负责人为全国中小学计算机教育研究中心主任苗逢春博士的"信息技术在教学中的应用项目"课题组启动了"全国中小学信息技术道德教育研究与实验"项目。此项目"以中小学信息技术道德教育研究与实验为切入点，以网络条件下的未成年人思想道德教育为突破口，通过课题实施的标准化要求、课题研究的专业指导等工作，使各实验校从学校德育管理队伍建设、教师德育意识养成和网络德育能力建设、网络技术监控与教师监督、校内教育与课外活动等方面，全面应对信息技术尤其是网络技术迅猛普及对学校德育提出的新挑战"②。

　　"学校德育跟进社会网络化趋势的行动研究"作为全国教育科学"十五"规划教育部重点课题于 2002 年 2 月正式批准立项，2009 年 3 月进行课题鉴定。该课题取得了多项成果，据此比较清晰地把握我国学生网络生活的基本样态或样式：a. 网上娱乐不断延展；b. 热衷游戏持久不衰；c. 聊天交往普遍凸显；d. 辅助学习有待激活；e. 好奇色情需要关注。学生网络生活样态偏差由此可见。课题初步确认科学引导网络生活的关键期在小学阶段；小学高年级和中学阶段，相对成为网络生活中的危机期。③目前，学校教育与学生真实的网络生活之间有较大的间距或方向不同，主

---

① 信息时代的未成年人道德教育国际研讨会 ［OE/BL］. ［2013 - 11 - 18］. http：//www2. njnu. edu. cn/dwb/disp. asp? recno = 117&recno1 = dongtai.

② 全国中小学信息技术道德教育研究与实验 ［OE/BL］. ［2013-11-18］. http：//www. astdjx. cn/xxjs/ShowArticle. asp? ArticleID = 530.

③ 学校德育跟进社会网络化趋势的行动研究指导纲要 ［OE/BL］. ［2013 - 11 - 18］. http：//www. bhe. cn/Article/ShowArticle. asp? ArticleID = 7314.

要表现在以下几方面。a. 学生在学校上网的不足 10%，90% 以上不是在家里就是在网吧上网，学校德育与学生网络生活基本上是处于隔离状态的，学校德育是远离受教育者真实实际的网络生活的。b. 大多数学生认为有的教师网络知识落后于学生。c. 有一定比例的学生认为学校不支持学生上网，一些教育工作者还没有充分意识到，网络是当今学生健康成长的新的营养源，教育工作者应主动融入学生的网络生活，并进行有价值的引导，而不能站在学生网络生活之外，进行无端的指责和无实效性的说教。d. 有些学生认为，教师没有介绍与网络相关的法律和法规。此项目提出了学校德育数字化和提升网商的理念，学校德育数字化指学校德育工作者将计算机网络作为德育的新阵地、新工具，运用计算机、互联网、虚拟现实等现代数字技术，以文字、声音、影像、图画、动漫、视频、音频、论坛、在线调查等计算机可识别代码的形式，呈现德育内容和组织德育活动，引领学生文明高尚的网络生活。此项目提出的"网商"，强调的是一种道德方面的智力商数。这个智力商数，以 IEQ 作为它的代码或符号，表达以社会责任意识为核心要素、以慎独、自律为主要特征的驾驭和掌控网络的智慧，是人类进入信息网络社会特有的一种新的智力商数。

（二）学校信息技术课程的相关内容

1. 文件课程中的信息社会学课程目标

2000 年颁布的《中小学信息技术课程指导纲要（试行）》中提到中小学信息技术课程的主要任务时就涉及了"信息与社会"主题的内容："了解信息技术的发展及其应用对人类日常生活和科学技术的深刻影响"，"教育学生正确认识和理解与信息技术相关的文化、伦理和社会等问题，负责任地使用信息技术"。

2003 年，我国颁布了《普通高中技术课程标准（实验）》，其中关于信息技术课程的部分也提到了"信息与社会"的议题，主要的内容标准包括：

"探讨信息技术对社会发展、科技进步以及个人生活与学习的影响。

能利用现代信息交流渠道广泛地开展合作，解决学习和生活中的问题。

增强自觉遵守与信息活动相关的法律法规的意识，负责任地参与信息实践。

在使用因特网的过程中，认识网络使用规范和有关伦理道德的基本内涵；能够识别并抵制不良信息；树立网络交流中的安全意识。

树立信息安全意识，学会病毒防范、信息保护的基本方法；了解计算机犯罪的危害性，养成安全的信息活动习惯。

了解信息技术可能带来的不利于身心健康的因素，养成健康使用信息技术的习惯。"①

2. 理论探讨

理论探讨主要涉及信息技术课程的目标与内容问题。

（1）目标。

河北大学张立新的《信息文化的形态与内涵——解读高中"信息技术课程标准"》② 认为，高中信息技术课程标准的文化教育目标之一是能够遵守信息行为的法规和道德规范。华东师范大学王荣良、李树培的《信息技术课程情感态度价值观辨析》③ 等6篇文章围绕信息技术课程情感目标的主题进行了价值观辨析、课堂教学准备和策略、评价等多方面的探讨。南京师范大学朱彩兰的《对情感、态度与价值观的解析与培养》④ 结合宣伟伯的教育传播效果原理（共同经验原理、抽象层次原理、重复作用原理、信息来源原理等）对信息技术教学中对情感、态度与价值观的培养进行了讨论。

（2）内容。

王吉庆在论文《信息技术课程的内容遴选与编排》⑤ 中指出，信息技术课程的内容组织方式主要有三种：以信息技术学科知识的传播为主线进行组织安排；以信息技术的各种应用为主线进行组织安排；以一系列的信息处理任务为主线进行组织编排。南京师范大学李艺、朱彩兰的《信息

---

① 中华人民共和国教育部. 普通高中技术课程标准（实验）[M]. 北京：人民教育出版社，2003：17.
② 张立新. 信息文化的形态与内涵——解读高中《信息技术课程标准》[J]. 电化教育研究，2005（1）：36-38.
③ 王荣良，李树培. 信息技术课程情感态度价值观辨别 [J]. 中国信息技术教育，2009（1）：27-29.
④ 朱彩兰. 对情感、态度与价值观的解析与培养 [J]. 中小学信息技术教育，2007（12）：9-11.
⑤ 王吉庆. 信息技术课程的内容遴选与编排 [J]. 中小学信息技术教育，2002（1）：47-50.

技术课程中内容的相互衔接与选择》① 探讨了应在高中信息技术课程标准研制中认可选修与必修模块的有机联系，同时又通过缩小法、浅深分解法、错位描述法，尽量弱化重叠可能给教学带来的不良影响。东北师范大学解月光的《对"经历信息技术过程"的解读》② 讨论了高中信息技术课程标准中是怎样设计和解决经历信息技术过程、如何理解经历信息技术过程以及应该如何保证经历信息技术过程的有效性等问题。东北师范大学董玉琦的《STS 视野下信息技术课程内容构建》③ 讨论了信息技术课程内容的三个维度即信息科学、信息技术和信息社会学，他的《信息技术课程理论建设：关注基础，研究关键》④ 提出信息技术课程理论基础研究主要包括信息技术课程的文化学研究、信息技术课程的社会学研究以及信息技术课程的政策学研究等方面，同时也要关注信息伦理道德、学生媒体认知等方面；他的《普通高中信息技术课程标准研制省思》⑤ 论及了探究国际信息教育演变进程、检视课程的性质与目标、凸显以学生发展为本的课程理念、构建 STS 视野下的课程内容、选择适切国情的课程结构和坚持课程持续发展等观点。北京师范大学王铟的《从人文关怀角度落实中小学信息伦理教育》⑥ 也认为应将"信息情感意识、信息科学知识、信息处理能力及信息伦理"纳入学校教育体系。陈智、王爱胜的《信息技术普通教育如何渗透职业元素》⑦ 认为高中信息技术教育应包含一定的职业倾向和就业技能的启蒙教育。陈吉利的《网络礼仪：信息技术课程新热点》⑧ 论述了如何使学生懂得网络礼仪的基本要求，以建立良好的网络行为规范。

① 李艺，朱彩兰. 信息技术课程中内容的相互衔接与选择 [J]. 电化教育研究，2003（8）：30-33.
② 解月光. 对"经历信息技术过程"的解读 [J]. 电化教育研究，2004（3）：23-26.
③ 董玉琦. STS 视野下信息技术课程内容构建 [J]. 信息技术教育，2007（12）：2-3.
④ 董玉琦. 信息技术课程理论建设：关注基础，研究关键 [J]. 信息技术教育，2006（1）：6.
⑤ 董玉琦. 普通高中信息技术课程标准研制省思 [J]. 电化教育研究，2004（9）：64-69.
⑥ 王铟. 从人文关怀角度落实中小学信息伦理教育 [J]. 中小学信息技术教育，2007（6）：1-3.
⑦ 陈智，王爱胜. 信息技术普通教育如何渗透职业元素 [J]. 中国信息技术教育，2008（12）：33-34.
⑧ 陈吉利. 网络礼仪：信息技术课程新热点 [J]. 中国信息技术教育，2008（3）：37-39.

3. 现状调查

黄松爱、董玉琦的《高中学生信息素养现状调查与分析》① 的结果显示，吉林省高中学生的信息素养在信息科学与信息社会方面明显薄弱。王秋爽、缴洪勋的《基于 STS 视角的义务教育阶段学生信息素养现状调查——长春市 K 区的个案研究》② 发现，中小学生在信息科学、信息技术和信息社会这三个维度知识上的发展很不均衡，具体表现在"只见技术不见人"。杨宁、钱薇旭的《义务教育阶段信息技术课程区域整体推进：问题、原因及对策》③ 发现，城乡中小学生在信息科学知识、信息技术基本应用技能和信息社会问题解决等多个层面上都存在着显著差异。

另外，在《信息技术教育研究进展 2008》④ 一书中的相关论文有姜阳、钱松岭的《普通高中信息公开认识现状调查、分析与建议》，程欣、钱松岭的《"应对网络不良信息"的现状调查研究》，郑明才、钱松岭的《普通高中学生知识产权保护现状调查研究》，马文玲、钱松岭的《普通高中个人信息保护的调查与思考》，杨丽颖、钱松岭的《高中学生"网络道德"现状调查分析与建议》等。

4. 教学实践

教学案例涉及网络礼仪、网络文明与安全、个人信息保护、计算机病毒及预防、信息安全与信息道德、信息价值判断、交往等，如王桂红的《网络文明与安全》⑤、刘萌萌的《计算机病毒及预防》⑥、刘毅然的《信息安全与信息道德》⑦、李伟和郑雷的《在信息技术教学中渗透道德教

---

① 黄松爱，董玉琦. 高中学生信息素养现状调查与分析 [J]. 中国电化教育，2010（8）：10-13.
② 王秋爽，缴洪勋. 基于 STS 视角的义务教育阶段学生信息素养现状调查——长春市 K 区的个案研究 [J]. 中国电化教育，2010（7）：5-8.
③ 杨宁，钱薇旭. 义务教育阶段信息技术课程区域整体推进：问题、原因及对策 [J]. 中国电化教育，2010（7）：9-12.
④ 董玉琦. 信息技术教育研究新进展 2008 [M]. 长春：吉林教育出版社，2008：41-63.
⑤ 王桂红.《网络文明与安全》教学案例 [J]. 中小学信息技术教育，2007（1）：19-22.
⑥ 刘萌萌.《计算机病毒及预防》教学案例 [J]. 中小学信息技术教育，2009（2）：32-33.
⑦ 刘毅然.《信息安全与信息道德》教学案例 [J]. 中小学信息技术教育，2010（6）：29-30.

育——以〈网上交个好朋友〉教学设计为例》①、朱秋林的《信息价值的判断》②、钱松岭的《给个人信息撑起"保护伞"——〈网上聊天的安全〉教学设计》③ 等。李锦良的《从陶宏开整治网瘾谈当今中小学信息技术教学的侧重点》④ 探讨了在中小学信息技术课中如何有效控制或者减少网瘾青少年数量增长的教学侧重点。

主张在信息技术学科教学中渗透德育、合作意识、爱国主义、民族传统文化、网络道德教育等的文章也比较多。王佑镁、陈敏的《民族传统文化整合于信息技术教学的策略探究》⑤ 阐述了将民族传统文化渗透于信息技术教学中的教学策略，即通过在科技文明发展历程中挖掘信息技术教学的民族传统文化内涵、在信息技术课堂中创设和开展民族传统文化的主题活动、在多样化学习情境中渗透民族传统文化的意境等三条路径进行教学设计创意与实施，实现在信息技术教学中对学生进行潜移默化的民族传统文化教育。王伟萍的《信息技术课堂中的爱国主义渗透》⑥ 从教学方式、素材、介质、任务、课堂环节等方面进行爱国主义的渗透。董自明的《信息技术教学中合作意识的培养》⑦ 介绍了培养学生合作意识的经验。李定勇、魏宁、张宏全、邵向琼、马金良、席桂玲、张秀玲、金松、王芳和贾瑞峰等都围绕在信息技术教学中如何渗透德育进行了讨论。南京师范大学张舒予、周蓉的《英国苏格兰中小学信息技术教育课程指南（上）》⑧ 系统介绍了英国苏格兰中小学信息与通信技术发展计划与实施行动方案、教学内容与评价标准、示范实例。华南师范大学杜玉霞的

---

① 李伟，郑雷. 在信息技术教学中渗透道德教育——以《网上交个好朋友》教学设计为例[J]. 信息技术教育，2006（5）：39-41.

② 朱秋林. 《信息价值的判断》教学设计[J]. 中小学信息技术教育，2008（12）：43-44.

③ 钱松岭. 给个人信息撑起"保护伞"——《网上聊天的安全》教学设计[J]. 中小学信息技术教育，2007（6）：14-16.

④ 李锦良. 从陶宏开整治网瘾谈当今中小学信息技术教学的侧重点[J]. 中国信息技术教育，2009（10）：108-109.

⑤ 王佑镁，陈敏. 民族传统文化整合于信息技术教学的策略探究[J]. 中国信息技术教育，2010（1）：104-106.

⑥ 王伟萍. 信息技术课堂中的爱国主义渗透[J]. 中国信息技术教育，2008（9）：47.

⑦ 董自明. 信息技术教学中合作意识的培养[J]. 信息技术教育，2007（6）：97-98.

⑧ 张舒予，周蓉. 英国苏格兰中小学信息技术教育课程指南（上）[J]. 电化教育研究，2004.（2）67-69.

《美国信息素养教育与研究的启示》分析总结了美国信息素养教育与研究的发展脉络和特点，提出了中国在开展信息素养教育与研究时应注意的问题和可以采取的措施。于洪侠的《美英日韩中小学信息伦理道德教育的比较研究》① 对美国、英国、日本和韩国信息技术课程中的信息伦理道德目标进行了分析与总结；张洪的《小学信息技术素养与伦理教育探讨——台北市小学"资讯素养与伦理"教材简析》② 和《中国信息技术教育》编辑部的《台北市小学资讯素养与伦理教材编写及推动概述》③ 都对台北市的"资讯素养与伦理"教材进行了说明。

5. 教材

现行通过审定的高中信息技术教材有教育科学出版社、浙江教育出版社、广东教育出版社、上海科技教育出版社和中国地图出版社出版的五个版本。其中，"信息技术基础"为必修模块，刘娟娟的硕士论文《五套高中〈信息技术基础〉新课标教材的比较研究》对其中的以"信息与社会"为主题的内容做了对比研究，发现教科版中并未完全提及课标要求的"信息技术与社会"主题，对此主题沪教版、教科版并没有扩展，而浙教版则扩展了知识产权、信息素养、信息交流的作用与途径。在呈现方式上，教科版只将此主题融入其他各章，而其他版本都单列一章，以"信息技术与社会"为主题，粤教版则两种方式都有。笔者阅读了粤教版中关于"信息与社会"的部分，发现这部分的课程设计没有将具体的能力要求融入技术的学习中，而是"说教式"的照本宣科。

2005 年，台北市出版了《资讯素养与伦理（高中版）》教材，2006 年又相继出版了初中版和小学版教材，由此尝试建立完整、持续的信息伦理课程教育。台北制定的中小学信息伦理课程的主要目的是要在信息社会中使学生具备人文素养、正确使用计算机及网络资源的素养，养成在使用计算机时，除肯定自己的上网能力外，也尊重别人的上网权利。课程纲要

---

① 于洪侠. 美英日韩中小学信息伦理道德教育的比较研究 [J]. 中小学信息技术教育，2007 (6)：8-10.

② 张洪. 小学信息技术素养与伦理教育探讨——台北市小学"资讯素养与伦理"教材简析 [J]. 中国信息技术教育，2010 (1)：30-31.

③《中国信息技术教育》编辑部. 台北市小学资讯素养与伦理教材编写及推动概述 [J]. 中国信息技术教育，2009 (11)：93-95.

中的资讯素养与伦理内容包含："能进行网络基本功能的操作。认识网络规范，了解网络虚拟特性，并懂得保护自己，了解与实践资讯伦理，遵守网络上应有的道德与礼仪。认识网络智慧财产权相关法律，不侵犯智财权。了解网络隐私权相关法律，保护个人及他人隐私。善用网络分享学习资源与心得。了解过度使用 BBS、游戏、网络交友对身心的影响；辨识网络世界的虚拟与真实，避免沉迷于网络。"①

通过对以上研究状况的探讨，可将研究内容归结为以下几个方面。

（1）用户行为（主要指中小学生在利用信息技术时的各种典型行为）部分数量较多，比如游戏、合作、网络礼仪、个人信息保护、网瘾、网络群体事件、自由软件等，这部分的问题相对较多，同时信息安全也一直是受到关注的问题。

（2）信息安全部分文献内容可以大致分为两类，占比较大的一类是涉及电脑病毒防治以及校园网络安全防护的问题，还有一类就是课堂教学中如何进行信息安全知识的教学，主要涉及计算机病毒防治的内容，这类内容的比例较小。

（3）信息技术的影响类文献多探讨信息社会生活方式的改变，内容涉及网络语言、电子商务、网恋及网瘾等心理健康问题，还有涉及其他负面影响的内容。

（4）公平的分类主要关注城乡之间、少数民族地区信息技术教育的不平衡，以及通过促进教育信息化，加强教育发展的公平与均衡性。

（5）知识产权与法律法规方面论及较少，知识产权方面的文献主要集中在探讨中小学教育软件的盗版问题。此外，国家知识产权局协调管理司司长马维野强调应该大力发展知识产权教育，与素质教育、创新教育相结合，融入实践教育当中。法律法规部分的一篇文献是关于《计算机软件保护条例》修改的报道，一篇是关于《中国青少年绿色网络宣言》的，还有针对制定《未成年人网络保护法》的呼吁。

总结以上研究现状可以看出，学校教育中的信息社会学课程理论研究比较薄弱；随着社会的信息化进程不断加快，关于信息社会方面的议题也

---

① 《中国信息技术教育》编辑部. 台北市小学资讯素养与伦理教材编写及推动概述［J］. 中国信息技术教育，2009（11）：93-95.

迅速增长，但还不系统，尤其是知识产权、法律法规等内容还亟待完善；信息社会学课程国际比较研究还不深入。

四、社会系统中的相关内容

我国特别重视互联网的崛起为青少年带来的深刻影响，除了学校教育系统外，社会系统中与信息社会问题相关的内容也有很多。

（一）相关政策

2001 年，中共中央印发了《公民道德建设实施纲要》，指出我国公民道德建设的指导思想是："以马克思列宁主义、毛泽东思想、邓小平理论为指导，全面贯彻江泽民同志'三个代表'重要思想，坚持党的基本路线、基本纲领，重在建设、以人为本，在全民族牢固树立建设有中国特色社会主义的共同理想和正确的世界观、人生观、价值观，在全社会大力倡导'爱国守法、明礼诚信、团结友善、勤俭自强、敬业奉献'的基本道德规范，努力提高公民道德素质，促进人的全面发展，培养一代又一代有理想、有道德、有文化、有纪律的社会主义公民。"①

2001 年 1 月，中共中央办公厅、国务院办公厅联合发出的《关于适应新形势进一步加强和改进中小学德育工作的意见》中明确指出："要把思想政治教育、品德教育、纪律教育、法制教育作为中小学德育工作长期坚持的重点……中小学校都要加强心理健康教育，培养学生良好的心理品质。"②

2004 年 4 月，文化部、国家文物局下发贯彻落实《中共中央国务院关于进一步加强和改进未成年人思想道德建设的若干意见》的通知，要求充分认识和发挥文化文物工作在未成年人思想道德建设中的重要作用，把加强未成年人思想道德建设作为少儿文化工作的中心环节，从内容形

---

① 中共中央印发《公民道德建设实施纲要》［OE/BL］.［2013-11-18］. http：//cpc. people. com. cn/GB/64162/64165/70293/70313/.
② 中办国办发出《关于适应新形势进一步加强和改进中小学德育工作的意见》［OE/BL］.［213-11-18］. http：//www. people. com. cn/GB/kejiao/39/20010117/380929. html.

式、方法手段、队伍建设、经费投入等方面，切实加强基层少儿文化工作。①

2007 年 8 月，中共中央宣传部、教育部、司法部、全国普及法律常识办公室联合发布《中小学法制教育指导纲要》，要求确保中小学法制教育的质量，充分发挥学校课堂教学的主渠道作用，不断推进中小学法制教育的深入开展；要求要通过学科教学、专题教育、课外活动与个别辅导等途径开展中小学法制教育的工作。②

2010 年 1 月，教育部发布了《教育部关于加强中小学网络道德教育抵制网络不良信息的通知》。该通知主要有五方面的工作：一是加强网络道德教育；二是加强网络法制教育；三是加强绿色网络建设；四是加强重点关注和引导；五是加强学校家庭合作。③

（二）相关公约措施

1. 《全国青少年网络文明公约》

团中央、教育部、文化部、国务院新闻办、全国青联、全国学联、全国少工委、中国青少年网络协会于 2001 年 11 月向社会发布了《全国青少年网络文明公约》。具体内容如下："要善于网上学习，不浏览不良信息。要诚实友好交流，不侮辱欺诈他人。要增强自护意识，不随意约会网友。要维护网络安全，不破坏网络秩序。要有益身心健康，不沉溺虚拟时空。"④

2. 《中国青少年绿色网络宣言》

中国青少年绿色网络行动组委会于 2006 年 6 月 15 日在京发布《中国青少年绿色网络宣言》。宣言的主题是文明、权益、安全、创新和秩序，

---

① 《中共中央国务院关于进一步加强和改进未成年人思想道德建设的若干意见》发布［OE/BL］．［2013.11-18］．http：//www. people. com. cn/GB/paper39/11612/1046675. html.

② 四部门制定《中小学法制教育指导纲要》［OE/BL］．［2013-11-18］．http：//edu. people. com. cn/GB/6184906. html.

③ 教育部关于加强中小学网络道德教育抵制网络不良信息的通知［OE/BL］．［2013-11-18］．http：//www. gov. cn/zwgk/2010-01/22/content_1516995. htm.

④ 《全国青少年网络文明公约》适时出台［OE/BL］．［2013-11-18］．http：//www. people. com. cn/GB/it/48/297/20011207/621479. html.

目的是明确方向、整合资源、协同各方、同心协力，调动更多的社会力量构建和谐网络，服务网络信息时代青少年成长发展的需求，培育青少年成为建设创新型国家的有生力量。①

全国政协委员、中华慈善总会名誉会长李玉玲也呼吁加快制定《未成年人网络保护法》，为未成年人网络保护提供有力的法律保障。

3. 工信部：五项措施保障儿童上网安全

2009年，国际电信联盟已将"保障儿童网上安全"确定为主题。2009年5月，工信部要求全国通信行业以对儿童成长高度负责和对社会未来高度负责的态度，从五个方面营造健康文明的网络环境，切实保障儿童网上安全。第一是进一步加强网络基础管理，实行"谁经营，谁负责""谁接入，谁负责"的原则，明确因特网接入商的信息安全管理责任，年底前将网站备案率提高到97%，网站备案信息准确率提高到85%；第二是加大专项整治，深入开展"阳光绿色网络"工程，使网络环境得到有效净化；第三是进一步加强因特网技术与业务创新，发展自主可控的信息安全产业，有效应对网络信息安全面临的各种挑战；第四是进一步推进行业自律，有效遏制有害不良信息传播；第五是提高全社会的信息安全意识，加强信息安全知识普及和教育培训，教育引导少年儿童正确获取信息、学习知识，避免有害和不良信息影响。②

4. 中央网信领导小组成立

2014年2月，中央网络安全和信息化领导小组成立。该领导小组力求着眼国家安全和长远发展，统筹协调涉及经济、政治、文化、社会及军事等各个领域的网络安全和信息化重大问题，研究制定网络安全和信息化发展战略、宏观规划和重大政策，推动国家网络安全和信息化法治建设，不断增强安全保障能力。③

5. 相关课题、项目

2005年1月，北京市青少年网络依赖戒除"虹"计划项目在京正式

---

① 构建和谐网络环境 "中国青少年绿色网络宣言" 发布 [OE/BL]. [2013-11-18]. http://news. xinhuanet. com/newscenter/2006-06/15/content_4702735. htm.

② 工信部. 五项措施保障儿童上网安全 [J]. 中小学信息技术教育, 2009 (6): 56.

③ 中央网信领导小组成立 [OE/BL]. [2014-4-18]. http://theory. people. cn/n/2014/0228/c49150-24489530. html.

启动。"虹"计划项目组深入分析了我国青少年网络使用问题与特点，提出"中国青少年网络问题谱系"新视角，为制定针对我国具体情况的分类标准与评估方法奠定了科学基础；同时，提出了"失补偿假说"的新理论，并依此成功制定了"系统补偿综合心理干预"方案，在临床实践中取得良好效果。①

2009 年 9 月，儿童与网络研究实验室在上海成立。该实验室由复旦大学媒介素质研究中心与著名的儿童社区网站"摩尔庄园"的运营商上海淘米网络科技有限公司共同发起，致力于有关儿童使用网络行为的调查，系统研究儿童上网的心理和习惯，组织一系列面向儿童和家长的绿色上网实践活动，编撰有关绿色上网的普及读本，并在中小学进行趣味数字课程，组织儿童网络夏令营等，以生动活泼的形式推广儿童网络素养教育。②

中国青少年网络协会分别在 2005 年、2007 年、2009 年对国内青少年网瘾状况进行调查，探索青少年网瘾的成因，并研究解决青少年网瘾问题的对策。据 2009 年中国青少年网络协会公布的《中国青少年网瘾数据报告》显示，我国城市青少年网民中网瘾青少年约占 14.1%，人数约为 2404.2 万。在城市非网瘾青少年中，约有 12.7% 的青少年有网瘾倾向，人数约为 1858.5 万。18—23 岁的青少年网民中患网瘾的比例最高，为 15.6%；其次为 24—29 岁的，为 14.6%，以及 13—17 岁的，为 14.3%。与 2005 年相比，13—17 岁年龄段的网瘾青少年比例有所下降，18—23 岁年龄段的网瘾青少年比例有所上升。③

2008 年 11 月，中国传媒大学发展战略研究中心张玲研究员申报的北京市教育科学"十一五"规划重点课题"媒介素养教育课程研究"经北京市教育科学规划领导小组审批后正式立项。张玲根据自己在北京市东城区黑芝麻胡同小学所做的媒介素养课程实验研究的阶段性成果，编著了国

① 新京报.北京青少年网络依赖戒除"虹"计划科研成果公布 [OE/BL]. [2013-11-18]. http://www.bjyouth.gov.cn/mtjj/127420.shtml.
② 国内首个儿童与网络实验室在上海成立 [OE/BL]. [2013-11-18]. http://news.xinmin.cn/rollnews/2009/09/23/2613748.html.
③ 中国青少年网瘾报告 2009 [OE/BL]. [2013-11-18]. http://edu.qq.com/edunew/diaocha/2009wybg.htm.

内首本《儿童绿色上网家庭手册》。该手册首次从媒介素养教育的视角全面阐述了网络的利弊，并针对网络对儿童可能产生的不良影响，从媒介素养的角度分别为孩子和家长提供了许多易操作、简单具体的措施和方法。①

综上所述，我们看到，在社会系统中有相应的教育政策协调制约，社会关心、重视、支持中小学信息技术教育；相应的理论与实践研究日渐深入，认识水平不断提高；以信息与社会为主题的教育内容散乱，结构不均衡；信息社会问题层出不穷，针对信息与社会关系的教育日益引起人们的重视。

---

① 媒介素养教育：尝试让学生认知媒介 ［OE/BL］.［2013 - 11 - 18］. http：//www. edu. cn/yiwujiaoyu_1074/20090727/t20090727_394008_2. shtml.

第三章 学校信息社会学课程国际比较

国际中小学信息技术课程的不断发展使其中的信息社会学课程内容逐渐变得丰富多元。信息社会学课程内容是一个复杂、广泛和动态的概念，有其复杂性和多面性，涉及不同地域的历史、文化、价值观、教育制度、教育政策、教学策略、学习方法、教育组织、教育成绩等诸多方面的问题，很难对此进行全面的分析研究。本章针对我们特定的课程焦点——中小学信息技术课程中的信息社会学课程内容，就英国、美国、日本、印度四国中小学信息技术课程中信息社会学课程的状况进行考察，通过比较、分析，得出中小学信息社会学课程的目标定位、内容选择、教学实施等方面的一些特征与规律，以期为中小学信息技术课程建设提供一些启示与借鉴。

一、学校信息社会学课程国际比较研究设计

世界上一些主要国家的信息社会学课程是如何开展的？简单地说，就是回答"谁在学？学什么？怎样学？"的问题。更为重要的是，这些问题对信息社会学课程的目标定位、内容选择、教学实施等方面有什么启示与借鉴。

贝磊、鲍勃、梅森在进行课程的比较研究时提出了一个框架，包括目

的与视角、课程焦点、表现形式三个维度，如图 3-1 所示。

图 3-1　课程比较的框架①

目的与视角维度通常可以划分为三种视角：评价性视角、解释性视角和批判性视角。如在多种相关教材中挑选出一套合适的教材进行分析，即评价性视角；如分析与解释当前一些主要国家的信息社会学课程的具体内容及其成因时，就需要分析不同国家的政治、经济、文化背景以解释其特定的课程现象，即解释性视角；如从课程哲学视角分析信息技术课程呈现出来的特征，即批判性视角。在进行中小学信息社会学课程的国际比较研究时，三种视角要混合应用。

课程焦点即课程研究的某个焦点，信息社会学课程研究有必要明确研究的某些特定方面。本章以英国、美国、日本、印度四国的中小学信息技术课程发展规划体系中的目标、内容以及在实施过程中的教学与评价作为课程研究的焦点。

表现形式即课程表现出来的具体方式，表现形式并不固定，可分为显性与隐性的表现形式，与课程相关的政策文件、课程标准、教学材料、课堂教学计划、规定性的教学结果、课堂互动等都属于显性方面的表现形式；而学习者所经历的计划和计划外的体验、成功与失败等属于隐性的表现形式。这些隐性信息都需要访谈、观察、自传式叙述等研究方法才能获得，就本研究来说还没有条件获取这方面丰富的信息。

概括地说，我们以英国、美国、日本、印度四国中与中小学信息社会学课程相关的政策性文件、商业性出版的教科书和课堂教学三个方面的显

① 贝磊，鲍勃，梅森. 比较教育研究：路径与方法［M］. 李梅，主译. 北京：北京大学出版社，2010：220.

性表现作为研究对象。

二、学校信息社会学课程国际比较研究

美国分权的政治制度直接影响其教育，地方政府对教育的管理有极大自主权，因此表现出来的课程样态呈现多元化，这也正是我们研究的价值所在；英国的课程管理自上而下，在国家课程结构中，信息与通信技术课程（ICT课程）占有重要地位，这也是我们对其进行考察的主要原因之一。日本属于"儒学"圈中的发达国家，其信息教育有着自己的特点。印度同我国国情相似，都属于人口众多的发展中国家，但印度的信息技术产业令全球瞩目，大力开展中小学信息技术教育是其重要原因。下面我们从地域、国家信息技术教育的发展水平、国家的经济发展水平以及各自呈现出的特色等方面对英国、日本、美国、印度四国的信息社会学课程展开考察。

（一）美国中小学信息技术课程中的信息社会学课程

美国是联邦制国家，各级学校的课程设置与实施由地方政府独立管理，并且各州，甚至一州之内的各学区、各学校均保有一定的自主权与决定权。50个独立州与超过15000个学区都有自己独立的政策。它们的课程大多由州教育主管部门规定课程标准，学区、校董事会或家长委员会根据地方的课程标准编制、挑选自己的教材，安排上课时间，聘任教师进行教学。

美国地方分权的政治特点使课程政策的制定容易受到社会团体和各种专业教育组织的影响，这些专业组织总是以研究为基础制定不同的专业学术标准，而这些标准成为地方政府进行课程决策的重要依据。因此，美国中小学的信息技术课程呈现出多元化的特点。不同专业组织制定的课程标准体现了不同的理念，大致可以分为作为在学科中应用的"教育技术"课程、作为独立学科的"计算机科学"课程、作为图书馆教育的"信息素养"课程、行业组织开发的"信息社会学"课程四种类型。在这四种类型的课程形态中，信息社会学课程都是重要的组成内容。

1. "教育技术"课程中的信息社会学课程

一般情况下，教育技术可以被定义为在课程中利用计算机，或更具体

地说，利用计算机技术（硬件和软件）来学习其他学科。美国的信息技术课程特别强调将信息技术应用到其他学科的学习中。在这方面起到重要作用的是美国国际教育技术协会（International Society for Technology in Education，简称 ISTE）制定的一系列标准，如《国家学生教育技术标准》《国家教师教育技术标准》《国家学校管理者教育技术标准》等，一直是美国各州设置信息技术课程、发展教育信息化的重要参考准则。

2007 年 6 月，ISTE 公布了新版的《国家学生教育技术标准（National Educational Technology Standards for Students 2007）》。此标准是在 1998 年美国《国家学生教育技术标准（NETS·S—1998）》的六个能力素质维度的基础上的重新整合，并有所创新。新标准的六个维度如图 3-2 所示。

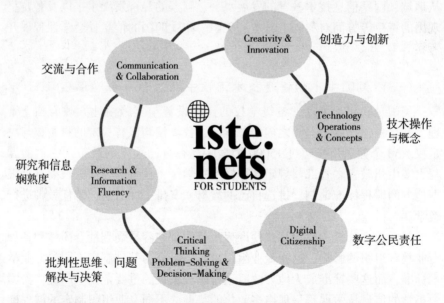

图 3-2 美国《国家学生教育技术标准（2007）》的六个维度

（1）创造力与创新（Creativity and Innovation）：学生表现出创造性思维、建构知识以及利用技术开发创新的产品和过程的能力。

（2）交流与合作（Communication and Collaboration）：学生能够利用数字媒体和环境促进沟通和协同工作（包括远程的），支持个人学习和帮助他人学习。

（3）研究和信息娴熟度（Research and Information Fluency）：学生能够利用数字工具来收集、评价及使用信息。

（4）批判性思维、问题解决与决策（Critical Thinking, Problem - Solving and Decision-Making）：学生能够使用批判性思维技能计划和引导研究、管理项目，利用合适的数字工具和资源解决问题并且做出明智决策。

（5）数字公民责任（Digital Citizenship）：学生理解与技术相关的人类的、文化的和社会的问题、法律实践与道德行为。

（6）技术操作与概念（Technology Operations and Concepts）：学生表现出对技术概念、系统和操作的充分理解。①

其中，"交流与合作"包括：a.应用各种数字环境和媒体与同伴、专家或其他人互动、合作并发表观点；b.使用各种媒体与形式与不同受众有效地交流信息与思想；c.在与不同文化背景学习者的共事过程中培养文化理解与全球意识；d.用原创性的工作为项目团队做出贡献或解决问题。② "数字公民责任"包括：a.倡导安全、合法和负责任地使用信息与技术并付诸实践；b.对支持合作、学习以及提高效率的技术应用表现出积极的态度；c.表现出个体对终身学习的责任；d.表现出数字公民责任的领导力。③

美国得克萨斯州的信息技术教育有着很长的历史，该州的技术应用课程的目标是确保教育者与学生在其他课程学习中获得并应用21世纪数字知识与技能。技术应用标准规定了从学前到12年级的具体内容，主要有K—2、K—5和K—8以及建立在K—8水平之上的高中课程。

得克萨斯州技术应用课程遵循以下六项指标："创造与创新；交流与合作；研究和信息娴熟度；批判性思维、问题解决与决策；数字公民责任和技术操作与概念。"④

① ISTE. National educational technology standards［OE/BL］.［2013-12-09］. http：//www.iste.org/docs/pdfs/nets-s-standards.pdf? sfvrsn=2.

② ISTE. National educational technology standards［OE/BL］.［2013-12-09］. http：//www.iste.org/docs/pdfs/nets-s-standards.pdf? sfvrsn=2.

③ ISTE. National educational technology standards［OE/BL］.［2013-12-09］. http：//www.iste.org/docs/pdfs/nets-s-standards.pdf? sfvrsn=2.

④ Texas essential knowledge and skills for technology applications［OE/BL］.［2013-12-09］. http：//ritter.tea.state.tx.us/rules/tac/ch126toc.html.

　　通过技术应用中六个维度的学习，学生能利用创造性思维与创新过程建构知识与形成学习产品，与本地或全球范围内的人们交流与合作来促进学习。研究和信息娴熟度包括数字内容的获取与评估。通过收集、分析和汇报数字信息培养批判性思维、问题解决与决策。通过负责任地使用技术工具与资源来实践数字公民责任。通过技术操作与概念的学习，学生学习相关术语、概念和数据输入策略。其课程标准中涉及的信息社会学课程的维度与具体指标如表3-1至表3-4所示。

表3-1　美国得克萨斯州2年级技术应用标准中的信息社会学内容

维　度	具体指标
交流与合作	A. 使用交流工具随时随地与本地或全球的同伴互动、合作发表观点； B. 在数字化环境中积极参与活动，通过与不同文化背景的人交流学会文件的尊重与理解。
数字公民责任	A. 在虚拟环境下能坚持遵循恰当的行为规范； B. 遵守数字安全、公平使用的法规及版权法； C. 负责任地使用数字信息，考虑到知识产权包括软件、文本、图片、声音和视频。

表3-2　美国得克萨斯州3—5年级技术应用标准中的信息社会学内容

维　度	具体指标
交流与合作	A. 个人或与他人合作草拟、编辑、发布学习产品； C. 通过个人学习社区和社会环境有效进行合作； D. 选择和使用合适的合作工具。
数字公民责任	A. 在数字环境下能坚持遵循恰当的行为规范； B. 尊重他人知识产权； C. 遵守版权法以及教育多媒体的公平使用规范； D. 尊重保护自我与他人的个人信息； E. 遵守网络礼仪； F. 安全、合法、负责任地使用信息技术； G. 遵守公平使用规范和数字安全法则。

表3-3　美国得克萨斯州6—8年级技术应用标准中的信息社会学内容

维　　度	具体指标
交流与合作	A. 创建个人学习网络，能使用如博客、wiki、音频视频交流或其他新兴技术参与到个人学习网络中，能与同伴、专家或他人进行合作； B. 使用各种媒体和格式的信息与不同受众有效交流。
数字公民责任	A. 理解版权原则包括当前法律、合理使用范围、知识共享（CC协议），开源资源、公有领域； B. 对引用资源能符合伦理或标准地使用； C. 能安全地、适当地进行网络活动，了解个人安全政策、数字身份、数字礼仪、技术的可接受使用； D. 理解技术不合理使用的消极影响，包括网络欺侮骚扰、黑客、侵犯隐私、故意设置病毒，音乐及软件或其他媒体的盗版问题。
技术操作与概念	H. 讨论历史上技术如何影响学习的各个领域； I. 讨论技术应用于大学学习或职业准备、终身学习和日常生活中的相关性。

表3-4　美国得克萨斯州9—12年级技术应用标准中的信息社会学内容

维　　度	具体指标
交流与合作	A. 在评估问题解决办法时能寻求同伴或来自专家的意见。
数字公民责任	A. 讨论版权问题或版权法，能使用固定办法符合伦理地获取和引用资源； B. 在使用网络特别是互联网或内网中的资源时表现出正确的数字礼仪以及符合伦理使用的知识； C. 使用密码或病毒防御手段来保护计算机系统和数据库，防止未授权的使用与篡改； D. 理解网络社交网站所存在的安全风险； E. 讨论计算机与其相关发展为社会带来的影响； F. 能判断通过电子媒体获得有效信息的可靠性。

美国《国家学生教育技术标准》中的交流与合作和数字公民责任两个维度，都体现了信息社会学的课程内容，交流与合作维度体现人应能够利用合适的信息工具与他人进行信息交换，而且能在参与全球化过程中进

行学习。数字公民责任则强调人作为社会公民在信息社会中进行信息活动时应负的责任。

2. "计算机科学"课程中的信息社会学课程

计算机科学是对计算机和算法处理过程的研究，包括计算机的工作原理、计算机硬件和软件设计、计算机的应用及对社会的影响。美国计算机协会一直为将计算机科学作为一门独立学科而不断努力，该协会认为中小学的计算机课程应该强调计算机科学内在的概念、原理、方法，在美国计算机科学课程的发展中起到了重要的作用。

隶属于美国计算机协会的美国计算机科学教师协会（Computer Science Teacher's Association，简称 CSTA）认为信息技术与 K—12 阶段的课程整合并不能与美国经济的发展要求与时俱进，造成了各级信息技术人才的短缺。因此，CSTA 自成立以来一直致力于推进建立以编程、算法思维与问题解决为核心内容的、独立设置的、全国范围内的统一连贯的计算机科学课程，同时为建立一套统一、完备的计算机科学教师资格认证体系做出努力。

2003 年，CSTA 公布了《K—12 阶段计算机科学课程示范模型（第二版）》，目的是为美国各州教育部门与学区提供一个框架，打算在 2011 年前让美国 20% 的州立教育部都使用或部分使用该模型，以满足学生在 21 世纪就业与个人发展的教育需求。该模型包括四个水平的课程，如图 3-3 所示。①

在此课程模型中，涉及的信息与社会主题的具体内容如下。

水平 1——计算机科学基础：这一水平的学习目标是根据国家教育技术标准制定的，这部分内容主要是关于信息技术，特别强调技术对其他学科的支持。另外还包括与问题解决和算法思维有关的学习目标。课程模型按照《国家学生教育技术标准》的模式又将水平 1 分为 K—2 年级、3—5 年级、6—8 年级的，涉及信息与社会主题内容的具体学习目标如表 3-5 所示。

---

① CSTA. A model curriculum for K-12 computer science（2003）［OE/BL］.［2013-12-09］. http://csta.acm.org/Curriculum/sub/CurrResources.html.

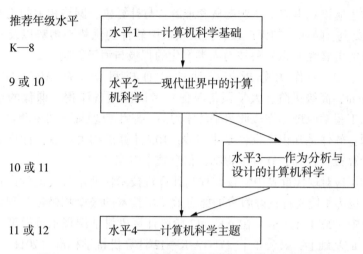

推荐年级水平

K—8　　　　水平1——计算机科学基础

9 或 10　　　水平2——现代世界中的计算机科学

10 或 11　　　水平3——作为分析与设计的计算机科学

11 或 12　　　水平4——计算机科学主题

图 3-3　ACM K—12 计算机科学课程示范模型水平结构

表 3-5　水平 1 的信息社会学课程学习目标

K—2 年级	5. 在使用技术时能与同伴、老师或其他人合作；6. 在使用技术时表现出积极承担社会责任、遵守道德；7. 负责任地使用技术系统和软件。
3—5 年级	2. 讨论日常生活中技术的使用，了解技术的优缺点；3. 讨论与使用技术、信息时应承担的责任，并能描述不正确的使用对个人带来的影响；5. 根据不同受众（课内外）使用技术工具（如多媒体编辑工具、演示及网络工具、数码相机、扫描仪）进行个人的或与他人的写作、交流和发表活动。
6—8 年级	2. 表现出对当前信息技术变化及其对工作与社会的影响的知识；3. 在使用信息和技术时表现出遵守法律与道德的行为，并讨论不正确使用的影响。

　　水平 2——现代世界中的计算机科学：本水平的目的是把它作为所有高中学生的第一门计算机科学课程，它提供了关于本学科的广泛介绍，使学生为未来的技术世界做好准备。概念上的内容包括对操作系统、网络、互联网、问题解决、编程、职业规划和计算机伦理问题有一个基本了解。课程学时设计为一年。

学生应该获得以下主题的概念理解：与计算机、网络相关的伦理问题（包括安全、隐私、知识产权、公众领域中软件的优势与劣势以及互联网上信息的可靠性）以及科技对人类文化的积极与消极影响。

水平 3——作为分析与设计的计算机科学：是 AP（Advanced Placement，高级进阶，大学预备课程）考试的预备课程，课程的重点是科学和工程学原理。完成此水平的学习后，学生应理解下列主题："9. 社会问题：软件是知识产权，专业实践；10. 计算机相关行业：计算机科学家；计算机工程师，软件工程师；信息技术专家。"

为了应对现代世界中学校课程与计算机技术快速增长之间的内在学术联系，也为了使受过良好教育的能有效使用技术的公众积极参与到信息社会建设中，2011 年 CSTA 在《K—12 阶段计算机科学课程示范模型（第二版）》的基础上，又公布了《CSTA K—12 计算机科学标准（2011）》。这份文件提供了贯穿小学与中学的 K—12 计算机科学教育的全面标准。

如图 3-4 所示，《CSTA K—12 计算机科学标准（2011）》的组织结构包括三个水平。

水平 1（K1—6）计算机科学与我：通过在简单计算思维的思想中整合技术的基本技巧，向小学生介绍计算机科学中的基本概念。鼓励并帮助学生把计算看作他们世界当中重要的组成部分。培养他们在其他课程，如社会科学、语言、数学与科学中融入技术积极进行学习、创造与探索。

水平 2（K6—9）计算机科学与社区：开始将计算思维作为解决问题的一种工具，让学生了解计算的广泛性并乐于使用计算机科学促进交流与合作。学生开始体验计算思维作为解决相关问题的一种手段，而且还可以迁移到周围的世界中。让学生意识到自己就是有力的问题解决者，并在计算机科学课程中或在如社会科学、语言、数学与科学等学科中融入技术积极进行学习、创造与探索。

水平 3（K9—12）概念应用与真实问题解决方法：水平 3 分为三部分课程，每部分强调计算机科学作为一门学科的不同方面。通过这些课程，学生可以掌握更多高级计算机科学概念，并应用这些概念来形成虚拟或真实世界的作品，让学生探索现实世界中的问题并使用计算思维形成解决办法。这些学习活动应该重点放在合作学习、项目管理与有效交流等方面。

《CSTA K—12 计算机科学标准（2011）》的课程领域分为"社区、

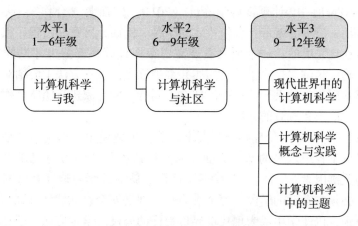

图 3-4 美国《CSTA K—12 计算机科学标准（2011）》的组织结构①

全球与伦理影响""计算思维""合作""计算机与通信设备"和"计算机实践与编程"五个方面，如图 3-5 所示。

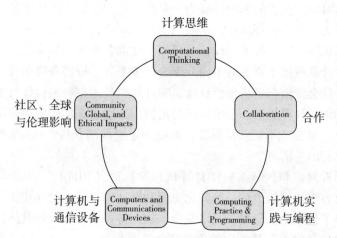

图 3-5 美国《CSTA K—12 计算机科学标准（2011）》的课程领域②

---

① CSTA. K-12 computer science standards［OE/BL］.［2013-12-09］. http：//www. csta. acm. org/Curriculum/sub/CurrFiles/CSTA_ K-12_ CSS. pdf.

② CSTA. K-12 computer science standards［OE/BL］.［2013-12-09］. http：//www. csta. acm. org/Curriculum/sub/CurrFiles/CSTA_ K-12_ CSS. pdf.

《CSTA K—12 计算机科学标准（2011）》强调"合作"，认为计算机科学是一门本身就带有合作特质的学科。例如，有意义的程序很少是由一个人独自完成的；一个项目设计需要很多计算机专业人才共同协作设计、编码、测试、排除错误、描述并维护程序；编程方法中的结对编程就是强调共同工作的重要性；能使拥有不同特长的专家进行团队合作才能保证正确、恰当和有效的办法。

"社区、全球与伦理影响"要求合乎伦理地使用计算机与网络，这是计算机科学各级水平的基本方面，而且被认为是"学习与实践中的一个必需的关键因素"。学生一旦接触互联网，就应该学习遵守互联网的道德规范，必须在合适的学段学习个人隐私、网络安全、软件许可证和版权的基本原则，以使学生成为现代世界负责任的公民。学生应该了解私有或开源软件等各种类型的软件，理解使用协议与许可的重要性。学生还应该能评估来自互联网的信息的可靠性与准确性。

计算机与网络是一个多文化的载体，影响着社会各个阶层，让学生了解计算机对国际交流的影响是极为重要的。他们应该了解什么是恰当的网络社交行为，还应该理解在残疾人的生活中应用合适技术的重要性。

计算机同所有的技术一样，对任何文化都有着深远的影响，在全球经济中各种计算机技术资源的不同分配会产生平等、资源获得和权利等方面的问题。社会价值与经济价值直接影响计算机技术创新的设计与发展。学生应该能评估计算机对社会的积极与消极的影响，并能确定为解决问题所获得资源（谁能或不能获得资源？谁能决定资源的获得？）在哪些范围上能影响我们的生活。

我们看到，《CSTA K—12 计算机科学标准（2011）》中的信息社会学课程内容重视网络道德、跨文化交流和对技术与社会的互相作用，而且特别提出了包括个人隐私、网络安全、软件许可证和版权的具体内容。

3. "信息素养"课程中的信息社会学课程

由于美国中小学都有完备的图书馆系统，如何使用图书馆、更好地利用图书馆进行学习也是美国中小学课程的特色之一。因此，美国中小学还有一类注重培养学生"信息素养"的图书馆课程。1998 年美国学校图书馆馆员协会（American Association of School Librarians，简称 AASL）和教育传播与技术协会（Association for Educational Communication and

Technology）共同出版《信息的力量：创建学习伙伴》（Information Power：Building Partnerships for Learning）一书，提出了学生信息素养标准，从信息素养、独立学习和社会责任三方面列出九大目标。其中，社会责任方面的目标如下：

"标准（7） 对学习社区和社会有积极贡献的学生具有信息素养，并能够认识到信息及民主化社会的重要性，积极为社区和社会做贡献。

指标1 从各种资源、情境、符合行为准则的举止与文化中寻求信息；

指标2 尊重平等获取信息的原则。

标准（8） 对学习社区和社会有积极贡献的学生具有信息素养，并能够实施与信息及信息技术相关的道德行为，积极为社区和社会做贡献。

指标1 尊重智慧自由的原则；

指标2 尊重知识产权；

指标3 负责任地使用信息技术。

标准（9） 对学习社区和社会有积极贡献的学生具有信息素养，并能够积极参与小组活动来探求和创建信息，积极为社区和社会做贡献。

指标1 与他人分享知识与信息；

指标2 尊重他人的思想、背景并承认其贡献；

指标3 能通过技术或面对面地与他人合作，确定问题并寻求解决办法；

指标4 能通过技术或面对面地与他人合作，设计、开发、评估信息产品与问题解决的办法。"①

在 1998 年版的《学生学习信息素养标准》的基础上，2007 年 11 月，美国学校图书馆馆员协会发布《21 世纪学习者标准（Standards for the 21st Century Learner）》。其基本理念主要有：阅读是通往世界的窗口；探究为学习提供脚手架；必须教授如何符合伦理地使用信息；技术使用是未来职业必需的技能；平等获取信息是教育的重要组成部分；信息素养的定义随着技术与资源的变化变得更为复杂；不断增长的信息需要个体具备自学

---

① AASL. Information literacy standards ［OE/BL］.［2013 - 12 - 09］. http：//www. ala. org/aasl/aaslprptools/informationpower/Informationpower/InformationLiteracyStandards_ final. pdf.

的思维技能；学习具有社会情景；学校图书馆是发展技能的关键。

其中，"符合伦理地使用信息"强调学生能在快速发展的全球化的信息社会中遵守道德，负责任地、安全地使用信息工具来寻求不同观点、获取并利用信息。"学习具有社会情景"强调当今的信息社会使学习能通过与他人分享或向他人学习而获得很多机会，学生需要在面对面或利用技术的环境下发展与其他人分享与学习知识的能力。

《21世纪学习者标准》进一步扩展了信息素养的内涵，包括数字、视觉、文本和技术的素养，这些都是在信息丰富的社会中对学习者来说非常重要的素养。《21世纪学习者标准》承认信息素养在学生学习中的作用，但同时也强调学校图书馆媒体课程也能提升学生多方面的素养。使学生利用资源、使用技巧和工具能够：

（1）开展探究、批判性思考并获得知识；

（2）得出结论，做出明智的决定；在新情景中运用知识，创造新的知识；

（3）分享知识，遵守道德，参与其中，并成为民主社会的有效成员；

（4）追求个人与审美的发展。[①]

在以上四个维度的目标中，每个维度都由技能、行为倾向、责任与自我评价策略四个子目标构成，每个子目标都细化了具体指标，其中第三个子目标"责任"部分强调学生在使用技术时的社会责任，并能积极参与到信息社会的建设中，如表3-6所示。

表3-6 《21世纪学习者标准》中"责任"维度的行为指标

维　度	子目标"责任"维度的行为指标
1. 开展探究、批判性思考并获得知识	1.3.1 尊重创作者与生产者的版权/知识产权。 1.3.2 在搜集与评价信息时寻求不同观点。 1.3.3 在搜集与使用信息时遵守道德与法律法规。 1.3.4 在学习共同体中能主动交换思想。 1.3.5 负责任地使用信息技术。

① Standards for the 21st century learner [OE/BL]. [2013-12-09]. http：//www. ala. org/aasl/sites/ala. org. aasl/files/content/guidelinesandstandards/learningstandards/AASL_ Learning _ Standards _ 2007. pdf.

续表

维　度	子目标"责任"维度的行为指标
2. 得出结论，做出明智决定；在新情景中运用知识，创造新知识	2.3.1 理解问题时，与真实世界建立联系。 2.3.2 在做出推断时有多元与全球的视野。 2.3.3 利用有效的信息合理推断并能做出符合伦理的决定。
3. 分享知识，遵守道德，参与其中，并成为民主社会的有效成员	3.3.1 在寻找信息、与他人合作并作为社区成员参与活动时能寻求并尊重不同观点。 3.3.2 尊重他人的不同经验与利益，能寻求各种不同观点。 3.3.3 能利用知识与信息技能进行公众对话，并针对共同关切的问题进行讨论。 3.3.4 创造能应用于真实情景中的产品。 3.3.5 能在学习社区内外进行思想的交流。 3.3.6 利用信息与知识服务于民主价值观。 3.3.7 尊重"智慧自由（每个人都有不受限制地寻求和接收各种观点的信息的权利）"的原则。
4. 追求个人与审美的发展	4.3.1 亲身或在电子环境中参与到社会的思想交流中。 4.3.2 意识到资源是因为各种不同目的创建的。 4.3.3 寻求追求个人的与审美发展的机会。 4.3.4 个人在电子环境下能安全、符合伦理地进行信息交流与互动。

通过上述"责任"维度具体指标的描述，我们发现《21世纪学习者标准》不仅强调学生要负责任、安全地使用信息，更强调学生作为信息社会公民应能参与社会生活和决策，促进民主社会的形成。

4. 行业组织开发的"信息社会学"课程

在信息社会中，信息的生产、传播、分配、消费都成为社会运行的重要环节，在这些环节中同时会产生各种各样的社会问题，国外把与网络建设有关的社会问题概括为"7P"，即 privacy（隐私）、piracy（盗版）、pornography（色情）、pricing（价格）、policing（政策制定）、psychology（心理）和 protection of network（网络保护）。针对这些问题，一些专业组织应运而生，它们关注网络对青少年成长的影响，开发相应课程以指导学生与家长。

　　美国很多行业组织开发出丰富的信息社会学课程。例如，微软公司为用户提供计算机安全、隐私和在线安全问题等的解答①；思科公司专门为青少年提供有关网络欺侮、密码、评估网站的话题讨论②；负责任地安全使用互联网中心（Center for Safe and Responsible Internet Use）也有很多资源指导父母、教师解决个人网络安全、网络安全防范、伦理方面的问题③；麦克菲公司、西门铁克公司、网络欺侮研究中心（Cyberbullying Research Center）、身份盗窃资源中心（Identity Theft Resource Center）等都有针对性的课程。其中，美国国家网络安全联盟（NCSA：National Cyber Security Alliance，简称 NCSA）、网络机智（Cyber Smart!）与常识媒体（Common Sense Media）是比较具有代表性的组织，下面我们简要了解它们的信息社会学课程概况。

　　（1）美国国家网络安全联盟。

　　美国国家网络安全联盟的目的是开展网络安全防护教育，建立一个安全使用网络的数字环境，以便人们在家里、工作、学校安全使用网络，以保护个人技术使用、连接网络和分享数字资源。美国国家网络安全联盟通过制定被广泛接受的"Stop，Think，Connect"④ 原则，举办国家网络安全意识月（National Cyber Security Awareness Month，简称 NCSAM）和个人数据保护日（Data Privacy Day，简称 DPD）等活动来创造一种网络安全文化。

　　美国国家网络安全联盟通过"Stop，Think，Connect"指导原则帮助所有数字公民安全上网。这个指导原则是由私人公司、非营利组织与政府组织合作制定的，目的是帮助美国人不仅了解使用互联网时的风险，也要

---

① Microsoft online safety resources ［OE/BL］．［2013-12-09］．http：//www.microsoft.com/protect/resources/brochures.aspx.

② Tween cyber safety ［OE/BL］．［2013-12-09］．http：//www.linksysbycisco.com/static/content/20090629/Kids_and_tweens_Cybersafety_WEB.pdf.

③ Cyberbullying resources for parents，teachers，and students ［OE/BL］．［2013-12-09］．http：//www.csriu.org/cyberbully.

④ STOP. THINK. CONNECT. ™［OE/BL］．［2013-12-09］．http：//www.staysafeonline.org/stop-think-connect.

了解在线安全行为的重要性。

Stop：在你使用互联网之前，花时间了解可能存在的风险以及发现潜在的问题。

Think：想一想，确定哪些链接路径是清楚的，注意警告提示并考虑你的在线行动会对你和你家人的安全带来怎样的影响。

Connect：自信地使用互联网，明白如何采取正确步骤来保护你和计算机的安全。

美国国家网络安全联盟还建立了国家网络安全防护教育委员会（the National Cyber security Education Council，简称 NCEC），该委员会在政府与商业之间建立联系，形成广泛共识，来帮助解决美国网络安全防护教育问题，包括在 K—12 阶段、高等教育、职业课程与技术课程中解决此类问题。NCEC 通过统一的办法开展正式的网络安全防护教育，目的是使未来劳动力无论是在个人发展，还是为政府工作方面都具备专业的、熟练的、智慧的网络使用能力与数字公民责任意识。

美国国家网络安全联盟在 2008 年做了一项"2008 国家网络安全、网络伦理、网络安全防范底线研究（2008 National Cybersafety, Cyberethics, Cybersecurity Baseline Study）"，在该研究中对教育者以及他们在课堂上解决网络安全的能力进行了调查。调查发现：只有 10% 的教育者接受过 6 小时以上的网络安全方面的职业教育；只有 22% 的人能自如地进行网络欺侮、身份盗窃与其他类型的网络犯罪等内容的教学；只有 23% 的人打算教给学生如何保护他们的在线个人信息。[①]

基于以上原因，美国国家网络安全联盟开发了 C-SAVE 课程。它是关于网络伦理（Cyberethics）、网络个人安全（Cybersafety）和网络安全防护（Cybersecurity）的学习课程以及资源，供那些想成为志愿者的个人或组织使用。C-SAVE 课程主要包括针对三个不同年龄段（K—2、3—5、初高中）学生的课程。每个年龄段学生的课程大约 60 分钟，含有课堂活动的指导以及使用材料。

在这些课程案例中，教师最常用的教学方法就是利用故事或案例分析引发学生讨论，或利用角色扮演组织课堂活动，让学生在教学活动中掌握

① C-SAVE［OE/BL］.［2013-12-09］. http：//www. staysafeonline. org/teach-online-safety/csave/.

C3（Cyberethics，Cybersafety，Cybersecurity）概念，能通过 3W 工具，即 Who（谁）、What（什么）、Why（为什么）来进行个人信息保护，最终达到安全使用互联网的目的。

下面是其中 K—2 年龄段的一个教学案例①。

C-SAVE 🔒 STAYSAFEONLINE.org
National Cyber Security Alliance

步骤 1：导入（全班）

时间：5—10 分钟。

导入的简要目的：

让学生知道你是谁，你要讨论什么。

了解学生对计算机与互联网的了解情况以及对如何保证在线安全的掌握程度。

激发学生对你所要讨论问题的兴趣。

记住请学生举手回答问题（建议如下）。

可能的介绍说明：

介绍你的名字与所在公司，询问学生是否知道你的公司。

谁能告诉我我们公司是做什么的，为什么我们的工作对今天的计算机用户如此重要？

可能的问题：

你们有多少人喜欢用计算机？

通常在哪里使用计算机？（请同学举手回答，他们会给出一些如学校、家里、图书馆等答案）

谁能告诉我什么是互联网？

你在网上喜欢干什么？（如做作业、发电子邮件、与家人或朋友聊天、给亲戚发照片、玩游戏等）

你们有使用计算机和互联网的规则吗？

---

① GRADES K-2 [OE/BL]. [2013-12-09]. http：//www.staysafeonline.org/teach-online-safety/grades-k-2.

那些规则是什么?

正式课前过渡语:

"哇,你们知道得真多!"我们公司与华盛顿特区的一个叫国家网络安全联盟的组织一起工作,来帮助各个年级的学生了解在上网时如何保证个人安全。

步骤2:记住3W

时间:大约15分钟(可以阅读《Techno猫上网历险记》)。

学生讨论,老师提问引导:

向学生解释,在上网的时候,我们不仅仅是与我们在学校认识的朋友或远方的亲人交流,我们还面向着一个看不见的开放的世界,这个世界里有很多陌生人。我们绝不能随便向陌生人泄露个人信息。使用故事中的例子,请同学们举手回答上面几个问题或到黑板前写出答案。如果学生们理解得很好,教师可以给他们介绍下面的提示问题(3W工具)。

Who? ——谁?谁问询这些信息?

我们真了解他们吗?还是他们可能假装成某人,就像《Techno猫上网历险记》中的Happy Fluffy Kittyface?

What? ——什么?他们要什么?

如果是你的个人信息,请马上停止,不要告诉他。

Why? ——为什么?为什么他们需要这些信息?

大多数人不需要知道你的个人信息。如果有人问,一定告诉你的父母。他们会告诉你是否可以告诉别人你的个人信息。

提问学生下面的问题:

什么是个人信息?

为什么要保护个人信息?

如果有人询问你的个人信息,你应该怎么做?

主要目标:

学生要了解无论他们在网上分享或粘贴什么,都可能被他们不认识的人看到。

学生要了解有时人们会假装成别人,所以如果有陌生人试图通过网络联系他们的时候,他们一定要告知父母。

学生要承诺告知父母或监护人他们在网上与谁谈话。

如果时间充分，可以读下面的情境范例，看看学生能否回答保护个人信息的重要性。

步骤3：情境范例——个人信息安全

Julie 喜欢用"企鹅俱乐部和 Webkinz 网站"。父母允许她玩上面的游戏，但要有他们在场监督。有一天，在 Julie 在线玩游戏的时候，一个来自游戏中另外一个角色的人问她多大了。Julie 不认识他或她，幸运的是 Julie 知道提供个人信息的规则，于是，她和她父母拉黑了这个人。Julie 的父母赞扬她懂得保护个人信息。

学生讨论：

你认为为什么这可能是个危险的情境？

Julie 如何了解这个人是否是她在真实生活中认识的人，比如是否是一所学校的同学？

Julie 和她的父母是否还可以采取其他的办法保护自己的个人信息安全？

步骤4：家庭作业

★学生填色并剪出附在后面的计算机图片，将他们对永不泄露个人信息的承诺张贴出来。

C-SAVE

我的网络安全承诺

　　我承诺：在网上永不泄露个人信息，除非父母说可以。

　　我承诺：记得网上有人可能会假装别人。

　　我承诺：如果有人试图在网上联系我，我一定告知父母。

*　———————————

（学生签字）

*　———————————

（父母/监护人签字）

　　（2）网络机智。

　　网络机智自 2005 年开始运行以来，一直致力于培养学生的 21 世纪技能，以使他们在今天的数字社会取得成就。网络机智曾经开发了全面的 SMART 课程，其课程框架为 Safety（网络安全）、Manners（网络礼仪）、Advertising（广告）、Research（搜索）、Technology（技术），旨在为学生、教师、父母提供课程资源。2009 年后，网络机智的 SMART 课程的框架内涵变为：S 代表 Safety and Security Online（个人网络安全与网络安全防范）；M 代表 Manners，Cyberbullying and Ethics（礼仪、网络欺侮与伦理）；A 代表 Authentic Learning and Creativity（真实性学习和创造性）；R 代表 Research and Information Fluency（研究和信息使用娴熟度）；T 代表 Twenty-First Century Challenges（21 世纪挑战）。2012 年，SMART 课程资源已经整合到常识媒体的数字素养与公民责任课程中。网络机智仍然以 SMART 为框架开展在线工作坊的活动。

　　①个人网络安全与网络安全防范：培养学生个人网络安全、隐私与网络安全防范的策略，用来支持学生学习。

- 身份盗窃、个人网络安全和隐私；
- 网络欺侮、色情图片和骚扰网站；
- 过滤与计算机安全；
- 危险情境警告信号与有效使用吓唬人的办法；
- 社交网站与在线合作与交流。

②礼仪、网络欺侮与伦理：培养学术诚实正直、解决社交与伦理问题的策略，鼓励负责的数字公民职权。

- 剽窃；
- 恶意网站、网络欺侮与不适内容；
- 资源引用、资源、版权与合理使用范围；
- 个性发展。

③真实性学习和创造性：亲手实践利用互联网培养高阶思维技能，超越单纯的复制粘贴。

- 批判性思维；
- 驱动学习的关键问题；
- 使用 Web 2.0 工具模拟思考过程；
- 探究学习与社会建构主义。

④研究和信息使用娴熟度：体现信息娴熟度与学生学习的在线信息搜索技能。

- 定位与评估在线资源；
- 搜索目标与高级搜索技巧；
- 主题分类，注册数据库，深网（invisible web）和基本资源；
- 学校图书馆如何影响学生考试成绩。

⑤21 世纪挑战：与数字社会相联系的学习策略指导，利用互联网支持学习者的多种需要。

- 千年学习类型；
- 数字平等与弱势群体的辅助技术；
- 图书馆员、教师与管理者的角色转换。

网络机智在线工作坊利用专家资源、组织新型教学活动来培养学生的 21 世纪技能。这些在线工作坊的教学模式本身就是创建并利用在线学习环境，开展教学活动。在线工作坊的教学模式如图 3-6 所示。

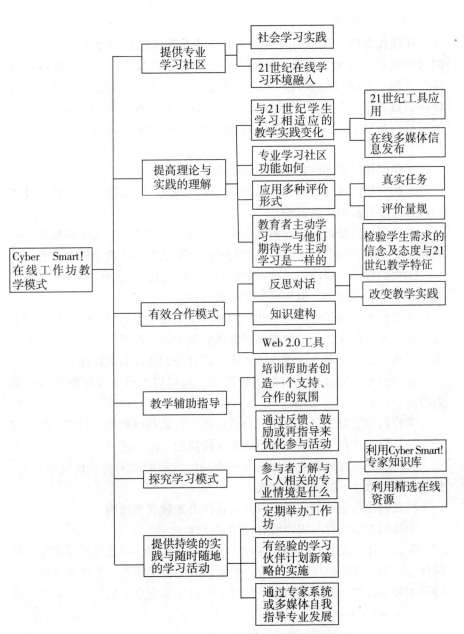

图 3-6 Cyber Smart! 在线工作坊教学模式

（3）常识媒体。

在现代媒体与技术的时代，美国儿童在媒体或数字化活动上所花费的时间要多于与家人或在学校所花费的时间，这对他们社交、情感和身体发展都有着深远的影响。常识媒体是一个非党派、非营利组织，常识媒体通过为孩子与家长提供可靠、有价值的信息和工具以及独立论坛，使家庭有所选择或对所消费的媒体发出声音。常识媒体有以下 10 个信念①。

①我们相信媒体的自律而不是靠审查制度。

②我们相信媒体已成为孩子的第二个"父母"，对他们的精神、身体和社会发展有着强大的影响。

③我们相信要教孩子如何成为明智、尊重、负责任的媒体理解者、创造者、交流者。我们不能蒙住他们的眼睛，但我们可以教他们如何看。

④我们相信父母应该对孩子的媒体使用与创造发出声音并做出选择。每个家庭都是不同的，但相同的是都需要信息。

⑤我们相信为了一个自由开放的媒体使用环境所付出的代价是每个家庭额外的家庭作业。父母们需要了解他们孩子使用的媒体，应该教孩子们负责任地、符合伦理地使用媒体并能管理好他们所拥有的媒体。

⑥我们相信通过每一次的明智决定，都可以为改善媒体图景而贡献力量。

⑦我们相信对于合适时间、合适地点、合适礼仪的规定是应该的。孩子需要我们通过媒体的选择与引领来支持他们。

⑧我们相信媒体产业在创造开拓市场的内容时能对每一位受众负责，我们相信有适合不同年龄段的媒体。

⑨我们相信分级制度应该对所有媒体更加独立和透明。

⑩我们相信节目与媒体所有权的多样性。

常识媒体开发了教师教学课程、父母教学课程、职业发展课程等多种课程。其中，常识媒体提供免费的数字素养与公民课程，帮助教师使他们的学生和学校在快速变化的数字世界中变得更加安全、负责任和明智。通

---

① Common sense media. Our 10 beliefs ［OE/BL］. ［2013-12-09］. http：//www.commonsensemedia. org/about-us/our-mission.

过这些课程的学习，能使学生批判性地思考，安全地行动，负责任地参与到数字世界中。这些 21 世纪技能对学生能充分利用技术的潜力进行学习非常关键。全世界的教师、图书馆员、技术专家、健康教育者、顾问指导者都可以用这些课程来进行课堂教学。这些课程包括 K—12 各个年段的课程。该课程主要有以下特点。

● 提供一个全面且平衡的办法来解决个人安全、网络安全防护的问题，包括伦理行为问题以及数字素养技能。

● 包括基于霍华德·加德纳在哈佛大学教育学院开展 Goodplay 项目的研究成果。

● 为各种年龄段的学生提供以学生为中心、丰富媒体资源的课堂教学，这些教学材料强调技能培养、批判性思维、伦理讨论、媒体创造和决策。

● 通过为父母以及家庭提供数字公民责任的教学材料来解决整个社区的教育。

● 与《儿童互联网保护法案》（Children Internet Protection Act，简称CIPA）的标准一致。

● 符合 ISTE、AASL 以及 Common 的核心标准。

● 包括丰富的职业发展资源，如教学资料、视频与网络研讨会等。

数字素养与公民课程内容如图 3-7 所示。[1]

图 3-7 常识媒体的数字素养与公民课程内容

互联网安全：学生探索互联网是如何为与世界各地的人们合作提供了一种神奇的方式，通过像区别不合适的联系与积极的联系这样的策略来保

---

① Curriculum overview ［OE/BL］.［2013 - 12 - 09］. http：//www.commonsensemedia.org/sites/default/files/curr_overview_10.31.pdf.

证安全。

隐私与安全：学生学习管理他们的在线信息，回避网络钓鱼、身份盗窃等风险，保证安全的策略；学习如何创建安全性高的密码，如何处理垃圾邮件以及如何分析隐私政策。

交流与联系：学生学会如何使用个人内在的和人与人之间的技能建立并加强在线交流和在线社区的联系。学生通过研究数字公民责任与数字伦理的概念，最终作用在他们的在线行为上。

网络欺侮：学生学会在被卷入一个网络欺侮的情境中时如何应对。他们探究人们扮演的角色和个体如何行动，而且这些行动对他们的朋友或更广泛的社区产生什么影响，包括消极和积极的影响。鼓励学生扮演积极的角色，建立积极的、有支持力的在线社区。

数字脚印声誉：学生学会保护个人隐私并尊重他人隐私。我们在数字世界中的活动是永久的，网上的每一次粘贴都创建一个数字脚印。鼓励学生在分享信息之前进行自我反思，考虑他们在网上所分享的信息会如何影响他们自己及他人。

自我形象身份：设计这些课程是帮助学生探索他们的数字生活，强调他们线上与线下的身份。通过不同的人格外貌展现他们自身以及他们对自我、声誉、人际关系的感知，使学生了解其中的益处与风险。

信息素养：信息素养包括辨别、发现、评估和有效使用信息。从有效的搜索策略到评估技能，学生学会如何评估网站的质量、可靠性与有效性，并给予适当评价。

创作版权：生活在"复制与粘贴"的文化中，学生应该反思他们作为制造者在网络空间消费、创造、分享信息的责任与权利，学习版权与合理使用范围的知识。

本课程覆盖 K—12 阶段的 80 节课，含有学生用材料、评价材料、教学录像、家庭帮助清单、职业发展资源。课程组织是按照螺旋上升、跨学科的思路来安排的。通过发展性的话题加强单元之间的联系。你既可以按照年级顺序，也可以在一个年龄阶段中的任何一个年级使用这些单元。表3-7 是课程的具体组织。

表3-7 常识媒体的数字素养与公民责任课程组织一览①

	K3—5	K6—8	K9—12
个人安全保护与网络安全防范			
个人安全保护	●去安全的地方 ●在线保持安全 ●线上安全聊天	●线上安全聊天	●有风险的在线人际关系
网络安全防范	●保护隐私 ●强大的密码 ●你赢得了大奖 ●隐私原则	●强大的密码 ●隐私与个人信息 ●互联网隐私的重要事情是什么？	●垃圾邮件与阴谋 ●谁有你的个人数据很重要吗？
数字公民责任			
数字生活	●发送电子邮件 ●我的在线社区 ●责任的警告	●数字生活101 ●我的媒体 ●数字生活的起起落落 ●权利伴随责任	●数字生活102 ●我的在线编码
隐私与数字脚印	跟踪数字足迹	●万亿美元脚印 ●oops！我在网上转播了！ ●秘密分享者 ●顶级秘密	●今日隐私 ●明日公共 ●上大学
相关文化	●剔除恶意 ●在线表现出尊重 ●语言的力量 ●小组思考 ●写出好的电子邮件	●聊天 ●什么是网络欺侮？ ●网络欺侮：跨越界限 ●网络欺侮：深入了解 ●建立你理想的社区 ●正式与正常	●反对上线 ●网络欺侮与粗鲁 ●探究网络欺侮 ●过分暴露：性与人际关系 ●终止仇恨言论 ●建立在线社区
自我表达与身份	——	●你线上的自我 ●我应该做哪一个我？	●线上我是谁？

---

① Scope & sequence［OE/BL］.［2013-12-09］. http：//www. commonsensemedia. org/sites/default/files/original_ scope11. 1. pdf.

续表

	K3—5	K6—8	K9—12
尊重创造性作品	● 它是谁的？	● 一个创作者的权利 ● 一个创作者的责任 ● 重加工、利用、混合	● 版权与错误行为 ● 权利，重混合与尊重
信息搜集与信息素养			
信息查找	● ABC 查找 ● 使用关键词 ● 选择一个搜索网站	● 网络爬行 ● 关键词的关键	● 策略性查找
搜寻与评估	● 我喜欢的网站 ● 大减价 ● 合适的网站 ● 网站分级 ● 广告侦探	● 辨别高质量网站 ● 如何引用网站资源 ● 黏人的网站（Sticky Website）	● 合作智慧 ● 根据现实重新估量

5. 信息社会学课程的评价

美国的很多教育专业组织针对《国家学生教育技术标准》的量规开发出各种各样的考试。Learning. com 成立于 1999 年，是美国最主要的网络课程与评价的提供者，通过为学生、教师、家长、管理者在 Sky 数字化学习环境中提供的课程提高、改善学生的学习。Learning. com 对学生的教育技术能力有一套完备、有效的测试，被称为 21 世纪技能评估（The 21st Century Skills Assessment）[①]。此评估采用心理测量手段，综合学生的互动验证学生能力的高低。以绩效为基础的问题能使学生在模拟应用情境、多项选择、知识基础的问题中真实地完成复杂任务。这与《国家学生教育技术标准（NETS-S 2007）》中的 6 个方面 24 个指标相一致。下面举例说明。

21 世纪技能评估测试主要有两种问题：多项选择问题和绩效问题。

---

① 21st-century-skills-assessment［OE/BL］.［2013-12-09］. http：//www. learning. com/21st-century-skills-assessment/.

学校信息社会学课程国际比较

（1）多项选择问题：多项选择、死记硬背的问题，正确答案是某个品牌或特定版本软件中典型或真实的问题。

例题：根据下图所示的一周降雨量的情况，创建一个曲线图。

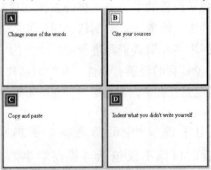

（2）绩效问题：故意将模拟软件设计成有一般的菜单、功能，但它并不代表任何一个品牌或版本的特定软件。使用这种一般软件能测量学生对所需技术素养技能所表现出来的能力程度。

例题：如果你在自己写的东西中引用别人的话，你应该怎么做？

以上题目由学生根据要求，单击相应按钮做出选择即可。考试中会为学生提供一个模拟的软件环境。

此外，21世纪技能评估测试还提供档案袋评价，它包括学生完成一项任务的所有内容，有前测与后测。学生完成这些任务的精通程度由任务分数量规记分，而且会每年更换任务。学生会根据任务指导、浏览下载所需资源，阅读评价标准，在完成任务后进入评论环节，上传文件，等待记分。此档案袋评价可便于学生明确任务，教师也可以为学生完成的任务打分；同时，可便于教师记分，档案袋中有专门为教师记分的量表；档案袋评价后会反馈给学生一个评估报告，这使得评价比较全面。

通过介绍美国四种类型的信息社会学课程，我们可以简要总结出它具有以下特点。

一是信息社会学内容的学习是强烈的社会需求。社会各界的行业组织高度关注信息社会中的普遍社会问题，并积极开展这方面的教育，从课程内容到课程学习方式都丰富多彩。

二是信息社会学的内容是教育技术、信息素养以及计算机科学课程的重要组成部分。无论在课程目标还是课程内容中都有对信息社会学课程的明确体现。

三是信息社会学课程按学段制定课程标准。无论是美国《国家学生教育技术标准》《CSTA K—12 计算机科学标准（2011）》，还是行业组织的课程资源都设计了不同水平的信息社会学课程目标与内容。连续性的课程设置有利于课程的实施。

四是信息社会学课程的学习方式多种多样。我们看到，除了常规课堂教学中应用的故事法、情境法、案例法、讨论法等教学方法，在在线环境中，也有大量的利用多种形式资源进行的以学生为中心的探究合作学习。

五是信息社会学课程的设置有弹性。有的信息社会学内容融入技术或学科的学习中，有的信息社会学内容是通过独立单元的教学设计供学生学习。

（二）英国 ICT 课程①中的信息社会学内容

英国 ICT 课程的目标不仅包括"提高学生熟练使用信息技术与工具"，同时还包括"培养学生积极参与信息社会活动的意识，能与更广泛的人们进行交流合作，让学生认识到信息技术的快速发展在社会、伦理、法律与经济方面都产生重大影响，从而能安全和负责任地使用信息与通信技术"②。其中的信息社会学内容明确具体，值得我们借鉴。

① 现已改为计算（Computing）课程。
② The national curriculum for england [OE/BL]. [2013 - 12 - 09]. http: //www. nationalarchives. gov. uk/information-management/guidance/c. htm.

1. 英国 ICT 课程在国家课程结构中的地位

随着网络技术的普及和作为计算机辅助学习与管理的信息技术的广泛应用，英国对信息网络的认识逐步深化，信息技术教育进程加快，1999 年英国公布了新的《国家课程》（National Curriculum 2000），并于 2000 年实施。在新的《国家课程》中，把 1994 年修订本中的"信息技术（Information Technology，以下简称 IT）"课程改变为"信息与通信技术（Information and Communication Technology，以下简称 ICT）"课程，并在各个学段独立开设。该课程强调发挥应用信息技术的传播交流功能，注重培养学生应用信息工具提高传播交流的能力。各学段国家课程如表 3-8 所示。

表 3-8 英国中小学各学段国家课程（2000）

学 段	学段 1 （5—7 岁）	学段 2 （7—11 岁）	学段 3 （11—14 岁）	学段 4 （14—16 岁）
核心课程 英语	√*	√	√	√
核心课程 数学	√	√	√	√
核心课程 科学	√	√	√	√
非核心课程 信息与通信技术	√	√	√	√**
非核心课程 体育	√	√	√	√
非核心课程 地理	√	√	√	
非核心课程 历史	√	√	√	
非核心课程 音乐	√	√	√	
非核心课程 艺术与设计	√	√	√	
非核心课程 设计与技术	√	√	√	
非核心课程 现代外国语			√	
非核心课程 公民道德			√	√

注：*在威尔士，学段 1 的英语不是必修课。

**在威尔士和北爱尔兰，学段 4 的信息与通信技术不是必修课。

至此，ICT 课程作为一门在英国中小学开设的独立课程，开始在英国中小学中普及。其目标是在 ICT 课程中给学生提供以下机会：

（1）使学习者有能力参与到快速发展变化的、被信息通信技术改变的社会；

（2）发展主动和独立的学习技能；

（3）从广泛的人群、社区和文化中快速地获取观念和经验。

2. 英国 ICT 课程标准中的信息社会学课程内容

2007 年，英国公布了 KS3—4 阶段的课程方案。其中 ICT 课程的核心目标是增进学习者所需要的品质与技能，使学生在以下四个方面取得进步：

（1）发现信息；

（2）形成思想并使其实现；

（3）交流分享信息；

（4）回顾、修正并评价信息处理过程。①

英国《国家课程》包括以下组成部分：

（1）ICT 的重要性——为何学习该学科，对教育目的的贡献；

（2）关键概念——学科中的关键理论思想；

（3）关键过程——学科中的根本技能；

（4）范围和内容——概述学科知识的范围，方便教师概括学生要学习的知识、概念和技能；

（5）课程机会——定义拓展和丰富学习的机会，包括与更宽泛的课程的链接。

英国 ICT 课程 KS3—4 阶段学习内容与目标②中的具体学习内容包括第三学段和第四学段两个学段。在第三、第四学段的学习计划中，只有关键过程是不同的，ICT 的重要性、关键概念、范围和内容以及课程机会等都是相同的。下面从这几方面涉及的信息社会学课程的内容来进行说明。

一是 ICT 的重要性。

技术被越来越多地应用到社会各方面，自信地、有创造性地和富有成

---

① The national curriculum for england［OE/BL］.［2013 - 12 - 09］. http：//www. nationalarchives. gov. uk/information-management/guidance/c. htm.

② ICT programme of study for key stage 3 - 4 and attainment target［OE/BL］.［2013 - 12 - 09］. http：//curriculum. qcda. gov. uk/key-stages-3-and-4/subjects/ict/keystage3/ICT_ and _ the _ national_ curriculum_ aims. aspx.

效地利用 ICT 是一项基本的生活技能。ICT 能力不仅包括对于技术技能与技巧的精通，还包括了解正确、安全、负责任地将这些技能应用于学习、日常生活和工作中。ICT 能力是参加与参与现代社会的基础。ICT 能被用来发现、开发、分析和发布信息，同时能模拟情景和解决问题。ICT 能使人快速了解不同社区、不同文化乃至更广范围的人们的想法与经历，并让学生进行大规模的合作和信息交流。

二是关键概念。

在关键概念中除了对能力、交流与合作、探索思想与管理信息三个方面做了具体说明，还特别提到了技术的影响及批判性评价。

技术的影响包括：探求 ICT 是如何改变我们的生活方式的，并对社会、伦理和文化产生显著影响的；认识到 ICT 使用的风险、安全和责任问题。

批判性评价包括：认识到不能从表面判断信息的价值，必须考虑其目的、作者、普及以及背景，据此对信息进行分析和评估；批判性地检查和反思自身以及他人使用 ICT 所创造的成果。①

三是关键过程。

关键过程的具体内容如表 3-9 所示。

表 3-9　英国 ICT 课程 KS3—4 关键过程中的信息社会学课程内容

	KS3 阶段	KS4 阶段
发现信息	学生应该能够： d. 分析评价信息，判断其价值、准确性、可信性与区别。	学生应该能够： c. 从广泛的资源中选择适当的信息，展示所做选择的辨别力，判断信息的价值、准确性、可信度和偏见； e. 批判地评价和判断来自别人的信息选择，在适当的地方给予反馈。

① ICT programme of study for key stage 3-4 and attainment target [OE/BL]. [2013-12-09]. http://curriculum.qcda.gov.uk/key-stages-3-and-4/subjects/ict/keystage3/ICT_and_the_national_curriculum_aims.aspx.

	KS3 阶段	KS4 阶段
拓展思路	学生应该能够： a. 选择并使用 ICT 工具；适当、安全和有效地使用技术； c. 通过改变规则与价值观来检测预设；发现问题的结构和关系；探索、评价和发展模式。	学生应该能够： d. 安全和负责任地使用 ICT； e. 批判地评估和判断 ICT 工具的选择，在适当的地方给予反馈。
交流信息	学生应该能够： a. 使用一系列 ICT 工具来发布信息，形式适合用途、满足受众需要，内容适当； b. 有效、安全和负责任地沟通或交流信息（包括数字环境沟通）。	学生应该能够： a. 在多样的环境中，使用一系列 ICT 工具有效地共享、交换和呈现信息； b. 创造高质量的解决办法，从而显示学生们已经在思考信息应该以适合听众、目的和内容的方式被解释和呈现； c. 安全和负责任地交流或交换信息（包括数字化交流）。
评价	学生应该能够： a. 审查、修改和评估工作进展情况，批判性地反思以及利用反馈； b. 对于自身或他人使用 ICT 进行反思，发展完善工作质量和观念； c. 从取得的教训中反思，改善未来工作。	学生应该能够： a. 在工作时，回想、修改和评估，对使用者的反馈进行批判性反思，并加以响应； b. 评估自己和他人的基于 ICT 解决办法的有效性，使用结果促进他们的工作的质量，并为未来的工作提供信息。

　　四是范围和内容。

　　本部分概述在教关键概念和关键过程时，教师应该借鉴学科的广度。ICT 的学习应包括："ICT 对个人、社区以及社会的影响，包括在 ICT 的使用过程中对社会、经济、法律和伦理的影响。"①

五是课程机会。

在各个阶段，课程应为学生提供以下机会，以使学生将自己对学科的概念、过程和内容整合到学习过程中，最终提高他们的参与能力。课程应为学生提供机会："分享使用 ICT 的观点经历，考虑 ICT 使用的范围，对个人、社区以及社会的意义。"②

3. 英国 QCDA 课程中的信息社会学课程内容的教学

英国资格认证与课程开发署（Qualifications and Curriculum Development Agency，简称 QCDA）是英国教育部开发国家课程和与之相关的评估、考试的执行机构，由于英国教育改革的变化，该机构在 2012 年 3 月关闭，其考试管理职能由教学管理署执行，国家课程评估的职能由标准与考试署执行。尽管 QCDA 在组织上发生了变化，但其开发的 ICT 课程（Program of Study）资源依旧发挥着作用，其中也有很多信息社会学课程内容的融合。

例如，在其开发的 8 年级课程中，以"网上发布"为主题的单元中设计了"关于网上发布的义务"的讨论活动，如表 3-10 所示。

表 3-10 　　"关于网上发布的义务"的教学活动建议③

学习目标	可能的教学活动	学习结果	注意事项
关于网上发布的义务	活动 5 讨论在网上发布作品的责任和义务，主题应当包括诽谤、剽窃、别人敏感的事件、声明来源和作者。学生应当被问及为什么在发布之前要进行论证。	对发布责任进行讨论	

---

① ICT programme of study for key stage 3 - 4 and attainment target ［OE/BL］.［2013 - 12 - 09］. http：//curriculum. qcda. gov. uk/key - stages - 3 - and - 4/subjects/ict/keystage3/ICT _ and _ the _ national_ curriculum_ aims. aspx.

② ICT programme of study for key stage 3 - 4 and attainment target ［OE/BL］.［2013 - 12 - 09］. http：//curriculum. qcda. gov. uk/key - stages - 3 - and - 4/subjects/ict/keystage3/ICT _ and _ the _ national_ curriculum_ aims. aspx.

③ Unit 9 publishing on the web, Key stage 3 schemes of work ［OE/BL］.［2013-12-09］. http：//www. docin. com/p-307250710. html.

4. 英国 GCSE 考试中的信息社会学课程内容评价

在英国，14—19 岁的年轻人参加的考试主要是资格证书考试。学生一般在 KS4 阶段结束时（一般为 16 岁）参加普通中等教育证书（General Certificate of Second Education，简称 GCSE）考试，该考试的成绩分为 A*—G 共 8 个等级（其中 A* 为最高等级）。GCSE 考试的主要目的是评价义务教育阶段学生的学业成绩和学校的教学水平。GCSE ICT 考试反映 ICT 国家课程标准的目标与内容，涉及 ICT 国家课程标准中 KS1—KS4 阶段的全部内容，主要涵盖了 ICT 的 A 和 B 两大部分，A 部分为工具、技术和系统，主要涉及信息与通信技术基本软硬件构成及原理、ICT 系统软件，以及数据和信息处理技术等；B 部分是信息系统与社会，主要涉及信息通信安全、信息法律法规、信息与社会的关系等。

其中 B 部分的具体内容为 "交流、数据保护法案（The Data Protection Act）、数据滥用、著作权法和反黑客法规、信息膨胀及其对社会的影响、健康与安全"。

下面通过例题来看针对这一内容的评价题目示例。

例题：版权问题——基础水平。①

> Quickcallz 是 High Street 公司售卖的手机系列。该公司想要制作一个产品宣传单为 "夏季销售" 打广告，宣传单包含文本和剪贴画。商店负责人很担心剪贴画会涉及版权问题。
>
> （a）版权是什么意思？
>
> _____（1分）
>
> （b）以下哪个是关于剪贴画版权的？（1分）

	勾选
剪贴画不受版权限制	
剪贴画受版权限制	
有些情况下，剪贴画不受版权限制	

----

① Copyright problem［OE/BL］.［2013-12-09］. http：//store. aqa. org. uk/qual/gcse/qp-ms/AQA-3521H-W-QP-JUN08. PDF.

（c）如果商店负责人违反了版权法，将会受到什么处罚？任写其一。

_____（1分）

（d）用桌面出版软件包制作 Quickcallz 手机广告宣传单的一个原因是可以很容易地使用剪贴画，还有没有其他原因？写出三个原因。（3分）

5. 英国行业组织的信息社会学课程内容

同美国一样，英国也有很多行业组织或学术组织开发了丰富的在线信息社会学课程资源提供给学生、家长、教师。例如，Childnet International 网站①致力于为儿童提供安全高质量的网络环境，其主要有三方面的工作：一是开发高质量的网络资源使儿童可以通过在线进行建构性的学习；二是帮助青少年获得"网络素养"技能，给父母、组织、教师、工业界提供网络与移动通信的安全建议；三是同他人合作预防青少年在线受到伤害，并提供新技术以适应政策的变化。Digigen② 网站为教育者、父母以及青少年（12 岁以上）提供网络社交活动和网络欺侮问题的教学资源与建议，使青少年理解他们的在线行为可能影响自己或他人，从而提高他们对数字公民责任的理解与认识。英国互联网安全中心（UK Safer Internet Center③）同样开发了大量的资源为保证青少年在线安全提供建议与指导，该中心与美国国家网络安全联盟类似，也开展网络安全日（每年的 2 月 5 日）活动。这项活动已经开展了 10 年，2013 年的主题是"在线权利与责任（Online Rights and Responsibility）"，口号是"尊重的互联（Connect with Respect）"。

下面是英国互联网安全中心与 Childnet International 网站合作开发的针对 KS4—5 阶段（初三或高一年级）学生的一个学习活动，主题是"性短信短剧"。2008 年，美国国家预防青少年及意外怀孕运动（the National Compaign to Prevent Teen and Unplanned Pregnancy）与 CosmoGirl. com 网站

---

① About us［OE/BL］.［2013-12-09］. http：//www. childnet. com/about.
② Welcome to the new digizen website［OE/BL］.［2013-12-09］. http：//www. digizen. org/.
③ UK safer internet center［OE/BL］.［2013-12-09］. http：//www. saferinternet. org. uk/.

做了一项"性与技术"的调查，共调查了 1280 名 13—26 岁的年轻人，其中 653 名是 13—19 岁的少年。调查结果显示①：22% 和 20% 的 13—19 的女孩和男孩曾把自己全裸或半裸的照片上传到互联网或手机中；38% 的 13—19 的少年承认他们为了与别人约会或闲聊经常互相交换与性相关的内容；37% 和 40% 的 13—19 的女孩和男孩发送过与性有关的短信、电子邮件或即时信息。

下面是针对这个问题的教学计划②。

"性短信"教学计划一

教学对象

KS4—5

本课目标

通过让学生分小组讨论他们使用互联网的经验以及他们所了解的"性短信"，鼓励他们对一些情境展开讨论。

学习目标

学生充分分析、理解术语"性短信"。

与国家课程的关联

英格兰：体育与健康、公民教育、文学、ICT、宗教教育。

苏格兰：健康与幸福、文学、基督教、社会科学、技术。

与 GCSE 考试的关联

AQA GCSE 戏剧说明，2011 年 6 月试行。本课可以作为实践作业第二单元的资源。补充各种主题作业、表演与戏剧教育选修。也可以满足 EDEXCEL GCSE 戏剧第三单元的实践表演要求。

---

① SEX And TEC Results from a survey of teens and young adults ［OE／BL］. ［2013-12-09］. http：// www. thenationalcampaign. org/sextech/PDF/SexTech_ Summary. pdf.

② Lesson plan one ［OE／BL］. ［2013-12-09］. http：//www. childnet. com/kia/secondary/downloads/ LESSON-PLAN-1. doc.

课时：2×60 分钟	关键词：性短信、旁观者、同谋、暗示
教学准备：学生应在教师引导下在开始之前阅读剧本。	课堂组织：两人一组可以上网的大厅或教室实施。
教学资源：打印的剧本（在线提供）、互联网、白板、笔与纸。	

教学流程

活动 1	小组讨论互联网使用经验	10 分钟
活动 2	分析理解术语"性短信"	10 分钟
活动 3	不同观点的辩论	20 分钟
活动 4	通读剧本	20 分钟
全体	学生表演场景一	60 分钟
扩展	基于表演场景一的一些额外活动	

关于英国 ICT 课程中的信息社会学课程内容，我们可以得出以下结论。

（1）信息社会学内容是英国 ICT 课程中的重要组成部分。无论在课程目标还是课程内容中都有对信息社会学内容的明确体现。

（2）信息社会学课程的教学与评价多是融入在情境当中的。

（3）信息社会学课程也按学段制定课程标准。

（4）信息社会学课程以社会热点问题为课程开发的基本来源，满足相应的社会需求。

（5）信息社会学课程的学习方式主要采用以学生为中心的主题学习，其中融入角色扮演法、讨论方法、案例法等。

（三）日本中小学信息课程中的信息社会学内容

日本中小学的信息教育从 20 世纪 80 年代就开始了，日本政府大力发展教育信息化，为其信息教育的开展奠定了坚实的基础。同时，日本文部省出台的多项关于信息教育的政策也极大地推动了中小学信息教育。

1. 日本中小学信息课程设置

日本文部省分别于 1998 年 12 月和 1999 年 3 月公布了《中小学学习指导要领》和《高中学习指导要领》。根据规定，在小学的"综合学习时间"中设置"信息"内容。初中阶段信息教育的内容设置在必修课程"技术·家庭"之中。高中阶段设置必修课程"信息"，分为 A、B、C 三个科目，要求学生必修其一。日本中小学的信息课程设置如图 3-8 所示。

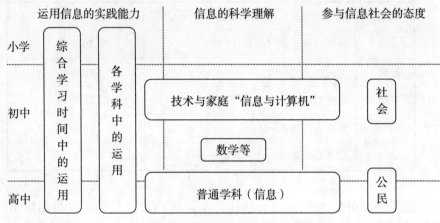

图 3-8　日本的信息教育体系①

2. 日本中小学信息课程新变化

在日本 2008 年的中央教育审议会中，强调信息教育的重要性，提出"培养信息运用能力是掌握基础的、基本的知识、技能的同时也是运用发表、记录、概括、报告等知识和技能而进行的言语活动的基础"②。

"信息化带来的问题也给儿童们带来很大的负面影响，如网络上的诽谤和欺侮、个人信息的流失和隐私权的侵犯、有害信息和病毒的破坏等。为了解决这些负面影响，学校需要与家长们建立联系，加强信息道德方面的指导。为此，在课程内容中确立将信息道德作为一个独立的内容，在学

---

① 文部省. 高等学校学习指导要领解读（信息篇）［M］. 东京：开隆堂出版株式会社，2000：3.

② 文部省. 高中学习指导要领解读（信息篇）［M］. 东京：开隆堂出版株式会社，2000：3.

习活动中重视信息道德的培养。"①

2008 年 1 月，在中央教育审议会中，信息教育课程被指是"为适应社会变化而要改善的教科事项"之一。为此，2008 年 3 月，文部省颁布了《中小学新学习指导要领》，旨在促进计算机和信息通信网络的运用，充实信息道德方面的指导，以及改善涉及信息运用能力的中学"技术·家庭"（技术领域）。2009 年 3 月，又颁布了《高中和特殊支援学校的新学习要领》，旨在通过改善信息教育课程促进高中和特殊支援学生的信息教育和信息与通信技术在学科教学中的应用。

《高中学习指导要领（信息篇）》要求为了培养学生积极适应信息社会的能力和态度，以"信息的科学理解""参与信息社会的态度"为主，将现行的"信息 A""信息 B""信息 C"科目调整为"社会与信息""信息科学"，并要求学生必修其一，如图 3-9 所示。除此之外，学生还需要选修"信息道德"及"运用信息的实践能力"一科。新的学习要领于2013 年开始实施。

现行   修改方案

科目	学分	必修科目
信息A	2	三选一
信息B	2	
信息C	2	

科目	学分	必修科目
社会与信息	2	二选一
信息科学	2	

图 3-9　日本高中信息课程科目构成②

在本次的学习指导要领改定中，新知识、信息与技术作为以政治、经济、文化为代表的社会领域内活动的基础，其重要性显著增加。在"知识为基础的社会"时代，培养与之相适应的能力与态度得到了重视。信息课的学科目标要求学生具备运用信息及信息技术的知识与技能，对信息及信息手段有科学的观点与见解；培养学生的信息伦理观、安全观以及规范意识。其变化如图 3-10 所示。

---

① 文部省. 高等学校学习指导要领解读（信息篇）[M]. 东京：开隆堂出版株式会社，2000：3.
② 高等学校普通教科「情報」改訂のポイント [M]. 东京：开隆堂出版株式会社，2008：1.

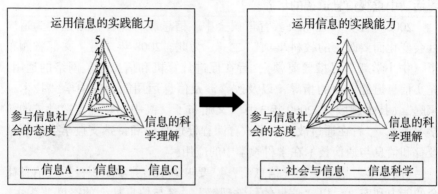

图 3-10   日本高中信息课程目标的倾斜

3. 日本中小学信息课程中的信息社会学目标与内容

如前所述，日本高中信息科目包括"社会与信息"与"信息科学"两个必修科目，这两个必修科目中都包含很多信息社会学的内容。

（1）高中阶段"社会与信息"课中的信息社会学内容。

目标：使学生理解信息的特征和信息化对社会的影响，能够正确运用信息设备和信息通信网络收集、处理、表现信息的同时，培养学生有效交流的能力和积极参与信息社会的态度。

内容：如表 3-11 所示。

表 3-11   日本高中阶段"社会与信息"课中的信息社会学内容①

课程内容条目	具体描述
②信息通信网络传播	a. 交流手段的发展：使学生理解传播手段及发展变化，同时理解通信服务的特征和传播形态的关系。 b. 信息通信网络的构成：理解信息通信网络的构成与确保安全的方法。 c. 信息通信网络的运用和传播：在信息通信网络的特性基础上，掌握有效传播方法，理解信息的接收及发信时应注意的事项。

---

① 高等学校普通教科「情報」改訂のポイント［M］.东京：开隆堂出版株式会社，2008：1.

续表

课程内容条目	具体描述
③信息社会的课题与信息伦理道德	a. 信息化对社会的影响和课题：理解信息化对社会的影响，同时理解理想的信息社会的状态和正确运用信息技术的必要性。 b. 保证信息安全：理解个人认证与密码化等的技术性对策和信息安全策略等提高信息安全的各种方法。 c. 信息社会中的法规与个人的责任：使学生认识到大量的信息被公开流通的现状，同时理解信息保护的必要性和为此制定的法规及个人的责任。
④构建理想的信息社会	a. 社会中的信息系统：使学生理解信息系统的种类和特征，同时理解其对社会生活的影响和作用。 b. 信息系统和人：学生思考何种信息系统容易利用，并利用信息通信网络给出建议，归纳信息系统选择的方法。 c. 信息社会中问题的解决：学习正确使用信息设备和信息通信网络等解决问题的方法。

（2）高中阶段"信息科学"课中的信息社会学内容。

目标：理解支持信息社会的信息技术的作用和影响，学习在发现和解决问题中有效应用信息与信息技术的科学方法，培养学生在信息社会发展中的自主能力与态度。

内容：如表 3-12 所示。

表 3-12　日本高中阶段"信息科学"课中的信息社会学内容①

课程内容条目	具体描述
①计算机和信息通信网络	c. 信息系统的技能和提供的服务：关于信息系统的服务，让学生将信息的流程和处理的过程关联起来理解，并思考利用的方式及其在社会生活中起到的作用和影响。
……	……

---

① 高等学校普通教科「情報」改訂のポイント［M］. 东京：开隆堂出版株式会社，2008：1.

续表

课程内容条目	具体描述
④信息技术的发展和信息道德	a. 社会信息化和人类。 b. 理解社会信息化对人类产生的作用和带来的影响，思考在构筑信息社会中人类的作用。 c. 信息社会的安全和信息技术。 d. 理解信息社会的安全和支持安全的信息技术运用，思考在提高信息社会的安全性过程中每个人的作用和责任。 e. 信息社会的发展和信息技术。 f. 理解信息技术的发展对社会的作用和影响，培养学生利用信息技术为社会发展做出贡献的态度。
……	……

（3）初中阶段"关于信息的技术"中的信息社会学内容。

初中信息教育的名称从"信息与计算机"改为"关于信息的技术"，属于"技术领域"，信息社会学内容也是其非常重要的组成部分。

目标：通过学习制作等具有实践性和系统性的学习活动，掌握关于材料与加工、能源转换、生物培育以及信息的基础和基本的知识及技术，同时加深对技术与社会环境的关联方面的理解，培养正确评价和运用技术的能力与态度。

内容：如表3-13所示。

表3-13 日本初中阶段"信息科学"课中的信息社会学内容

课程内容条目	具体描述
①信息通信网络和信息道德	c. 了解著作权和所发出信息的责任，思考信息道德。 d. 思考对"关于信息的技术"的正确评价和运用。
②数字化作品的设计和制作	c. 保护个人信息的必要性。

（4）小学阶段信息教育中的信息社会学内容。

在小学阶段，没有单独设置信息教育的科目，但依据2008年颁布的《中小学新学习指导要领》，对现行的小学信息教育提出了新的要求。要求在进行信息方面的学习时，通过问题的解决和探究活动，使学生能够进行信息的收集、整理、发送，以及思考信息对日常生活和社会的影响。

4. 日本的信息伦理教育课程

日本信息伦理教育指导方法研讨委员会①通过研究认为，信息伦理是信息运用能力中的一项重要能力，包括网络上的规矩、规则、危险的回避、个人信息、个人隐私、人权侵害、著作权等的应对、计算机等信息设备的使用与健康的关系等。信息伦理教育的核心是培养学生的判断力、对自我及他人的尊重与责任感。

该委员会还开发了信息伦理课程，课程内容的三个维度分别是和自己密切相关的问题、和他人密切相关的问题、和社会密切相关的问题。信息伦理课程的 5 个领域分别如下所述。

（1）信息社会的伦理：尊重自己和他人的权利，培养对自己的行动负责的态度。

（2）理解和遵守法律：理解信息社会中的规则、规矩和法律，培养坚守这些规则、规矩和法律的态度。

（3）安全的智慧：培养能够保护自己、预测危险、防止被害的知识和态度。

（4）信息安全：掌握生活中必要的有关信息安全的基本知识，学习确保信息安全的对策。

（5）构筑公共网络社会：培养作为信息社会一员应具有的公共意识，并采取恰当的判断和行动的态度。

通过上面的课程架构，以达到《高中学习指导要领（信息篇）》中的"在信息社会指导正确行为的观念、态度"的目标，课程架构如图 3-11 所示。

总结日本的信息社会学课程，有以下基本特点。

（1）无论是独立科目还是放在其他领域的科目中，日本的信息教育在整个中小学的课程设置中都有独立的体系，信息社会学内容也是此体系中的重要内容。

（2）面对信息社会快速发展、社会问题层出不穷的情况，日本的高

---

① 情報モラル［OE/BL］.［2013-12-09］. http：//sweb. nctd. go. jp/2005/index. htm.

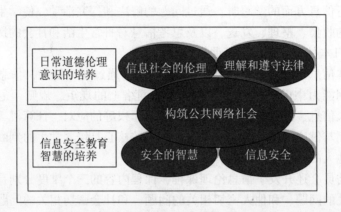

图 3-11   日本信息伦理教育指导方法研讨委员会的信息伦理课程架构

中信息课程极为明显地加强了信息社会学课程在信息学科中的比重与内容的丰富性。

（四）印度计算机科学课程、信息技术课程中的信息社会学内容

20 世纪 70 年代后，国际上缺乏大量的计算机人才，在这种背景下，印度各界都高度重视软件开发业和信息技术教育。印度以其信息技术教育的成功，为印度乃至世界培养了大批优秀的信息技术人才。各邦政府积极根据自己的实际情况和国家信息技术教育课程标准制定各邦的课程实施方案。

1. 印度的信息技术课程设置

2000 年，印度政府颁布《2000 年全国课程框架》，开始第五次基础教育课程改革。《2000 年全国课程框架》特别关注 ICT 与学校课程的整合和迎接 ICT 的挑战两方面内容。同年，由印度国家教育研究与培训委员会（National Council of Educational Research and Training，简称 NCERT）的国家计算机教育中心（National Center of Computer Education，简称 NCCE）发布《学校信息技术课程指导纲要》，这标志着信息技术课程地位的确定。该指导纲要规定 K1—10 阶段开设信息技术必修课程，K11—12 阶段开设计算机科学课程。

2005 年印度国家教育研究与培训委员会颁布《2005 年全国课程框

架》，该框架将计算机科学（Computer Science）列入数学课程领域中，但建议计算机科学单独作为独立学科，同时，学校还设有信息技术课程。对于技术，该课程框架提出"明智地使用技术"和"技术创新"①。印度的地方邦政府、教育机构，如中等教育中央委员会（CBSE）、印度中等教育证书委员会（ICSE）、印度理工学院孟买分校（IITB）在此基础上制定了地方的学校信息技术课程指南和教学大纲，且课程名称不同。

2. 印度信息技术课程标准中的信息社会学课程内容

（1）计算机通信技术课程（Computer Communication Technology）中的信息社会学课程内容。

印度国家教育研究与培训委员会的计算机教育与技术援助部（DCETA）根据《2005年全国课程框架》中对高中阶段的学生制定了最新的名称为"计算机与通信技术（CCT）"的高中附加课程（Additional Courses），并从知识、理解、技能与策略、态度等方面界定了高中计算机与通信技术课程的目标，其中涉及信息社会学课程内容的目标包括以下几个。

①知识：……学生也要知道健康安全的观点和职业信息等。

②理解：……

③技能与策略：……这些能力包括问题解决、批判思维、沟通和协作。

④态度：学生要发展一些态度和习惯，包括设立目标、处理问题时的策略性思维、考虑到个人的健康和安全，有道德的行为以及反思自己的行为。

具体内容包括：提高网络法规和知识产权意识、对印度和世界的信息技术趋势的敏感认识，以及与计算机与通信技术相关的社会伦理问题；理解并对网络安全保持敏感，预防相关问题发生；理解全球化概念，在跨文化环境中有效应用世界特定研究成果开展工作；了解各种新兴技术趋势。

（2）学校计算机科学课程模型（Model Computer Science Curriculum for Schools 2010）中的信息社会学课程内容。

印度理工学院孟买分校计算机科学与工程系2007年制定了《学校计

———

① NCF2005［OE/BL］.［2013-12-09］. http：//www.ncert.nic.in/.

算机科学课程模型（2007）》，又于 2010 年重新修订了该课程模型，同时还出版了相应的教材 Computer Masti，并在孟买的部分学校试行。

《学校计算机科学课程模型》将计算机科学课程的目标分为以下三部分。①

①概念：既学习广泛应用于各领域的计算机科学的概念，也学习计算机应用或运行的特定概念。

②应用技能：在应用各种软件、硬件以及程序包或编程语言时发展实践技能。

③社会层面：理解与计算机及互联网相关的道德和安全问题。

其中，"社会层面"与印度国家教育研究与培训委员会对于社交和伦理问题的分类是一样的。关于社会层面的内容按年段描述如表 3-14 所示。

表3-14 印度《学校计算机科学课程模型》中社会层面的内容②

年段	社会层面
1 年级	保持清洁、区域无尘、不遗漏食物等；有序处理外围设备；在团队活动和项目中分享资源，共同工作。
2 年级	小心处理所有电脑配件；共享资源；注意练习正确的使用电脑的姿势等人机工程学方面的知识；尊重他人的隐私；培养初步的安全意识。
3 年级	道德；尊重他人的隐私；基本的安全意识。
4 年级	使用计算机时保持正确身体姿势的意识，注意眼睛；杜绝不良使用计算机的行为。
5 年级	网络的谨慎使用；认识和避免潜在危险行为，如打开垃圾邮件、下载或安装程序。
6 年级	提高安全意识；在电子邮件中分享照片和个人信息。

---

① Model computer science curriculum for schools [OE/BL]. [2013-12-09]. http：//www. it. iitb. ac. in/~sri/papers/CSC-April2010. pdf.

② Model computer science curriculum for schools [OE/BL]. [2013-12-09]. http：//www. it. iitb. ac. in/~sri/papers/CSC-April2010. pdf.

续表

年段	社会层面
7 年级	加强利用网络进行交易时的安全意识，强化网络礼仪；加强产权和反对盗版意识。
8 年级	理解网络交易，意识到在这个过程中安全的重要性。

3. 印度计算机科学课程中信息社会学课程内容的教学

在印度《学校计算机科学课程模型》中对于信息社会学内容，建议使用以下教学策略。

角色扮演：将孩子们分成两组，这两组采用完全不同的方式对待计算机，其中一个小组对计算机采用合理的保护、使用措施，这不仅仅使计算机得到了合理利用，而且对这个小组的孩子们不会造成任何伤害；另一个小组则没有对计算机采用合理的保护措施，在使用计算机时姿势也不正确，结果计算机不能够很好地工作，而且不正确的姿势还对孩子们造成了身体伤害。

图解：制作海报来展示在使用计算机时采用不正确的姿势对身体造成的伤害，以及避免这些伤害的方法，并将这些海报张贴在教室里，教师可以借助这些海报对相关知识进行解释。

教材 Computer Masti 中也有相应内容，如在 Computer Masti 水平 2 的教材中，第三课的主题是"计算机与你的健康"，针对小学低年级学生特征，该课使用的主要教学方法就是图解。下面是"计算机与你的健康"一课的基本结构。①

本课你将学习：
使用计算机要采取的预防措施；
使用计算机的正确姿势；
一些身体练习。

我们知道计算机很有趣，它还能帮助人们做很多事情，但是长时间地使用就会产生背痛、眼睛很紧的感觉。正确的姿势、注意防护与身体锻炼

---

① Computer masti level 2 ［OE/BL］. ［2013-12-09］. http：//www. it. iitb. ac. in/~sri/ssrvm/.

是从事很多活动的关键，使用计算机也应如此。

儿童每天使用计算机不应该超过 1 个小时，而且最好分成两段，利用计算机做些有教育意义的事情。

Jyoti：妈妈，计算机电源线坏了，我看见了一些里面的线。

（妈妈拿起绝缘胶带缠住坏的地方）

妈妈：破损的电源线可能会引起电击使人受伤。你应该小心电源线与电源插头。

预防措施：

a. 不要接触电源线；

b. 电源线应该绝缘性良好，如果发现损坏，及时报告老师；

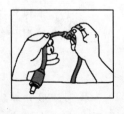

c. 不要把你的手指或其他东西放在电源插头上。

计算机安全：

d. 不要把东西插入电源插座、键盘、打印机或音箱的插拔处。

e. 不要用液体清洁计算机，只用干燥、柔软的布即可。

姿势与锻炼：

妈妈：如果你不保持正确姿势会怎么样？

Jyoti：如果不坐直我们会腰痛。

Tejas：如果使用计算机时不休息，坐得与显示器很近，我们的眼睛也会受伤害。

妈妈：回答正确。

每天要短时间使用计算机。避免眼睛、脖子、手腕、后背和手痛。保持好的姿势，做些身体练习。

使用计算机保持良好姿势：

1. 整个身体面对键盘与显示器。

2. 眼睛到屏幕距离应该为 18—34 英寸，位置与角度不应该有反射。

3. 保持肩膀与脖子放松。

4. 保持脖子是直的，确定你有后背的支持力量。

5. 当打字时保持腕部笔直。

6. 在使用鼠标或打字时手指放松。

7. 保持大腿与地板平行。

8. 保持脚在地板上平伸，如果你的脚碰不到地，请用小凳子或其他支持物品。

9. 在桌子与腿之间应该有足够的缝隙。

使用计算机前的身体练习：

做瑜伽，练习肩膀、手部、脖子和眼睛。坐在通风良好，空气新鲜的房间，盘腿坐直，开始做练习。如果没有足够的空间，也可以站着做。

瑜伽练习：Kehuni Naman（肘弯曲）

练习1：

1. 伸展胳膊，与肩同高，手掌打开，掌心向上；

2. 肘弯曲，指尖触肩；

3. 再次伸直。重复十次。

练习2：

1. 向两侧伸展胳膊，与肩同高，手掌打开，掌心向上；

2. 肘弯曲，指尖触肩；

3. 向两侧再打开胳膊。重复十次。

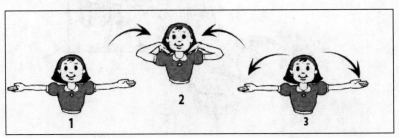

注意：整个练习中伸展时吸气，弯曲时呼气。上肢胳膊与地面平行，胳膊肘与肩同高。

瑜伽练习：Mushtika Bandhana（手部攥紧）

1. 双臂向前伸直，与肩同高；

2. 打开手掌，掌心向下，尽量张开五指；

3. 收起手指，攥紧拳头，拇指在内，其他手指慢慢包在拇指外；

4. 再来一次。重复十次。

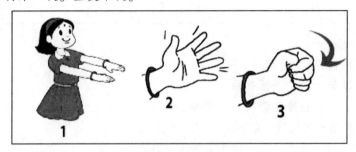

瑜伽练习：Greeva sanchalana（颈部运动）

练习1：

1. 面部向前，闭眼；

2. 慢慢将头右倾，努力让你的右耳碰到右肩；

3. 慢慢将头左倾，努力让你的左耳碰到左肩；

4. 颈部不要紧张，如不能碰到肩膀也行。重复十次。

练习2：

1. 面部向前，闭眼；

2. 慢慢将头前倾，努力让你的下巴碰到胸部；

3. 慢慢仰头，尽量向后，但不至于不舒服，颈部不要紧张；

4. 重复十次。

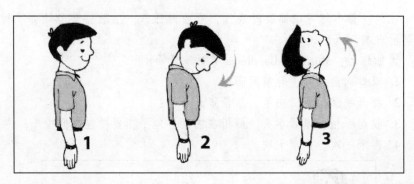

瑜伽眼部练习：

练习1：手掌运动

1. 静坐闭眼，摩擦双手，直至微热；

2. 用手轻轻覆盖眼皮，不要施加压力，不要盖住鼻子，保持这个姿势，直到热量被眼睛吸收；

3. 然后放下手，再次摩擦双手至微热；

4. 重复三次。

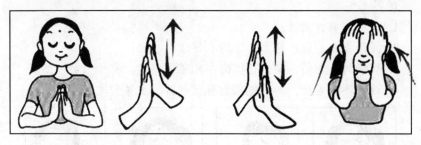

练习2：眨眼

1. 坐姿，睁眼；

2. 快速眨眼十次，闭眼放松20秒；

3. 重复五次。

练习3：做只小猫

1. 紧闭双眼3—5秒；

2. 睁开3—5秒；

3. 重复七八次。

练习4

1. 手握铅笔，伸直手臂，眼睛盯着笔尖；

2. 慢慢移动铅笔至鼻尖，眼睛不要离开笔尖看别处；

3. 重复七八次。

练习5

1. 拿一个球；

2. 一手拍出，一手接住，轨迹是 V 形；

3. 眼睛跟着球看；

4. 如果没有球，也可以只看手的动作。

Tjas 和 Jyoti：我们很喜欢做练习。我们在瑜伽课上也学这个。

Moz：好，定期做能保持身体健康。明天见……

印度的信息社会学课程有着自己的特色，具体如下。

（1）在信息社会学课程中继承了自己民族的传统，如上面的案例就继承了印度古老的瑜伽文化。另外，印度理工学院孟买分校也建议利用帕坦加利瑜伽经中的"比知"和"认知"等方式进行教学。

（2）印度理工学院孟买分校课程模型中的三大领域之一便是社会层面，是计算机科学课程中的重要内容。

（3）信息社会层面的要求按年级有详细具体的子目标。

三、对信息社会学课程的比较分析

纵观以上对美国、英国、日本、印度四国信息社会学课程基本情况的描述，不管其开发模式或理念如何，任何信息社会学课程的开发也不可能将一些课程要素置之度外，因此，我们以课程开发的基本要素，即课程目标、课程内容、课程结构、课程实施与课程评价等方面进行简要比较与分析，试图得出信息社会学课程开发的一些特征与规律。

（一）信息社会学课程的目标比较

1. 信息社会学课程的目标价值取向

一般来说，课程目标的价值取向主要有三种：社会本位的价值取向、学生本位的价值取向与知识本位的价值取向。美国、英国、日本、印度四国信息社会学课程目标皆是对此三种价值取向的综合表现。

信息社会学课程本身所具备的属性之一便是培养未来信息社会的公民。体现学生本位价值取向的目标描述包括：美国《国家学生教育技术能力标准》中的"表现出个体对终身学习的责任""应用各种数字环境和媒体与同伴、专家或其他人互动、合作并发表观点"；印度国家教育研究与培训委员会的计算机通信课程中的"学生要发展一些态度和习惯，……考虑到个人的健康和安全"等。

信息社会学课程还是公民责任与义务的一种传递，同时，也是对社会生活的反思与重建。体现社会本位价值取向的目标描述包括：美国计算机协会的计算机课程标准中的"在使用技术时表现出积极承担社会责任、遵守道德；负责任地使用技术系统和软件"，"讨论与使用技术、信息时应承担的责任"；日本高中阶段"社会与信息"课的目标"使学生理解信息的特征和信息化对社会的影响，能够正确运用信息设备和信息通信网络收集、处理、表现信息的同时，培养学生有效交流的能力和积极参与信息社会的态度"等。

信息社会学课程也是"特殊的社会科学"，知识本位价值取向体现的便是课程中对信息社会科学知识的一种有效组织。体现知识本位价值取向的目标描述包括：印度理工学院孟买分校的学校计算机科学模型中"社会层面"的目标"理解计算机及互联网相关的道德和安全问题"；日本高中"社会与信息"课的目标"理解个人认证和密码化等的技术性对策和信息安全策略等各种提高信息安全的方法""使学生理解信息系统的种类和特征，同时理解其对社会生活的影响和作用"等。

通过上面对各国信息社会学课程目标的分析，我们发现各国的目标中都有以下关键词。

技术的影响：理解信息技术快速发展对人类社会的政治、经济、学习方式的影响。

交流与合作：各国都强调利用技术工具与他人有效交流信息并进行合作，尤其是强调与专家或全球范围内的他人合作，学会国家间的尊重与理解，这体现了有效进行学习与全球视野下多元文化教育的理念。

负责任、安全地使用技术：这包括两层意思，一个是"负责任"，即遵守信息社会法律法规、行为规范，符合伦理地使用技术；另一个是"安全"，即在使用信息技术时既能保护个人信息安全，又能正确防范网络安全问题。

问题解决：基于负责任、安全地使用技术的行为，能正确分析问题、预测风险，做出正确的判断来解决问题。

社会参与：强调作为信息社会成员，能积极参与到社区、社会中的信息活动中，作为公民能有一定的数字"领导力"，建设信息社会。

我们可以看到，各国都把信息社会学课程作为实现公民教育、道德教育、多元文化 STS 教育和环境教育的手段之一。

2. 信息社会学课程的目标表征方式

美国、英国、日本、印度四国有关信息社会学课程方面的目标表征方式基本都采用普遍性目标+行为性目标、生成性目标或表现性目标的方式。普遍性目标即对课程进行总括性和原则性规范与指导的目标。行为性目标即通过描述课程行为结果的方式对课程进行规范与指导的目标。表现性目标即课程实施结果的周全表述。

美国《国家学生教育技术标准》的"一纲四目"的表征方式，在"交流与合作"与"数字公民责任"的纲下各列出了四条关于能力素质的描述。21 世纪学习者标准采取类似的表征方式，即"四纲多目"。

日本高中的高中阶段"社会与信息"的普遍性目标为"使学生理解信息的特征和信息化对社会的影响，能够正确运用信息设备和信息通信网络收集、处理、表现信息的同时，培养学生有效交流的能力和积极参与信息社会的态度"，之后再具体地进行学生表现性指标的描述。

印度理工学院孟买分校的《学校计算机科学课程模型》中"社会层面"的目标也采用"纲目"或者"总分"的表征方式。"社会层面"的普遍性目标为"理解计算机及互联网相关的道德和安全问题"，然后各个年级的标准中描述了具体的学生行为目标。

英国信息社会学课程的表征方式特点鲜明，是普遍性目标+生成性目标的方式。而美国、日本、印度三国更为突出的是对课程实践情境与过程的表征。英国通过强调 ICT 的重要性表述普遍性目标，然后通过关键概念、关键过程、范围与内容和课程机会四个方面具体的生成性目标对课程实践过程和情境进行表征。

　　总之，以上各国信息社会学的目标都是多种价值取向融合、概括性总目标描述与详细的子目标描述相结合的分阶段、一贯连续的标准。这些都是对本书论述信息社会学课程目标的启示。

（二）信息社会学课程开发模式

　　美国、英国、日本、印度四国的信息社会学课程设计模式丰富多样，从中我们几乎都可以找到一般课程设计的任何一种模式。

　　1. 相关课程（correlated curriculum）

　　相关课程指两个或两个以上的科目建立共同的关系。例如，前面提到的英国互联网安全中心与 Childnet International 网站开发的关于"性短信"的教学计划中，特别明确指出了该课与国家课程的关联，如该课内容与体育与健康、公民教育、文学、宗教教育相关联；日本初中的信息技术课程被包含在"技术·家庭"学科中；美国的一些州将计算机科学内容放在数学、商业或技术应用学科的学习中等。这样的课程资源追求科目之间的关联，会利用共同的焦点如事实、原则、理论、规范与技能等。

　　2. 融合课程（fused curriculum）

　　融合课程指将有关的科目合并成为一个新的学科。合并后原来的科目不再单独存在。例如，日本高中的"信息"科目中原来的"信息 A""信息 B""信息 C"科目调整为"社会与信息""信息科学"两个科目。

　　3. 广域课程（broad-fields curriculum）

　　广域课程统合整个知识分支内的各科目。例如美国得克萨斯州的技术应用课程便是广域课程的典型代表，在技术应用广域课程中包含"计算机科学""数字辩论术""离散数学""游戏编程与设计""机器人编程与设计""数字艺术与动画"等学习科目。

　　4. 核心课程（core curriculum）

　　核心课程内涵复杂，但以某一问题或主题为核心组织课程内容并构造具体课程的模式，我们就可以称为核心课程。按照这种理解，美国、英国行业组织的课程基本上都属于这一类课程，它们选择一种信息社会问题，作为提供课程资源的核心，然后围绕核心组织课程。

5. 活动课程（activity curriculum）

活动课程又称为体验课程（experience curriculum），对活动课程的理解也是多方面的。在活动课程中，在追求兴趣与目的的过程中会遇到很多挑战，克服挑战的方法便是问题解决法。例如，美国纽约的 Masters School 中，6 年级的信息技术课程是一个叫作"哈德逊河谷"课程的组成部分。以"哈德逊河谷"为主题，探索其历史，在探索过程中利用 Word、Photoshop、PowerPoint 和搜索引擎等工具，并引导学生使用数码相机与扫描仪。"哈德逊河谷"课程有一系列的任务，通过这些任务使学生巩固这些计算机技能并利用这些技能解决问题。

（三）信息社会学课程内容的比较

课程内容与课程目标存在必然的对应关系，美国、英国、日本、印度四国的信息社会学课程内容都充分体现了信息社会学目标的具体要求。信息社会学课程内容非常强调问题解决能力，而问题何来，变成了信息社会学课程一个重要来源。所谓问题，即与学生相关或引发学生兴趣的现实问题和现象。那么信息社会问题便自然成了课程内容的中心问题或现象，四国在以信息社会问题为主题的课程内容组织方面非常相似。课程主题主要包括以下几个方面的内容。

1. 与使用计算机相关的健康教育主题

信息技术的发展，计算机的使用给学生身心都带来不可低估的影响，如长时间使用对身体的影响、网络成瘾问题对青少年精神的影响等。印度理工学院孟买分校的《学校计算机科学课程模型》中就非常注意引导小学生养成良好的计算机使用习惯。日本的信息伦理课程中提到了"计算机等信息设备的使用与健康的关系"等主题。

2. 信息伦理主题

信息道德问题反映出信息活动面临的价值失落与伦理困境，对信息伦理道德进行必要的社会规导与限制是解决信息道德伦理问题的关键，针对道德的价值判断与其批判力量成为课程的重要组成部分。主要涉及的问题或现象如下。

（1）网络礼仪：作为一般礼仪的网络延伸，网络礼仪是重要的信息社会学课程内容。美国学者费伯（Faber）将网络礼仪定义为"人类应有的网络行为规范与礼貌①"。如美国 Cyber Smart！课程框架中的 M 代表Manners（礼仪），其中包括网络礼仪的内容。美国常识媒体的数字素养与公民课程中也有如何写好电子邮件的教学内容。

（2）网络欺侮：在美国，有研究数据表明约 10000 名青少年有关于网络欺侮等不愉快和欺骗的经历。家长、教师与其他教育者日益重视利用课程资源来为青少年如何应对网络欺侮提供指导。

（3）个人信息保护：1995 年《欧盟数据保护规章》对"个人信息"下的定义是："与一个身份已被识别或者身份可识别的自然人（数据主体）相关的任何信息；身份可识别的人是指一个可以直接或者间接特别是通过身份证号码或者一个或多个与其身体、生理、经济、文化或社会身份有关的特殊因素来确定的人"②。

（4）性短信：性短信 sexting 这个词是由 sex（性）和 texting（发短信）两个词组合而成的，指通过手机发送色情文字信息或者个人艳照的行为。前面提到的英国部分的教学案例就是该内容的典型代表。

3. 信息安全与法律主题

（1）身份盗窃：非法获取他人账号、密码，例如社会保障识别号码、驾驶执照号码或者信用卡号码，以此来假冒别人，这是一种犯罪行为。Cyber Smart！的课程资源就有课名为"Identity Theft"的教学案例。

（2）版权保护：版权是指文学、艺术、科学作品的作者对其作品享有的权利（包括财产权、人身权）。日本文教出版的高中教材"信息与科学"③中就有"著作权法"等与个人信息保护相关的法律内容。

（3）垃圾邮件：一般来说，指凡是未经用户许可就强行发送到用户邮箱中的任何电子邮件。Cyber Smart！网站中就有关于垃圾邮件的类型、如何处置等策略的指导资源。

---

① 苏怡如，周倩. 国中学生网络礼仪课程设计、发展与评价 [J]. 课程与教学季刊，2008（1）：95-118.

② 陈飞，等，译. 个人数据保护欧盟指令及成员国法律、经合组织指导方针 [M]. 北京：法律出版社，2006：25.

③ 水越敏行，村井纯，生田孝至. 情报与科学 [M]. 东京：日本文教出版，2013：154-155.

（4）密码：理解密码的功能，如何设置安全强度高的密码，通过密码来保护个人信息的安全也是信息社会学的重要内容之一。

4. 信息技术对人类社会的影响主题

美国、英国、日本等国的信息社会学课程内容都含有信息发展史的介绍，借此让学生讨论、理解信息技术的发展对人类社会政治、经济、文化、学习、工作、生活等各方面的影响。

除了以上内容，信息社会学课程还包含这些国家中新出现的信息社会问题，比如"性短信"等内容。课程内容直接满足社会需求、体现信息社会课程目标的总体要求，这些特点都是值得参考和借鉴的。

（四）信息社会学课程组织

无论是美国《国家学生教育技术标准》《CSTA K—12 计算机科学标准（2011）》，还是日本、英国、印度以及其行业组织的课程资源都设计了不同水平的目标与内容。连续性的课程设置有利于课程实施。系统设计信息社会学课程是非常必要的。

英国的信息社会学课程内容在不同学段的学习重点各有侧重。在中小学信息社会学课程设计中，应注意按照学生生理、心理发展水平来组织信息社会学课程内容并设计相应目标，注意其层次性、区别性与衔接性。

小学低年级阶段，学生处于自我关注阶段，课程内容应重视个人信息保护、与信息活动相关的健康等问题。

小学高年级阶段，学生自我意识逐步增强，课程内容应加强信息伦理道德基本规范的培养，了解相互尊重与理解的需要；养成良好的使用信息设备的习惯；注意信息安全等问题。

初中阶段，学生的信息交流活动增多，课程内容应重视与他人交流中的网络欺侮、信息安全、知识产权、网络成瘾等问题；应该了解信息法律、法规是怎样制定和执行的，并意识到违犯法律的行为与后果；学生要学习、思考并讨论典型的信息社会问题；从学校、社区、国家及世界的角度理解信息对社会带来的影响。

高中阶段，学生处于价值观形成阶段，课程内容应强调信息公民相关的法定权利；继续学习、思考并讨论典型性的信息社会问题，更多重视批判意识与评价能力的培养；通过参与社区等更大范围内的活动发展学生的信息社会知识、技能与理解。

（五）信息社会学课程的教学策略

信息社会学课程目标多涉及价值观教育，这必然要通过一定的教学方法才能实现，我们在进行信息社会学课程的教学时也要利用多种方法，引导学生参加能够引起价值冲突和价值交流的实践活动，帮助学生通过切身体验，在其特有的兴趣、动机和实际具体活动的作用下，经过独立思考、判断和选择去解决一些价值冲突与矛盾，从而强化对象的动机和行动，经过"习惯"或巩固，并最终被学生内化。

针对信息社会学的特定内容，我们看到美国、英国、日本、印度四国采取的教学策略也比较相似，多采用故事法、模拟游戏法、情境法、角色扮演法、讨论法、活动法、图解法等。这些方法大致都可以归为角色扮演法、案例教学法和其他方法三类。

1. 角色扮演法

在心理学中，角色扮演指个人具备了充当某种社会角色的条件，承担和再现相应角色的过程与活动。模拟游戏法、情境法或活动法基本都可以归为此种方法。前面介绍的关于"性短信"的教学案例就是运用戏剧表演法，将个人暂时置于一种社会情境，并在这种情境下以个人社会角色所要求的方式和态度行动，以增进人们对社会角色的理解，学习履行自己的责任与义务。

2. 案例教学法

案例教学法是一种以案例为基础的教学法（case-based teaching），通过教学案例提出一种两难情境，通常案例并没有完美的解决办法，教师是设计者和激励者，鼓励学生就案例展开讨论。故事法、讨论法、情境法基本都属于此类方法。在学生探究案例的讨论过程中产生冲突，达到问题解决的目的。

3. 其他方法

如印度教材中"计算机与健康"的案例中，图解法便是针对小学生的一种非常有效直观的方法。

特别值得说明的是，在英、美两国，这些教学方法灵活运用在传统的课堂教学中，而且通过为学生提供数字化学习环境，使学生进行信息社会学课程的在线学习，使学生在在线问题解决的过程中，自觉将特定的社会价值观带入学习活动中，并进一步带入到真正的生活中。

（六）信息社会学课程的评价

中小学信息社会学课程的评价需要依据一定的评价标准，评价标准具有层次性，能满足不同学生的水平差异，其试题设计也要融入"真实"问题情境，重视解决实际问题，以便发挥评价标准的导向、诊断、鉴别、管理监督等功能，为学生与教师的教学指定方向并提供反馈调整的依据。

关于信息社会学课程的评价，我们仅对英、美两国的情况进行了简要说明，但我们可以从这"一斑"来窥"全豹"。

1. 评价方式数字化

美国 Learning. com 的 21 世纪技能考试全部在线实施，大大提高了评价过程的效率。

2. 形成性评价与终结性评价相结合

美国 Learning. com 的 21 世纪技能考试还提供档案袋评价，为学生提供评价报告，全面反映学生的发展状况。

3. 评价内容依据相关标准

英国的 GCSE 考试依据国家课程标准实行，并对具体内容做了详细规定，重视对基础知识和基本技能的考查，操作性强。如其中 B 部分的具体内容是交流、数据保护法案、数据滥用、著作权法和反黑客法规、信息膨胀及其对社会的影响、健康与安全等方面的问题，评价内容明确清晰。信息社会学课程评价常常涉及对情感态度与价值观的考查，因此在信息社会学课程的一般教学过程中，要注意过程性评价的重要作用，同时还要发挥学生自我评价的主体作用，强化学生的积极倾向，真正提高学生依据内在规范自我判断、调整、控制的能力。

第四章　中小学信息社会学课程的理论基础和价值分析

信息社会学课程的形成与发展是依据人类认识的特点与规律，养成学生认识和解决信息社会问题的意识与能力，是顺应信息时代社会进步的趋向与要求。信息社会学课程探讨人、社会和信息之间的相互关系，关系到培养什么人，即个体发展和社会化过程的方向，其课程目标是复杂多样的，各种教育哲学、社会学、心理学的不同观点、理论都会赋予信息社会学课程以不同的目的、内容和方法。因此，信息社会学课程有着广泛而深刻的理论源泉，教育哲学、社会学和心理学的相关理念都为信息社会学课程提供了理论支持。梳理并分析这些理论基础不仅有助于对信息社会学课程理性审视的统一，而且有助于把握其实践探索的方向。

一、中小学信息社会学课程的理论基础

（一）哲学基础

哲学是对认识的主体、客体和认识工具的理性思考。对于信息社会学课程，认识主体是此认识活动的教师、学生及家长等群体和社会；认识客体是与信息活动相关的一切客观存在；认识工具是主客体之间相互联系的中介，这个中介既是认识手段，又是认识结果的载体，如语言、符号等。认识的价值追求在于把握认识客体的一般性和普遍性，对其进行高度抽象

中小学信息社会学课程的理论基础和价值分析

概括，最终形成真理。真理的具体性有多层级的内涵，真理是对认识客体诸方面及其相互关系的客观反映。

　　总的来说，信息社会学课程实质上具有社会课程的属性，考察社会课程的哲学意蕴有助于建立中小学信息社会学课程的哲学基础。在过去的两百年中，各种教育思想与教育制度的哲学互相交织、冲突、演化，对社会课程的目的、组织以及教学方法都产生影响，指导着教师的教学行为、课程认知与课程决策。社会科教育的主要学术组织美国社会学习理事会（the National Council for Social Studies，简称NCSS）认为社会课程的内容包括涵盖历史、社会科学的十个主题，这本身就体现了多种教育哲学的相互竞争，一些成员认为社会学习的核心是公民责任，一些成员以历史为社会学习的核心，一些成员只是视其为学习理论，还有一些成员把它作为真正的教育课程。总体来说，大致形成了社会课程的以下三个传统。

　　传统Ⅰ：公民责任/文化传承/民族价值观与继承；

　　传统Ⅱ：反思/探究问题解决/社会批判；

　　传统Ⅲ：社会科学/科学方法与经验主义/寻求真相。[①]

　　后来，布鲁贝克（Brubaker）、西蒙（Simon）、威廉斯（Williams）提出了相似的框架，并在此基础上增加了两个传统：学生发展主导和社会政治参与。这五个传统大致反映了社会课程学习的三个目的，很多人认为社会课程学习的目的是传承过去的知识，我们把这种目的称为教诲的目的（didactic goal）；一些人强烈反对只把信息、数据作为社会课程学习的手段与目的，他们认为这些信息、数据必须被消化、分析并能学以致用，这个观点被称为反思性目的（reflective goal）；还有一种认为社会课程承载着改造社会与公民教育的使命，他们认为这是民主社会中追求道德生活方式的一种需求，它常常涉及道德、情感、价值观的问题，因此我们称之为情感目的（affective goal）。

　　同样，中小学信息社会学课程也会存在着文化传承、信息社会科学、反思探究等目的，并且这些目的植根于不同的哲学观点。

---

① Jack Zevin. Social studies for the twenty-first century：methods and materials for teaching in middle and secondary schools-3 rd edition ［M］. London：Routledge，2007：7.

1. 文化传承——永恒主义

文化传承论的主要基石是永恒主义。对于永恒主义者来说，人类的天性是恒久不变的，人类有能力认识、理解自然宇宙的真相。教育目的是通过发展学生智力与道德以培养理性的人去发现宇宙真理。永恒主义强调传统价值，强调可以经得住时间考验的知识，认为人类历史中有绝对不变的真理，掌握这些真理就会了解人类自身历史，并传承这些知识，提高人的素质。永恒主义的代表人物罗伯特·哈钦斯（Robert Hutchins）指出人的功能是："在每种社会中是相同的……教育制度的目的在其存在的每个时代和每种社会中是相同的，其目的是人的完善。"①

永恒主义的课程是以学科为中心的，它依赖于有确切定义的学科或逻辑严谨的课程内容组织，强调语言、文学、数学和科学。按照永恒主义者的观点，文学艺术是人类智力遗产的重要组成部分，例如，罗伯特·哈钦斯的《西方世界的伟大著作》丛书囊括了西方思想基础与科学文化知识。永恒主义者认为，通过对过去伟大思想的学习，个体可以更好地处理现在与未来的问题。学生们可以通过阅读、讨论如柏拉图、亚里士多德和莎士比亚等伟大思想家和艺术家的作品来发展智力，应鼓励学生学习希腊语和拉丁语以使他们能阅读经典的原文。除了经典与语言的学习，罗伯特·哈钦斯强调"3R"，即"读（reading）、写（writing）、算（arithmetic）"。他认为这种教育不是"特定的（specialized）、职前的（preprofessional）或功利的（utilitarian）"。

在我国的传统文化中，有许多伟大的技术文化思想与经典著作，在今天飞速发展的信息时代依然具有鲜明的时代性，对于这些技术文化的认识，是理解现代信息技术现实问题的需要。中小学信息社会学课程应将这种内在的、民族的"基因"有效传承下去。

（1）技术与自然。

信息技术发展使人类社会实践的范围不断扩大，人类在征服自然、利用自然的同时，也带来很多生态问题。在对待技术与自然的关系上，我国传统的技术哲学思想依然闪耀着不朽的光芒。

老子认为："人法地，地法天，天法道，道法自然。"（出自《道德

---

① Robert M. Hutchins. The conflict in education [M]. New York：Harper & Row, 1953：68.

经》）。大道决定于自然本身，大道即自然状态及其规律。

荀子认为："圣王之制也：草木荣华滋硕之时，则斧斤不入山林，不夭其生，不绝其长也。鼋鼍鱼鳖鳅鳝孕别之时，罔罟毒药不入泽，不夭其生，不绝其长也。春耕、夏耘、秋收、冬藏，四者不失时，故五谷不绝，而百姓有余食也。污池渊沼川泽，谨其时禁，故鱼鳖优多，而百姓有余用也。斩伐养长不失其时，故山林不童，而百姓有余材也。"（出自《荀子·王制》）

我国古代就提出"制器尚象"的原则，即通过模仿自然之象创制器物，即所谓"天工人其代之"。（出自《尚书·皋陶谟》）

宋代出现的"天人合一"的天人观强调天道与人事的和谐，这种思想是在看到技术应用过程不断改变人与自然的关系格局之后得出的，体现着人类要顺天时、量地利的天地人三者的协调关系。

（2）技术与社会。

信息时代的信息社会问题体现在"道"与"术"的关系上，实际上是"以道驭术"的弱化与"道术分家"倾向的增强。"道"与"术"的关系是伦理道德与技术的关系，春秋时期，儒家、墨家、法家在技术问题上都有各自的主张，但基本上都可以体现出"以道驭术"的理念。儒家的"以道驭术"侧重技术的社会效果，在技术发展上，儒家强调"六府三事"，"六府"为"水火金木土谷"，指的是当时社会生活所需要的基本技术活动，如沟洫、烧荒、冶铸、井田、贵粟等。"三事"为"正德、利用、厚生"，指的是技术发展既要对国计民生有利，又有道德教化的功能。

墨家注重以德驭艺，强调工匠自身的品德修养。庄子提到"使后世之墨者，多以裘褐为衣，以屐蹻为服，日夜不休，以自苦为极"，"不能如此，非禹之道也，不足谓墨"。墨子在评价技术成就时认为："利于人谓之巧，不利于人谓之拙。"他在公输班造出能在天上飞三日的竹木鹊时说："子之为鹊也，不若翟之为车辖，须臾刘三寸之木而任五十石之重。"

法家韩非子的法度思想对技术发展也有规范作用，他认为工匠放弃规矩尺寸而凭主观臆测，就是能工巧匠也造不好一个车轮。《商君书》上说："先王悬权衡，立尺寸，而至今法之，其分明也。"这也是一种"以道驭术"，它强调的是对技术规范的严格要求。

（3）技术与人。

信息技术将整个世界连为一体，带动经济、政治、文化全球化，创造了一个全新的基于数字化、网络化的社会信息环境。人类处于其中，由于地域差别、文化差异等形成的不同的价值观念必然会产生冲突、矛盾。因此，对一些有约束性的价值观、一些不可取消的标准和人格态度的一种基本共识的普世伦理显得更为重要。我国传统的儒家思想正成为构建全球信息伦理的重要文化源头。

首先，儒家思想重视个人修养。儒学伦理充分肯定个人作为道德主体的能动性，注重个人品德信念的追求。正所谓"修身、齐家、治国、平天下"，即通过自我的不断完善接近理想的过程。这极大地弥补了以社会规范伦理为主导的现代社会的不足。

其次，儒家思想崇尚理想人格。对人的内在价值的赞扬、对人格尊严的尊重也是儒家思想的精华所在，"所欲有甚于生者，故不为苟得也"，"所恶有甚于死者，故患有所不辟也"。

再次，儒家思想对人尊重仁爱。孔子仁爱思想的核心是"爱人"，"爱人"是处理人际关系的原则，而"己所不欲，勿施于人"更是构建全球信息伦理的黄金法则。

当然，儒家思想还有很多方面的价值需要信息时代的现代转化，通过现代诠释使其成为信息社会学课程内容的有益养分，形成中国信息技术课程的独特品性。

（4）经典著作。

我国古代的经典科技著作体现了优秀的传统，也是信息社会学课程内容的来源之一。

《梦溪笔谈》中提出，古代宫殿台阶有峻道、慢道、平道之分，其设计尺寸要以宫中御辇为标准，充分考虑操作的便利，体现出"以人为本"的思想。

我国春秋时期的《考工记》中提到："知者创物，巧者述之，守之世，谓之工。百工之事，皆圣人之作也。"智慧的人之所以造出器物，是因为会顺天应人，善于利用自然。

明代科学家宋应星的科技著作《天工开物》贯穿着"物生自天，工开于人"的理念。

这些经典著作，都体现了我国古代优秀的技术思想，应该成为信息社会学课程的重要来源之一。

2. 信息社会科学——要素主义

要素主义强调群体经验的重要性，特别是有系统的文化经验的重要性，按照一般的说法是学科内容的重要性。社会科学论者巴尔（Barr）、巴思（Barth）和夏尔米斯（Shermis）认为："掌握社会科学的知识、技能和价值观，以此有效地处理纷繁复杂而又常令人困惑的世界，是养成有效公民的最佳准备。"[1] 信息社会学鼓励学生分析人类行为的法则、原理，以及据此建立的学科内容和方法论。这种取向在课程内容上重学术，以科学方法步骤为中心，强调学生学会信息社会学关键的概念、原理以及信息社会学认知的过程方法。在规划信息社会学课程时，也要考虑要素主义的适用性。

（1）综合的课程目标。

社会科学主要通过分科与综合的途径表现在学校课程中。分科主要以学科专家为代表，学科专家主张课程应当反映社会科学学者的研究旨趣，以社会科学的理论、知识、方法和思维习惯为核心，采纳探究或研究性学习的方法。综合主要以课程专家为代表，课程专家更注重课程应当围绕公民素质教育的概念框架来组织，即以实际公共议题（其中公民必须做出选择）的决策为核心，为学生思考和参与社会生活做准备。

（2）环境扩展的课程组织。

显然，本书的信息社会学课程综合了中小学信息技术课程中的内容。因此，信息社会学课程的目标还是围绕信息社会公民素质来确定，确切地说就是培养信息时代的数字公民。根据这一课程目标，环境扩展的模式已经成为社会科学课程的基本范式，学生以自我的生活为起始，学习自我、家庭和学校等内容，随着年龄增长，生活空间扩大，学习范围不断深入，就扩展到省、国家、世界等内容。

（3）系统严谨的课程。

要素主义者认为，成年人对青少年的指导与帮助是天经地义的，有必

---

[1] Barr, R. D., Barth, J. L, Shermis, S. S. Defining the social studies [M]. Arlington, VA: NCSS, 1977: 4.

要延长成年人对未成年人关爱和帮助的时间，这是个体健康成长的生物条件，教师对系统的学习计划和活动要负起责任。伴随更为复杂的文化的诞生，组织严密的教育制度是非常重要的。

在规划信息技术课程时，要对信息社会学课程进行系统设计，既要考虑信息技术课程中对于信息处理的过程，又要考虑信息社会学的概念、原理、通则。

3. 反思探究——进步主义

进步主义论者主张年轻人必须学会如何进行自我反思，让学生形成健康的批判精神，通过讨论社会主流的价值观、社会问题等，使学生有能力辨别、分析个人和公共问题，并据此做出理性决策。进步主义论者恩格尔（Engle）认为学校课程的核心是让学生学习和应用问题解决与决策的技能。学习的焦点是当代议题和问题，特别是那些与学生直接相关的、有影响的或受关注的问题。在以分析和决策为中心的课程中，方法和内容是极为关键的，为了更好地探究一个具体的问题，学生必须学会处理并不清楚的未知问题，并对结论和判断持批判的观点，从而通过问题解决和利用批判思维来进行反思探究。同样地，进步主义哲学在信息社会学课程的设计上也具有相当的适用的方面。

（1）课程内容需要信息社会的真实问题。

信息社会学课程应该具有一定的开放性与灵活性，信息时代的社会问题是课程的鲜活来源，学生通过体验真实世界建构知识，能培养一种强烈的社会意识。学生需要学习和掌握作为教育内容的公民知识、技能和价值观，以便作为民主的公民参与到社会活动之中。

（2）反思探究的方法。

反思探究课堂教学主要体现了对学生发现问题、解决问题的能力，推理、探究的过程方法以及批判性思维的培养。信息时代的网络空间里，多元文化、各种价值观的冲突，要求发展学生自我判断、自我选择、自我教育的能力。

4. 社会参与——重建主义

重建主义课程的首要目标就是主张学校在改造或重建社会中必须扮演积极角色，学校应该让学生讨论社会热点议题，参与社会行动的课题。学生要深入调查一些社会问题，探究现存社会状态，并对社会进行改造。一些课程社会学学者如阿普尔（Apple）、吉鲁（Giroux）等认为社会不公正的部分原因就是学校知识与技能学习的不平等。他们指出了课程的政治性，认为课程是按社会特定阶层的利益而构建的，学校课程只鼓励知识社会建构的重要性，并不理解这些知识可能被扭曲或没有反映现实。

重建主义者康茨（Counts）相信社会教育是学校最重要的任务，拯救社会的方法是采用教育手段，但是灌输和欺骗式教育却助长了社会中道德与政治的异化。重建主义也强调批判思维和决策，引导学生通过考察自己的信仰决定他们的行动。康茨认为："如果学校真的有效，它们就必须成为社会建设的中心，而不仅是我们文化的思考，这并不意味着我们必须通过教育系统努力促进特定的改革。我们应当给予孩子未来图景，为了实现美好未来而争取他们的忠诚和热情。同时也应当依据这种图景来批判性地考察我们的社会制度和实践。"① 学校中，知识、课程、教学实践、课堂组织和学校社会关系的观点在性质上都属于意识形态，因此，它们是为某些特定社会群体的利益服务的，要建设真正民主的社会，就要利用社会课程的解放潜力来培养公民批判性地参与社会建设的意识与能力。

重建主义课程要将课堂社会关系和课堂评价之下的社会建构看作是有问题的。吉鲁认为应该思考以下问题②：社会课程的知识究竟是什么？这些知识是如何生产并被合法化的？这种知识服务于谁的利益？谁能获得这种知识？这种知识在课堂上是如何散布和再生产的？什么类型的课堂社会关系服务于并再生产社会生产关系？盛行的评价方法是如何服务于合法化现存知识形态的？现存的社会科知识形态体现的意识形态和客观社会现实间的矛盾是什么？如果学生能够把世界看作是根据社会某些部门的利益而建构的，他们就会认识到为了服务于其他部门的利益，也可以对社会进行重建，这意味着社会课程应当包含如何创造更美好的未来社会。

重建主义对信息社会学课程设计的启示就是要提供方法，让学生积极参与到信息社会的建设中来。体现在教学中，即让学生学会认识问题并做出选择，教学应通过提供开放、多元的现实的信息社会问题的探究活动来

---

① Counts G. Dare the school build a new social order? [M]. New York：John Day Company，1932：12.

② Giroux，H. Critical theory and rationality in citizenship education [J]. Curriculum Inquiry，1980（10）：329-366.

调动学生的主体能动性，发挥创造潜能。同时，学会选择也是培养学生成为具有权利意识责任者的重要手段。

（二）心理学基础

中小学信息社会学课程目标的实质是促进人的社会化，使信息社会中的学生在与他人或信息社会问题的交互中获得"信息加工"能力，换句话说，就是培养适合信息社会生存的公民。

当学生接受内外环境提供的信息并进行加工时，信息的特征、主体的特点都影响信息加工的过程。在心理学的研究领域中，很多学派以及心理学家对人的社会认知发展进行了研究。社会认知是指"个体与他人以及各种社会现象的认知，这种认知可以理解为社会信息加工过程，个体的社会知识结构与认知结构影响着这个过程并在这个过程中不断发展。因此，社会认知的发展，既有'结构'意义上的发展，也有'过程'意义上的发展，以及作为二者相互作用结果的社会认知'能力'的发展"①。

戴蒙（Damon）认为："社会认知有两个相互联系的意思：社会认知的'组织方面'是指构成一个人的社会知识、制约其对社会现实的认识的范畴和原则；社会认知的'过程方面'是指通过社会互动而发生的沟通和变化，它主要是指交换、接受和加工信息的一切方式，如注意、记忆。"② 信息社会学课程实际上是为学生提供社会活动的伦理、法律的规则解释及其与社会互动的模拟场景，使学生提高自身的社会认知能力。

1. 弗拉维尔的社会认知发展模型

弗拉维尔的社会认知发展模型包括三个条件，即一个完整的社会认知过程要满足存在、需要和推论。

存在：指一个人认识到某种社会事实或现象有其发生的可能性。具备这种关于社会心理存在的基本知识，是社会认知的前提。

需要：指个体试图进行某种社会认知行为的倾向或觉察到需要。

推论：包括感知以外的所有心理活动，即根据社会线索推测特定情境中他人观点的思维过程。

---

① 俞国良，辛自强. 社会性发展心理学 [M]. 合肥：安徽教育出版社，2004：152.
② 俞国良，辛自强. 社会性发展心理学 [M]. 合肥：安徽教育出版社，2004：152.

图4-1中的S表示自我，O表示另一个人或者一组人。虚线表示社会认知行为和产物，主要包括一个人关于人类内在心理过程、心理状态或属性的推论、信念等，因此在图中虚线表现为深入圆圈内部。实线代表外显的社会行为，而不是隐蔽的心理行为，因而它们不能穿入圆圈内部。

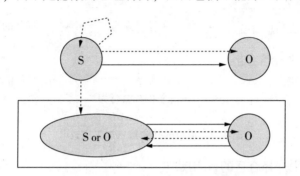

图4-1 弗拉维尔的社会认知发展模型①

2. 道奇的社会信息加工模式

道奇（Doge）的社会信息加工模式不仅强调了个体与他人的社会交往，尤其强调了社会认知的流程。

道奇指出："儿童在社会交往中首先面临的是需要加工的各种信息，即社会性刺激，儿童对这些社会性刺激赋予意义，并据此决定如何做出反应的过程就是信息加工。"

图4-2所示是他提出的儿童社会交往中的信息加工模式。

儿童的社会信息加工过程具体包括以下五个步骤。②

编码：即对社会性信息给予充分的注意和感知，并选取有意义的信息。

解释：将获得的信息与已有的知识经验（图式、原型等）进行对照和比较，解释该信息的意义。

搜寻反应：在理解社会性刺激意义的基础上产生一系列可供选择的反

---

① J. H. 弗拉维尔，P. H. 米勒，等. 认知发展［M］. 邓赐平，刘明，译. 上海：华东师范大学出版社，2003：239.

② 俞国良，辛自强. 社会性发展心理学［M］. 合肥：安徽教育出版社，2004：164.

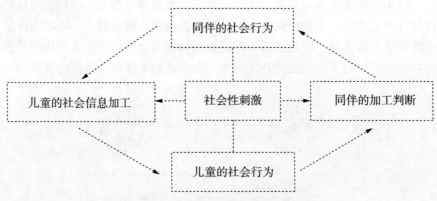

图 4-2   道奇的社会信息加工模式①

应计划，从中选择合适的行为反应。

评价反应：儿童在形成各种反应计划后，还要对其进行比较评价，预测各种反应计划的效果。对反应计划如何评价将决定儿童采取何种行为反应及其成功程度。

执行反应：儿童必须执行他所选择的行为计划，做出真正的行为反应。

3. 塞尔曼的观点采择理论

塞尔曼的观点采择理论强调观点采择技能发展与人际理解能力发展的关系。塞尔曼认为："为了'认知'别人，个体必须能够猜测出别人的观点，理解别人的想法、情感、动机和意图。简而言之，只有理解别人的这些'内部'因素，才能理解他们的行为。该理论在很大程度上受到皮亚杰的认知发展理论和柯尔伯格的道德推理理论的影响，试图确定社会认知发展的阶段。"② 他将儿童的观点采择能力发展分为四个阶段③，如图 4-3 所示。

阶段 0：自我中心的或无差别的观点采择（3—6岁）。儿童只知道自

---

① 陈英和. 认知发展心理学 [M]. 杭州：浙江人民出版社，1996：303-311.
② 俞国良，辛自强. 社会性发展心理学 [M]. 合肥：安徽教育出版社，2004：170.
③ 俞国良，辛自强. 社会性发展心理学 [M]. 合肥：安徽教育出版社，2004：172.

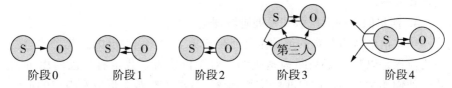

阶段0　　　　阶段1　　　　阶段2　　　　阶段3　　　　阶段4

注：S表示自我，O表示另一个人或者一组人。

图4-3　塞尔曼描述的观点采择的五个阶段及其结构①

己的观点，不能认识到自己的观点与别人的观点的不同，因而只能根据自己的经验做出反应。

阶段1：社会信息的观点采择（6—8岁）。儿童开始意识到他人有不同的观点，但相信这是由于每个人所接受的信息不同所造成的。这时的儿童并不能真正理解产生这种观点差异的原因。因此，他认为别人所做的也就是所想的，而不能理解别人的行动动机。

阶段2：自我反省的观点采择（8—10岁）。儿童逐渐认识到即使得到相同的信息，自己和他人的观点也可能会有冲突。这时他们已经能够考虑他人的观点，并预知他人的行为反应，也意识到别人会站在自己的角度看问题，但儿童还不能同时考虑自己和他人的观点。

阶段3：相互的观点采择（10—12岁）。儿童能同时考虑自己和他人的观点，并认识到他人也可能这样做。在这一阶段，儿童认识到交往中的每一方都能够站在别人的角度看问题，而且在做出反应之前能够从他人的角度看待自己，还能够以一个客观的旁观者的身份来描述和解释这个故事。

阶段4：社会的或习俗的观点采择（12岁以上）。这时的儿童不仅能对个别人做观点采择，而且能归纳整合社会上大多数人的观点，思考抽象的政治、法律、伦理观点，进而认识到这些观点的社会历史制约性。

塞尔曼的研究和观点是沿着皮亚杰开创的道路前进的，二者的共性体现在两方面：一是认为社会认知发展受制于一般的认知发展，社会认知发展表现出阶段性，阶段的本质是结构；二是均采用结构分析的方法理解社

---

① R. E. Muuss. Theories of adolescence [M]. New York: McGraw Hill Publishing Company, 1988: 249-258.

会认知发展。

4. 柯尔伯格的道德认知发展阶段理论

柯尔伯格认为儿童的道德推理是随着年龄增长而发展的，儿童的道德行为应该是以其道德判断为基础的。对于价值观，儿童有自己的思考方式，他们能主观地形成自我的道德观念，这些道德观念形成有组织的道德思维方式。柯尔伯格的道德认知发展阶段理论的核心是将人的道德认知发展阶段概括为三个水平、六个阶段。

六个阶段分别是惩罚与服从阶段（Obedience and Punishment Orientation）、个人的工具主义目的与交易阶段（Individualism and Exchange）、人际协调一致阶段（Good Interpersonal Relationships）、社会制度与良心维系阶段（Maintaining the Social Order）、人权与契约阶段（Social Contract and Individual Rights）和普遍性伦理原则阶段（Universal Principles）。

水平———前习俗水平（Preconventional Morality）：这个水平的儿童是根据行为的直接结果或权利来解释标记的。儿童的行为受逃避惩罚和获得奖赏的需要驱动，他们主要着眼于自身的具体结果，还没有发生社会规范的内化。前习俗水平包括第一和第二个道德发展阶段，即处于以惩罚与服从为价值取向阶段，表现出个人功利主义的利己倾向。

水平二———习俗水平（Conventional Morality）：这时个体已经能内化现行社会规则，他们会用习俗推理的方式对人的行为进行道德判断，会将这些行为与社会的观点与期望相对照，认为规则是正确的，并且有维护这种秩序的内在愿望，行为价值是以遵守规则的程序为依据。习俗水平包括第三和第四个道德发展阶段。

在第三阶段，自我进入社会，扮演社会角色。个体处于以协调人际关系为价值取向阶段，关注其他人赞成或反对的态度，与周围的社会角色保持和谐一致。在第四阶段，个体处于以维护社会秩序和履行个人义务为价值取向阶段。

水平三———后习俗水平（Postconventional Morality）：该水平又称为原则水平。在这个水平中，道德决策取决于平等社会中全部成员一致认可的那些权利、价值与原则。该水平包括道德发展的第五阶段和第六阶段。第五阶段是以社会契约为价值取向阶段；第六阶段为以普遍道德原则为价值取向阶段。虽然柯尔伯格坚持第六阶段的存在，但是很少有人曾经达到柯尔伯格模型的第六阶段。

中小学信息社会学课程的科学性与系统化也应表现在对学生心理发展规律的认识基础之上，以上理论对中小学信息社会学课程的设计至少有以下启示。

第一，中小学信息社会学课程与教学受到学生心理、生理发展制约，其内容设计要基于学生不同的发展阶段而有所区别，具有阶段性。

第二，中小学信息社会学课程教学要建立在学生信息活动的社会需求之上，学生学习信息社会学课程要来自学生自身的社会需求，具有社会现实性。

第三，中小学信息社会学课程教学要通过学生在信息活动中的交互作用实现，具有交往互动性。

（三）社会学基础

中小学信息社会学课程具有综合性的特征，体现了涂尔干、斯宾塞等人所阐释的"社会是个有机整体"的思想。社会系统中各要素之间存在的关联与互动是社会内部活动的基本特征，这种关联与互动促进了社会的不断发展。那么，对社会及其要素的认知和改造需要综合的视角与手段。这在信息时代尤其重要，信息社会的信息交流与传递快速即时，使传统意义上的空间与时间高度压缩，越来越多的社会问题中融入了多种社会要素，需要这些社会要素协同解决同一问题。信息时代对个体养成社会主体的意识与素养提出了更高的要求，中小学信息社会学课程正是顺应了社会发展的必然和需求。

结构——功能主义论者认为学校课程是为学生迈向"成人的角色"做准备的社会化手段，其代表人物帕森斯把社会系统、文化系统、人格系统当作一个整体进行考察。他认为学校是使年轻一代社会化的机构，而社会化就是培养个人的承诺感与能力，这是他们将来承担自己角色的先决条件。其中，承诺感包括遵循社会普遍价值观的承诺和在社会结构中充当某一社会角色的承诺；能力包含两个方面，一方面是完成与个人角色能力有关的任务所需要的能力与技能，另一方面是角色责任感，也就是完成符合他人所期待的与角色相适应的人际行为的能力。学生认同这些主要的价值观是社会稳定的必备条件，这些价值观强调社会的和谐、统一，着力寻求课程教学与社会系统之间的和谐一致。

1. 伊斯顿的政治社会化理论及其适用

伊斯顿提出政治社会化理论中的核心概念是"政治社会化"。政治社会化是"在生活环境中，一个年轻人从他人那里获得基本的政治倾向的过程"，"人们获得其政治倾向和行为模式的过程，是社会将知识、态度、规范、价值等政治取向传递给下一代的方式"。①

政治社会化包括两个方面：一方面，对于政治系统的个体成员来说，政治社会化是社会成员通过教育和其他途径获得政治态度、政治信仰、政治知识和政治情感，从而形成政治人格，成为政治人的过程；另一方面，对于政治系统来说，政治社会化是政治系统塑造其成员的政治心理和政治意识的过程。

政治社会化学习是个体学习政治知识和技能，认识政治现象，形成政治价值和政治态度的过程，也是个体政治心理产生、发展和成熟的过程。在不同年龄段，政治社会化具有以下不同的特征。

（1）儿童时期的政治社会化。儿童时期是指一个人从出生到取得公民资格所经历的时期。儿童时期的政治社会化一般以政治认同、政治归附、政治忠诚、政治服从等有情感色彩的政治认知和感情培养为主要内容，以直观的、感性的、形象的政治事务和政治行为作为学习对象，以服从和直接模仿为学习方式。

（2）青年时期的政治社会化。青年时期是指个体取得公民资格到成年阶段的经历。青年时期的政治学习以政治思想、理念和行为规范为主要内容，政治社会化的主要功能在于形成个人的政治思想和政治价值观念。这个时期是个体形成政治观与政治人格的关键阶段。

（3）成年时期的政治社会化。在成年阶段，政治社会化过程与他们实际参与的社会政治活动密切联系，个体已经不再是单纯消极被动的社会化对象，而是形成自身的价值观念和政治态度的主体。

政治社会化就是政治文化的传播过程。在社会政治生活中，特定的社会组织、机构和团体，都有可能成为传递政治信息的媒介。政治社会化主

---

① David Easton, Robert D. Hess. The child's political world [J]. Midwest Journal of Political Science, 1962 (6)：229-246.

要通过家庭、学校、大众传播工具、社会政治组织、政治符号等途径来完成。

中小学信息社会学课程为政治文化的传播提供途径，政治文化应当包含普遍的知识、价值、规则和规范等，这是新一代社会成员得到政治教育的过程。这个过程使学生获得政治知识，形成与信息社会民主政治相吻合的政治态度和价值观，掌握参与社会政治生活的基本技能，从而满足现代社会公民素质的要求，维系整个社会的平衡与和谐。

2. 纽曼的社会行动模式理论及其适用

纽曼的社会行动模式理论整合了道德认知和情感，并且将它们同社会活动联系起来，让学生通过行动来获得道德知识，改变认知结构。他认为要通过实际行动改变外部环境，注重培养和提高学生在付诸社会行动时所必需的胜任环境的能力，从而教育学生通过行动来影响政府政策和公民在社会变革中所扮演的角色。

纽曼认为应把有关公民行动的活动和道德推理、价值分析等内容结合起来，并据此构建社会行动计划。这些"社会行动"并不是那些激进的行为，社会行动主要表明行为的公众化和社会化意识，直接影响公共事务的自觉行为，包括举报电话、写信、参加会议、谈判与交涉等，这些活动要能培养学生发展影响公共政策策略的能力，是社会行动的一部分。

纽曼指出，社会行动从道德判断、决策到实现目的的过程要具备知识、活动技能以及精神心理上的条件。他认为一个社会行动的模式要有以下三个要素。

（1）制定政策目标。主要包括道德讨论和社会政策研究两方面，在参加道德讨论之前，学生应该做好准备，理性讨论要和真实的价值观结合起来。社会政策研究方面，应该让学生进行社会政策研究，了解不同的社会行动可能产生的后果。

（2）争取公众支持。在道德讨论和社会政策研究之后，学生就可以开展活动，以实现预期目标。其中重要的一点就是取得公众支持。学生需要理解社会行动的步骤，形成讨论技能，包括从阐述观点到演讲的能力，同时具备领导力，包括内部权威的确立、形成强有力的团体的能力等。要通过系统而合理的方式利用这些技能取得他人支持。

（3）解决心理难题。纽曼认为一个人投身社会行动时可能遇到许多

"心理难题"，如责任与开放冲突、关心人与关心事业或制度的冲突、个人动机与社会变化的冲突等。一个能够保持心理平衡的人才会敢于正视这些冲突，要保持开放的心态和批判的精神，要考虑人与事业的关系以及习俗问题，要处理好领导和被领导的关系，同时处理好个人动机和社会需求之间的关系，要使学生始终意识到社会行动的目标。

纽曼认为社会行动模式要培养学生七种社会行动能力：用口头或书面语言与人沟通；收集并逻辑性地组织这些信息；描述正式法律决策步骤；根据公正和宪法规定的民主权利对自己在有争议的公共问题上的个人决定和行动策略进行合理变化；以合作的方式同别人工作；以有利于解决公民行动中遇到的个人两难问题的方式行动；在需要对特定问题施加影响时，运用精选过的专门技能。①

中小学信息社会学课程也应该鼓励学生参与到社会行动中，学生应了解信息社会中可以通过哪些信息技术手段或信息系统等信息渠道参与到社会的政治、管理活动中，了解如何通过网络争取到更多公众的支持，以解决一些信息社会问题，也就是说采取社会行动。

从课程社会学的角度，中小学信息社会学课程的设计至少可以得到以下启示。

第一，中小学信息社会学课程受到信息时代的时间与信息社会的空间的制约，其内容是从广泛知识中加以选择，在现时点被视为合理的教育知识，具有现实性。

第二，中小学信息社会学课程也具备传递社会控制的属性，即维系社会结构。

第三，课堂教学中知识授受的过程不是简单的机械性灌输，在这个过程中需要学生通过探究、讨论，做出决策并具体实施。因此，中小学信息社会学课程还具有实践性。

二、中小学信息社会学课程的价值分析

一般来说，价值理论包括劳动价值论、新古典价值论和斯拉法价值

---

① Fred M. Newman, Thomas A Bertocci. Skills in citizen action: an english-social studies program for secondary schools (citizen participation curriculum project) [D]. University of Wisconsin, 1977: 119.

论。劳动价值论的分析是以一定阶级群体来进行的;① 新古典价值论用货币来分析人类经济行为的心理动机;② 斯拉法价值论是以价格决定模型来分析价值。③ 王玉樑将价值分为六种类型,④ 如表 4-1 所示。

表 4-1 价值本质的主要类型和局限性⑤

类型	主要观点	局限性
需要论	价值就是客体满足主体的一定需要	强调了主体的主动意向方面
意义论	价值是客体对主体的意义	强调了主体的理解和评价的方面
属性论	价值就是指客体满足主体需要的那些功能和属性	把价值看成是作用于主体的客体的某种属性
劳动论	哲学的价值凝结着主体改造客体的一切付出	是经济理论,不是哲学理论
关系论	价值就是客体与主体需要之间的一种特定关系	陷入需要论的局限中;主客体关系是复杂的、多重的
效应论	价值是客体属性与功能满足主体需要的效应,是客体对主体的功效	缺陷在于对"效应"的理解上

邬焜在分析了上述六种价值类型的基础上,认为价值的本质是事物(物质、信息,包括信息的主观形态——精神)通过内部或者外部相互作用所实现的效用。⑥

在分析中小学信息社会学课程价值的时候,我们要明晰中小学信息社会学课程活动的主体与客体,明确主体是进行课程活动的人(教师与学生),客体是信息社会学课程,其效用是整体效用。中小学信息社会学课

---

① 王璐.西方学者关于马克思劳动价值论百年论争研究综述 [J].财经科学,2004:4.

② 傅军胜.劳动价值论研究讨论综述(下)[J].马克思主义研究,2002(3):51-58.

③ 段尧清.政府信息公开:价值、公平与满意度 [M].北京:中国社会科学出版社,2013:37.

④ 王玉樑.价值哲学新探 [M].西安:陕西人民教育出版社,1993:127-141.

⑤ 王玉樑.价值哲学新探 [M].西安:陕西人民教育出版社,1993:38.

⑥ 邬焜.信息哲学 [M].北京:商务印书馆,2005:354.

程价值是课程活动的主客体相互作用而产生的效用，是主体课程教学行为的结果，既有信息社会学课程作为物的存在而产生的作用，同时还包含课程所产生的效益的价值表现。其既有客观效用，也有主观效用。也就是说，客体能满足主体的一定需要，也有信息社会学课程作为一定的主观形态与主体之间的相互作用。

课程的价值一般体现在社会、个人和学科三个维度，"课程的社会价值是课程在直接或间接满足社会物质需要，以及传播和强化特定社会意识形态、价值观、政治观等思想观念的过程中所表现出的价值；课程的个人价值是指课程在形成和发展学习者知识与技能体系、认知能力与方法、思想观念与价值态度、活动体验与身心健康的过程中所体现的价值；课程的学科价值是指课程在传承科学成就、促进科学发展、弘扬科学精神的过程中所表现出的价值。中小学信息社会学课程同样具有三个维度的价值"①。

（一）中小学信息社会学课程的社会价值

1. 有利于准确把握和有效解决现实社会问题

信息技术迅猛发展，使人类社会呈现出一种前所未有的发展态势，信息文化空前发展，但是在向信息社会转型时期，信息技术发展也带来了许多信息社会问题，如侵犯个人信息、信息污染、信息环境失衡、信息爆炸、信息犯罪等。这些社会问题伴随信息技术发展而生，在学生学习掌握技术的同时，同样需要系统的视野、综合的知识和多样化的方法来解决这些问题。基于STS理念的中小学信息技术课程便是将科学、技术、社会的内容进行有机整合的一种方式，它在信息社会背景中以一种系统的观点来解决社会现实问题。

2. 有利于加强学校与社会的联系

中小学信息社会学课程充分开发和利用来自社会生活中的各种素材作为课程设计的重要资源，自然地，增进学校与社会的密切联系就是课程资源设计的原则之一。另外，一些有关社会实践与探究社会问题的课程也是信息社会学课程实施的重要途径与方式。在一些探究性的课程中，学校可以充分利用社会的自然和文化资源作为学生开展社会实践课程的有效素

---

① 有宝华．综合课程论［M］．上海：上海教育出版社，2002：41.

材，如"社区的信息管理系统""超市的结账信息系统"等，这又促进了学校教育与社会生活的有机结合，从而可培养学生关注社会、服务社会的意识与能力，同时增进学校与社会的相互沟通和了解。

（二）中小学信息社会学课程的个人价值

1. 有助于学生发展审视和解决现实问题的系统观念与能力

信息社会学课程依据特定的逻辑关系与关注社会问题的现实主题，对单纯的信息科学、信息技术的课程进行有机连接或整合，使学生学习课程内容的同时形成系统的观念与能力。学生通过解决实际的现实社会问题，综合运用技术、科学与社会的知识，全面观察、分析、判断事物，这种完整的系统的知识技能与意识能力的形成，能使学生获得全面的信息素养。

2. 有助于学生形成良好的竞争与合作的氛围

培养学生竞争与合作的精神是中小学信息社会学课程的重要使命之一。在一些信息社会学的探究活动中，学生在教师的指导下或经过小组间的分工合作，将各自的学习成果进行整合，最终完成任务。这样，学生的集体意识、尊重他人的态度、对自我评价的能力、倾听他人意见并向其学习、与人合作的意识与能力才有可能得到发展。

同时，在知识掌握、信息技能操作以及信息的有效获取等方面的竞争也能为学生们提供健康的竞争空间，这与合作并不冲突。

3. 有助于激发学生学习与探究的动机和兴趣

信息社会学课程的设计关注现实社会问题，与学生生活密切相关，按照学生心理发展特征组织材料、设计实施方案和评价指标，通过适当的解决实际问题的教育环境来发展学生思维，而不是向学生灌输抽象知识。解决现实生活的实际问题，更可能激发学生学习的内在动机，提高学生的学习兴趣。这正体现了杜威的"学习即生活"。

4. 有助于学生社会化程度的提高

杜威的"学校即社会"提出学校应使学生关注社会，了解社会。信息社会学课程为学生提供与社会互动的体验，提高学生的社会意识，使学生参与社会活动的能力不断增强。这显然也是信息社会学课程的基本特质之一。

5. 有助于提高学生终身学习的能力

信息社会学课程为学生进行自主学习创造机会，学生在学习活动中占据主导地位，自主发现问题，并在教师的指导下用类似科学家的方式进行思考，从而认识和解决问题。在这个过程中，审视问题的视角、认识问题的过程、解决问题的方法等都是构成终身学习能力的要素。因此，信息社会学课程在发展学生的终身学习能力方面也有独特价值。

6. 有助于学生个性与特长的发展

信息社会学课程为学生自主学习提供机会，注重培养学生的责任心、合作能力、价值观和道德观等非智力因素，使学生在自主活动、关心、合作、负责和体验成功的过程中形成正确、客观的自我观念、评价标准与合作意识，这些都是与个性和特长的形成密切相关的，知识与技能并非个性与特长的全部，情感态度与价值观同样也是个性与特长的组成部分。

（三）中小学信息社会学课程的学科价值

1. 有助于优化中小学信息技术课程整体结构

以 STS 的理念来理解中小学信息技术课程，即注重学科之间的联系，通过对超越单门学科的"学科群"进行分类及构成研究来考虑学科构成的要素。中小学信息技术课程的宏观结构要注重各门学科之间以及各学段课程之间的联系，以使其课程结构趋于均衡、合理。信息社会学课程是对整个中小学信息技术课程进行丰富与融合的过程，以产生优化的结果。

2. 有助于整合信息社会科学成果

在信息社会，面对纷繁的知识信息，如何遴选这些知识以形成学校课程，如果只是简单地增补新知识、新成果，那么课程容量必定会不断膨胀，而整合的课程便是应对这种问题的一种有效方法。将信息社会科学有机地整合到信息科学、信息技术中即是一种价值。

3. 有助于传承社会科学原理与方法

中小学信息社会学课程的另一个价值还在于对信息传播等信息社会科学的知识传承。信息社会科学知识生产、应用与陈旧的周期缩短，导致信息社会科学知识的扩充与衰减速度越来越快，而认识、分析与解决信息社会问题往往需要社会科学发展的最新知识。现代文化习惯于将事物分裂和切割，以此作为控制事物的手段。麦克卢汉认为"媒介即讯息"，即"任何媒介（即人的任何延伸）对个人和社会的任何影响，都是有新的尺度产生的；我们的任何一种延伸（或曰任何一种新的技术），都要在我们的事务中引进一种新尺度"①。现代信息技术特别是互联网的出现，作为一种媒介，消除了人际组合时的时间差异和空间差异，创造了新的工作与生活的方式，我们需要新的信息社会科学知识去认识与解决信息技术发展带来的新问题。如今，媒介的心理和社会后果已成为中小学信息社会学课程内容的基本要素。

中小学信息社会学课程的理论基础和价值分析

---

① 马歇尔·麦克卢汉. 理解媒介——论人的延伸 [M]. 何道宽，译. 北京：商务印书馆，2000：33.

第五章 中小学信息社会学课程的 KPRC 开发模式

　　中小学信息社会学课程开发是以中小学信息技术课程改革为契机，试图丰富现有课程开发理论与实践以满足社会发展的要求。其开发目的是以更加富有人文精神的课程内容促进学生信息素养的全面提升，在增进学生学业成就的同时，帮助学生形成参与信息社会建议的情感与意识，培养数字公民。其开发过程是在一定的教育哲学、课程、学习理念的指导下，应用合理的设计方法与组织步骤，达到特定的课程目标与组织规划特定的学习经验。

　　当前的中小学信息技术课程是由原来的计算机课程发展而来的，它过分强调信息技术、技能的学习，强烈的技术取向有其历史必然。随着社会信息化、教育信息化的不断深化与发展，中小学信息技术课程也随之变化，在经历了计算机课程、信息技术课程等阶段之后，信息社会学内容不断丰富，同时，其向信息科学回归的趋势也初露端倪。这表明信息科学与人文精神同样是信息技术课程的重要属性，换句话说，基于 STS 综合理念的信息课程建构是一个重要的发展趋势。本书正是基于这样一种理解来讨论信息社会学课程的开发。无论中小学信息社会学课程的理念如何先进，目标如何科学，都必须通过课程设计将其融入信息技术课程中去。本章在论述一般课程开发模式的基础上，提出中小学信息社会学课程的 KPRC 开发模式。

一、中小学信息社会学课程开发模式

从各个国家近年来信息社会学课程的实践来看，越来越多的课程开发模式不断被尝试，使信息社会学课程的内涵变得极其丰富，人们从不同视角对信息社会学课程进行不同的设计，这些课程开发模式都带着某些信息社会学课程的基本属性和特征，但这些开发模式之间有着较大的差异和纷繁复杂的关系。要在中小学信息技术课程中把握对于信息社会学课程方面的开发，必须要对这些差异和复杂关系进行梳理。

（一）信息社会学课程开发模式之间的差异性分析

在前面的国际比较研究中，我们看到英国、美国、日本、印度等国家的信息社会学课程的开发模式各具特色，各有所长。前面已做具体分析，这里从理论层面进行阐释。

1. 课程开发者的价值取向不同

由于课程开发者对世界、社会以及人的发展的认识不同，其在课程开发过程中也有不同的哲学、社会学、心理学理念，因而在课程开发中的价值取向自然也有所区别。美国、英国的行业组织开发的信息社会学课程联系信息社会问题，并以主题的方式呈现出来，这本身就综合地体现了杜威的经验主义的"经验课程"以及新传统主义和社会改造主义的"核心知识课程"。它们都以现代社会的要求为基础，让学生通过解决信息社会问题的过程来整合知识，强调"学生参与""协作管理"以及"民主决策"，这样学生将自己与外部世界不断进行整合，形成适应在信息社会中生活的基本能力。日本中小学的"信息"课程、印度的计算机科学课程中都明确体现信息社会学的内容，这也是从系统视角出发，考虑到信息技术与社会及科学之间的关系，考虑到当今信息社会问题不能依靠一门学科解决，其实质也是 STS 理念的体现。

以不同理论为支撑的信息社会学课程开发模式呈现出复杂性、多元性的特点，一方面使得信息社会学课程更灵活多变，另一方面也使人们对其认识变得更复杂。

2. 课程内容的重点不同

中小学信息社会学课程的内容因其在整个课程体系中的地位以及其价

值取向不同也会有所不同，相应地，其课程内容的侧重点也呈现出差异。

（1）侧重于社会生活内容的经验主义，即将课堂中所学的信息社会学知识转换到现实生活中，去解决一些生活中的信息社会问题，而信息社会生活中的经验又能促进信息社会学知识的学习。

（2）侧重于与学科知识联系的系统观念，即在信息技术课程中，在其内部领域与信息社会学相关的信息科学、信息技术知识之间的联系、整合。

（3）侧重于知情结合的人本主义，即将信息科学知识与情感培养结合起来，寓情于景，达到人格整体发展的目的。

3. 中小学信息社会学课程在课程结构中的呈现方式不同

人们对于信息社会学课程内容在中小学课程结构中应占有何种地位、信息社会学课程应该在各个分科课程的整个课时中占有多少比例的认识是有所不同的，大体来说，基本有如下几类认识。

（1）在中小学信息技术课程中不专门设置信息社会学课程单元。基本维持原有以信息处理为线索的课程组织，但根据需要，在单元教学中适时地联系信息社会学的目标和内容。例如，在英国的 ICT 课程中，在八年级"网络发布"的主题单元，将关于网络发布的责任与义务的内容融合在此单元中，作为教学目标之一。

（2）在中小学信息技术课程中有专门的信息社会学课程单元内容。即在中小学信息技术课程中设计单独的课时或单元来对信息社会学的内容进行教学，有明确的主题、教学目标与内容。如前面提到印度理工学院孟买分校在小学三年级计算机课程中有一个主题单元"计算机与你的健康"，该单元的主要目标是引导学生通过做瑜伽动作来了解如何保持使用计算机的正确姿势，了解在使用计算机过程中的一些安全常识。

（3）独立于信息技术课程之外，作为分科课程的补充。这种课程设计考虑到信息社会学的课程综合性，在道德教育课程、公民教育课程中都有涉及，而且不能简单地将这些内容归入单独的学科。以社会问题为中心开展主题单元的教学，基本都属于此类。如前面提及的美国常识媒体开发的"核心课程"既可以被教师用于课堂教学，又可以为学生家长所利用，以共同促进学生的学习。

（4）独立开设信息社会学课程。即对信息社会学课程进行系统设计，通过多维目标与有效的课程组织，单独开设课程进行教学。如日本信息伦理教育指导方法研讨委员会开发的"信息伦理课程"，通过"和自己密切相关的问题""和他人密切相关的问题""和社会密切相关的问题"三个维度以及"信息社会的伦理""理解和遵守法律""安全的智慧""信息安全""构筑公共网络社会"五个领域的设计，以使高中生达到《高中学习指导要领（信息篇）》中的"在信息社会指导正确行为的观念、态度"目标。

（二）中小学信息社会学课程开发的归类分析

以上我们对中小学信息社会学课程开发模式的差异性进行了探讨，不同的差异性问题分别从不同层面反映事物的特质，但对于中小学信息课程开发，需要依据一定的准则或规范将其置于相应的逻辑范畴之中。

台湾学者黄政杰认为，学校课程的统整基本从知识的统整、学生经验的统整和社会的统整或社会关联三个层面上展开。[①] 知识的统整即打破学科之间的孤立与隔离，从对知识统整的角度进行综合；学生经验的统整即知识建构过程与学生的个体经验结合；社会的统整或社会关联即在认识和解决社会问题的学习过程中，使学生形成积极参与社会的态度与能力。

从课程领域的视角，黄政杰将学校综合课程开发基本概括到这三个方面。受其启示，可将中小学信息社会学课程的课程开发归为以下三个方面。

1. 知识本位

在信息技术学科的界限之内，将其他学科知识在教学中联系起来。这些联系基本有三种表现形式：事实性相关（factual correlation）——对拥有相同或相近事实或背景的学科的联系；价值性相关（normative correlation）——对反映共同社会道德价值的学科的联系；描述性相关（descriptive correlation）——对拥有共同概括性结论的学科的联系。如我国初中思想品德课程与信息技术课程中都有关于知识产权的内容，即为事实性相关；英国公民教育课程中关于公民的网络责任义务与信息技术课程中负责任地使用技术即为价值性相关；初中思想品德课程中关于网

---

① 黄政杰 . 课程设计［M］. 台北：东华书局，1991：299-300.

瘾防治的内容与信息技术课程中的网络知识的联系，即可以看作描述性相关。这种开发模式强调知识对学生发展的价值，注重对知识结构的调整和重组。

2. 社会本位

不一定以信息技术学科为界限，课程以社会生活领域或社会问题为中心。这种基于社会问题的设计常可看作是"核心课程"。这种课程又可分为生活领域核心和社会问题核心两种。生活领域即以人们的信息活动为基础，围绕具体的生活问题，如计算机与健康、网络交往等问题组织课程内容，以使学生形成适应社会生活的能力和意识；社会问题以信息社会问题为基础，围绕使人感到困惑的、有争议的问题如信息安全、黑客、信息污染等来组织课程内容，使学生了解其实质及其解决方式，进而形成批判和改造社会的意识与能力。这种课程强调社会发展需求与课程发展的一致性。

3. 学生本位

不一定以信息技术学科为界限，通常以活动课程（activity curriculum）的方式表现出来，常以活动作为课程组织方式，将与活动主题相关的知识有机地组织在一起，从而促进学生个体实践经验的形成与丰富，进而充分发展学生的个性。

以上三种分类方式只是为了研究的方便，并不是用类别将其课程开发模式割裂开，各种课程开发模式与此分类也不是完全对应的关系，如以社会问题为基础的"核心课程"也可以是学生本位的课程开发模式。

（三）中小学信息技术课程中信息社会学课程开发的基本模式

之所以在中小学信息技术课程中考虑信息社会学内容，其理由主要有两个方面：一方面，当前中小学信息技术课程存在着较为严重的技术取向，重学生的技能训练，忽视了信息科学教育与人文精神的培养，信息社会学课程正是要弥补这样一种课程文化的缺失；另一方面，信息技术作为一门新兴学科，与各个领域的联系密切，具有极为鲜明的综合性特点。信息科学是信息技术的基础，二者又同信息社会密切联系，基于对三者之间的联系，以 STS 综合理念来考量信息技术课程的内容构成是一种合理的架构。因此，本书的信息社会学课程是在信息技术课程的学科界限之内来思考信息社会学课程开发的基本模式。

在信息技术课程中对于信息社会学课程的开发当然也要基于知识本位、学生本位和社会本位三个基点，当然，它们与课程模式并不是一一对应的关系，一种开发模式可以体现出多种课程价值观，也可以有多种组织方式。我们需要一种逻辑清晰且具有识别度的分类方式，才会使信息社会学的课程设计更为明确。如前所述，我们按照一种 STS 综合课程的思想来看待信息技术课程，即信息科学、信息技术和信息社会是通过有机整合的方式来实现人文与科学的统一。基于以上分析，我们从综合的角度，按照信息社会学课程与信息科学、信息技术联系的紧密程度，以及从知识、社会、学生等不同角度来区分信息社会学课程开发的方法。信息社会学课程作为中小学信息技术课程的组成内容，主要有相关课程、核心课程和活动课程等三种基本开发模式，分别体现知识本位、社会本位和学生本位三个层面的取向，如表 5-1 所示。

表 5-1　中小学信息社会学课程不同取向与开发模式的对应关系

不同取向	课程开发模式
知识本位取向	相关课程
社会本位取向	核心课程
学生本位取向	活动课程

1. 相关课程

即依据课程内容的相关性将其他学科的信息社会学内容整合到信息技术学科中的课程开发模式。课程内容的相关性是这种课程开发模式的立足点和出发点。其价值在于将相互孤立的课程内容进行整合，使其中的知识与技能形成一个丰富、有着严密逻辑的特定结构，学生通过学习这种综合的课程内容，使教学的关联性与协调性得到加强，有助于学生全面文化素养的形成与提高，同时也弥补了分科造成的价值缺陷。

（1）形式。课程内容的相关性主要表现在价值相关与逻辑相关。价值相关是指不具有逻辑关联的课程内容在某一具体教育问题上都体现出其固有价值，如在讨论"网络黑客"问题时涉及经济、法律、心理等领域的知识，这些知识不存在逻辑上的关联，但在解决这一问题时都有其独特价值，从而具有相关性。逻辑相关主要指课程内容的上位与下位、抽象与具体、形式与本质、从属与交叉等逻辑关系，如在教"图片处理"的内容时，关于知识产权的知识即为逻辑相关。逻辑相关程度高的课程内容的教育价值也高，反之亦然。

（2）原则。需要遵循的主要原则有以下几个。①集中：课程内容应当是集中的，应使学生不要同时学习太多课程。②相关：在保留信息技术课程原有属性的同时，使之与信息社会学课程的概念关联起来。③迁移：使信息技术课程所提供的技能成为另一课程领域的工具。④系统解决问题：能够使学生形成系统观念，运用不同课程的知识与技能从多种角度思考、解决同一个问题。

（3）方法。根据以上原则，主要采用三种方法。①学科外相关：即信息社会学课程内容并不与信息技术或信息科学等信息技术课程自身的领域相关，而与其他学科相关，如初中思想品德课程中有针对法律教育的内容与信息法律的相关。②学科内相关：即信息社会学课程知识与信息技术或信息科学知识相关，如在讲授信息处理部分中"照片的加工处理"时，注意融合个人信息保护与知识产权等相关内容。③学生相关：前两种方式都是从教育者角度开发相关课程，学生相关是指从学生的现实需要和个性特征来考虑，并要求学生也是课程开发的主体之一，在与学生的对话、协作过程中共同开发相关课程。

2. 核心课程

核心课程是在美国 20 世纪 30 年代进步主义教育的背景下出现的，之后人们开始反思进步主义教育存在的问题，开始从关注学生转向关注社会，认为学生学习当以现实中的社会问题为基础与核心，掌握与现实社会相关的知识和技能。人们对于核心课程的概念理解不同。塔巴（Taba）给出了核心课程的六种含义[①]：包括若干有逻辑组织的学科或知识领域，其中每一门学科或每一个知识领域均以独立的形式存在；包括若干有逻辑组织的学科或知识领域，其中部分或全部学科和知识领域存在相关；包括

---

① Taba, H. Curriculum development: theory and practice [M]. New York: Harcourt, Brace & World, Inc., 1962: 407–409.

广泛的问题、工作单元或相关的主题，它们之间保持一致性，可以作为学科或知识领域的基本内容，并以特别的主题或单元的方式组织教学；包括若干同一或融合的学科或知识领域，通常以某一学科或知识领域作为核心；包括预先规划的广泛问题，即经过选择的学习经验，这些经验建立在心理或社会需求和问题以及学生兴趣的基础之上；包括广泛的工作单元或活动单元，由教师共同计划，但不作为正式的学校课程形态。蔡斯（Zais）从课程设计角度概括了六种核心课程的含义，即以单独学科为核心、以相关性为核心、以融合性为核心、以活动（经验）为核心、以生活领域为核心和以社会问题为核心。①

　　这里所指的核心课程是指在信息技术学科中，以信息社会中与信息技术发展相关的现实社会问题为核心进行课程开发的模式。核心课程的价值在于它能加强学校与社会现实的联系，有助于培养符合社会现实要求的公民，有助于学生学会学习，并形成认识和解决现实问题的能力。核心课程以学生生活与社会问题为核心，能促进学生社会化程度的提高；核心课程能使学生在认识和解决社会生活中现实问题的过程中，获得进行自我生活的知识、观念和能力，既为社会发展做贡献，又丰富个体生活、自主认识和解决问题。

　　（1）形式。核心课程主要包括生活领域核心和社会问题核心两种表现形式。生活领域核心课程以学生在信息社会中的信息活动问题为基础，如计算机与健康、个人信息保护、网络礼仪与交往、网络欺侮等。根据这些核心问题组织开发的课程能促进学生生活能力和对现实社会的适应能力。社会问题核心是以现实信息社会中突出且特殊的现实问题作为课程开发的核心，即将信息社会生活各个层面上困扰人们的关键性的且有争议的问题作为核心，如信息污染、信息泛滥、隐私保护、黑客问题等。这样的课程能使学生正确认识现实社会，形成正确的社会价值观与意识形态，进而达到改造社会的目的。同时这种课程还能培养学生的批判性思维和社会责任意识。

　　（2）原则。在开发核心课程的过程中，需要遵循的主要原则有以下

---

① Zais，R. S. Curriculum：principles and foundations ［M］. New York：Harper Collins Publishers，1976：423.

几个：①联系学生实际生活；②联系现实社会问题；③要有清晰的逻辑主线或价值原则，对于核心问题内容的选择与组织也要遵循一定的逻辑原则。

（3）方法。根据以上原则，主要采取两种方法。①预设方式：即预先设定课程开发的核心问题，这样易于系统、完整地设计课程。②生成方式：即教师与学生共同协商，确定要解决的问题与开展的活动。这样体现了课程开发的民主性，能满足学生需要，激发学生的主动性。

3. 活动课程

即以学生处理信息的各种活动为课程组织方式，旨在让学生在处理信息的实践活动中获得丰富的经验和切身的体验。这种模式强调学生参与信息处理的实践活动方式。

活动课程的价值在于它尊重学生的个性发展需要和倡导学生的主体性发展，它有助于使隐性课程价值得以明晰，有助于学生的个性发展和生活能力的提高。这种课程开发模式能够拓展学生的知识体系，通过学生活动的方式，丰富他们的感性认识，培养他们的思维能力，以及包括社交能力、组织管理能力、公民能力等的社会化能力与其他一些非智力因素。

（1）形式。活动课程主要包括"经验获得性课程、体验性课程、交往性课程、操作性课程和反思与批判性课程"[1]。经验获得性课程是通过对学生活动内容和形式的设计，使学生获得关于世界及其现实生活的丰富的感性认识的课程；体验性课程是将学生对活动过程的感受作为立足点，注重个性发展的课程；交往性课程是以学生各种形式的交往为主要内容和形式的课程；操作性课程是通过活动情境、任务和方式的设定，使学生形成熟练、精确的操作技能的一种课程；反思与批判性课程是旨在养成学生反思与批判的意识和能力的课程。这些课程形式并不是非此即彼，而是能有机地组成各种形式的课程。

（2）原则。在开发活动课程的过程中，需要遵循的主要原则有以下几个：①活动是主要的学习活动方式；②以学生的现实经验为出发点；③以体验、经历为主要过程；④以现实生活能力的提高为主要目的。

（3）方法。开发活动课程需要制定课程实施纲要和实施指导规划，

---

[1] 有宝华. 综合课程论 [M]. 上海：上海教育出版社，2002：252.

课程实施纲要是规划和指导学习活动的总括性文本，包括实施目的、实施内容、实施步骤、指导方法、实施考核和结果评价等要素。师生在此基础上形成课程实施指导规划或方案。通过这些内容要回答以下问题：①活动是否符合目的？学生是否理解这些目的？②活动内容是否科学（包括难易程度、知识准确性）？③活动方式是否恰当（包括激发兴趣、环节合理、以学生为主）？④结果评价如何证明是否达成了目标？

二、中小学信息社会学课程的 KPRC 开发模式

尽管泰勒提出的课程开发的目标模式受到众多批判，但它明确了课程开发要解决的基本问题，即课程目标、课程内容、课程组织和课程评价。无论什么样的课程开发模式，都不能将这些要素置之度外，在中小学信息技术课程的框架内探讨信息社会学课程开发的模式必须要基于这些课程要素。

本书基于泰勒目标模式的开发原理，受劳顿的情境模式重视文化环境的启发，结合中小学信息技术学科的特质，提出了一种基于课程要素的信息社会学课程开发模式——KPRC 模式。其基本表达如下。K 指 Knowledge，代表信息社会学知识，信息社会学学科的知识体系是信息社会学课程开发的来源之一。P 指 Processing，代表信息处理过程，是信息技术学科的方法特质与过程原则，信息处理能力即是信息素养的表达，具备信息素养也是社会的要求。R 指 Relationship，代表社会关系，信息社会学课程的最终目标是加快学生的社会化进程，那么学生的社会关系与角色是信息社会学课程考虑的要素之一。以学生个体为视角，审视个体的信息社会活动，结合个体在信息时代经常遇到的信息活动问题，本着培养学生成为"数字公民"的目的，我们以学生个体——自我为起点，然后以自我与外部的关系，即自我、自我与他人/他物、自我与社会三个层面的关系来考虑，组成内容的基本架构之一。C 指 Cultures，代表文化，信息社会学课程是发生在具有一定文化特质的社会中的，传统文化、民族文化的传承也是信息社会学课程开发的需求。KPRC 课程开发模式如图 5-1 所示。

按照 KPRC 的组织架构，将概念、原理、方法综合考虑，再按照学生的不同发展阶段，我们就可以对信息社会学课程目标体系进行细化设计，

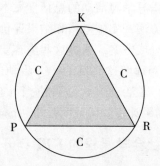

图 5-1　信息社会学课程内容组织的 KPRC 架构

并以此形成课程目标的微观标准，同时作为信息社会学课程评价指标体系的起点。

（一）信息社会学知识

泰勒课程原理中，课程开发的来源之一便是学科，那么信息社会课程的知识来源便是信息社会学。本书的目的不是单独开发一门信息社会学学科课程，而是在信息技术课程的框架之内，按照一定的原则将信息社会学知识课程化。基于此，我们对于知识有如下的观点。

一般来说，知识是指"通过直接经验、间接经验、人际沟通，明确地意识到自然与社会的现象与事物、人及其集体的结构与活动"[1]。关于如何看待知识的观点是纷繁复杂的，本书借鉴认知心理学家提示的课程两支柱构想，融合实用主义与结构主义的知识观，主张标准性学习与活动主义学习的均衡，以期求得学生知识与价值、情感的均衡发展。

实用主义知识观强调经验的行为侧面的观点，杜威的实验主义把知识视为实践行为的一种方式，要学习自身周围世界与环境中有意义的东西，不能停留于所谓自明的真理之上，还必须将以往的经验概括化。要重视主体与环境相互作用的能动经验，发展"反省性思维"，提高解决问题的能力。结构主义知识观的代表人物布鲁纳认为知识是人们为了赋予经验中的诸规则以意义与结构而构成的模型。"知识结构"是使经验简约化，使经

---

① 钟启泉，李雁冰. 课程设计基础 [M]. 济南：山东教育出版社，2000：20.

验相互关联起来所发现的构成概念；是赋予散乱的观察结果以条理性所构想的概念。"知识的结构应当成为教育的重点。"① 显然，信息社会学课程开发也是赋予这些信息社会学知识以适合于信息技术课程的结构。

另外，信息社会学知识还必须要从知识社会学的知识观视角来分析其作为知识的属性。"知识社会学是研究人类一般认识活动及知识同社会存在之间关系的社会学领域。所谓社会存在是指社会生活过程中所形成的物质的社会关系的总体，它构成产生社会意识的基础。"② 其代表人物谢勒联系社会形态列数了知识的三种形态，即 "劳动的知识——实证科学，教养的知识——形而上学，进而形而上学是为救济的知识——宗教服务的"③。信息社会学课程开发的目标即为培养信息社会的数字公民，从这个意义上讲，它必定包含教养的知识。

前面的文献综述部分已经从结构知识和教养知识两个方面具体分析了信息社会学的知识内容，那么，是否要按照其知识内容框架来确定中小学信息技术课程中的信息社会学课程内容框架呢？在中小学信息技术课程的框架中整合信息社会学课程，必须要从信息流通来切入，按照信息技术课程的逻辑线索进行设计。从信息论角度，按照信息社会的信息生产流程，信息伦理与信息法律则可称为信息政策，即信息流通的规则；信息安全应该是确保信宿能安全、可靠地接收信息；社会信息系统可以理解为信道的统称。信息伦理、信息法律、信息安全体现的都是社会信息系统的控制功能，如图5-2所示。

因此，中小学信息社会学课程知识领域至少要包括信息安全、信息伦理、信息法律、社会信息系统四个方面。信息安全即保证信息的完整性、秘密性、可用性和可控性，使学生具有信息安全意识，并具备安全使用信息的能力。信息伦理是调整人与人之间以及个人与社会之间信息关系的原则规范以及学生的心理意识与行为活动。信息法律总体上是一个社会最低信息道德准则的表达，是对极端不道德信息行为的预防和惩处。社会信息系统即社会传递交流处理系统，是将信息从信息源传递给有关用户的职能

---

① 钟启泉. 现代课程论 [M]. 上海：上海教育出版社，1989：133.
② 钟启泉，李雁冰. 课程设计基础 [M]. 济南：山东教育出版社，2000：20.
③ 稻富荣次郎. 教育人名词典 [M]. 东京：理想社，1962：277.

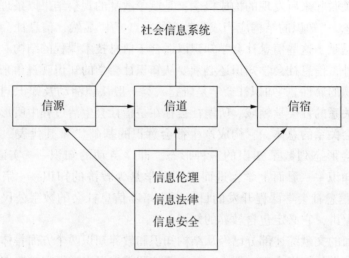

图 5-2　信息社会学知识领域与信息流程对比

系统。另外，信息科技发展史是关于信息科技发展的历史。通过信息科技发展史可以让学生了解历史，理解信息社会的形成过程与基本特征，认识信息科学与信息技术对社会的经济、文化、社会组织、日常生活的影响，对传统技术文化的了解也应是其中的一个重要方面。因此，信息社会学内容的架构可以包括五个方面的内容，如图 5-3 所示。

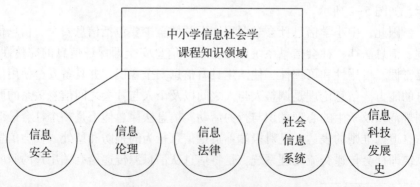

图 5-3　中小学信息社会学知识领域

（二）信息处理过程

信息技术课程的独特性就在于它是为了解决某一问题而进行信息处理的过程，在这个过程中理解信息科学，并能利用管理和处理信息所采用的各种技术，同时注意相应的社会责任与权利，积极地参与到信息社会的建设中。从前面的国际比较研究部分我们可以清楚地看到，无论哪种信息社会学课程内容都是围绕着信息处理这条线索展开的。我国普通高中信息技术课程的总目标是提升学生的信息素养，学生的信息素养表现为："对信息的获取、加工、管理、表达与交流的能力；对信息及信息活动的过程、方法、结果进行评价的能力；发展观点、交流思想、开展合作并解决学习和生活中实际问题的能力；遵守相关的伦理道德与法律法规，形成与信息社会相适应的价值观和责任感。"[1]

1992 年，多伊尔（Doyle）在《信息素养全美论坛的终结报告》中也对信息素养进行了定义："一个具有信息素养的人，他能够：认识到精确的和完整的信息是做出合理决策的基础；确定一个对信息的需求；形成基于信息需求的问题；确定潜在的信息源；确定成功的检索方案；从包括基于计算机的和其他的信息源中获取信息；评价信息；组织信息用于实际应用；将新信息与原有的知识体系进行融合；在批判性思考和问题解决的过程中使用信息。"[2] 1989 年美国图书馆学会提出，一个具备信息素养的人能够判断什么时候需要信息，并且懂得如何去获取信息，如何去评价和有效利用所需的信息。信息素养成为衡量人发展的重要指标。

通过实践与研究，迈克·艾森伯格（Mike Eisenberg）和鲍勃·伯科威茨（Bob Berkowitz）发现成功的信息问题解决过程包括六个阶段，我们称其为 Big6。它是不同年龄段的人如何解决信息问题的模式，每个阶段中均包括两个附属阶段。

1. 任务定义

定义信息问题；确定所需信息。

---

① 中华人民共和国教育部. 普通高中技术课程标准（实验）［M］. 北京：人民教育出版社，2003：12.

② 论信息素养概念及其培养维度与评价标准［OE/BL］.［2013-12-09］. http://www.etr.com.cn/2010/0114/448. html.

2. 信息获取策略

明确所有可能的资源；选择最适合的资源。

3. 信息定位及获取

定位资源（智力的、物质的）；在资源中发现信息。

4. 信息的利用

使用（阅读、倾听、观看、触摸）；提取相关信息。

5. 综合

利用各种资源进行组织；表达信息。

6. 评估

判断信息产品的有效性；判断信息处理过程的效率。[①]

Big6 不仅是一个过程，还是一套基本的、关键的生存技能，这些技能可以在学校、个人生活、工作领域中应用。

王吉庆在其著作《信息素养论》中最早阐释了信息素养，将信息素养阐释为："在信息社会中获得信息、利用信息、开发信息方面的修养与能力。它包括了信息意识与情感、信息伦理道德、信息常识以及信息能力多个方面，是一种综合性的、社会共同的评价。"[②] 李克东提出了信息素养的三个基本特点：信息技术的应用技能、对信息内容的批判与理解能力、能够运用信息并具有融入信息社会的态度和能力。

综上所述，我们看到无论怎么定义信息素养或在信息技术课程中通过何种方式培养学生的信息素养，其核心本质都是信息处理过程，而相关的科学与社会问题都是随之而来的。因此，信息社会学课程的开发要以信息处理过程为主线，即在信息获取、加工、处理、评价、表达与交流过程中进行信息社会学内容的融合。

（三）社会关系

中小学信息社会学课程的另外一个来源是要从学生发展的角度来考虑，其重要目的便是促进学生的社会化进程。学生的社会化，即个体成为

---

① The big6 skills ［OE/BL］.［2013-12-09］. http：//big6. com/pages/about/big6-skills-overview. php.

② 王吉庆. 信息素养论［M］.上海：上海科技教育出版社，2002：12.

"自己"、成为"社会成员"的过程。在信息社会，使个体发展成为适应信息社会的数字公民就是社会性发展的过程。

瑞斯（Rice）认为社会性发展强调社会化过程、道德发展、与同伴和家庭成员的关系，还涉及婚姻、为人父母、工作、职业角色、就业等。[①]林崇德认为社会性是指人的社会存在所获得的一切特征，符合社会规范的典型行为方式。[②] 社会性是指个体与社会系统相互作用以及在这个作用过程中对社会事物的认识和适应过程及其结果，主要包括：（1）个体与社会的相互作用主要指人际关系（如个体与父母、朋友、同学、教师以及其他重要的人的关系），这既是社会性的内容，也是社会性发展的背景；（2）社会性在过程层面体现为社会认知过程（如社会信息加工的流程、社会学习的步骤）和人际互动过程（如自我觉知、亲子沟通、榜样模仿）；（3）这些过程的结果包括与社会认知有关的知识（如权威概念、性别图式、游戏规则等）、特质（如人格、自我概念）、情感（如成就动机、社交焦虑、孤独、主观幸福感）、行为（如亲社会行为与反社会行为），这些既是社会认知和人际互动的结果也是条件。[③]

综上所述，我们发现无论怎么定义社会性发展，或从什么角度去看待社会性发展，它都是由人的信息社会活动所引起的，人从出生就在与他人的互动下形成了各种社会关系，关于社会发展的背景、认知过程及相关知识都是以人的社会关系作为基础的。

课程本身就是社会性的一部分，在中小学信息技术课程开发中，要使课程更丰富地呈现有利于个体在信息社会中发展的状态，必须体现社会性发展的以下几个方面。

1. 阶段性

学生的社会性发展是有阶段性的，这是由学生的认知发展的阶段性决定的。学生有认知能力才有可能发展其社会认知的能力，不管将认知理解为社会信息加工过程（如前面所述的道奇的社会信息加工模式），还是将其视为个体的社会知识结构和认知结构影响这个过程（如前面所述的塞

① Rice F P. Human development: a life-span approach. [M]. Upper Saddle River: Prentice Hall, 1995: 6.
② 林崇德. 发展心理学 [M]. 杭州：浙江教育出版社，2002：4.
③ 俞国良，辛自强. 社会性发展心理学 [M]. 合肥：安徽教育出版社，2004：2.

尔曼的观点采择理论、道德认知发展理论)，这个过程都是主客体交互作用的过程，都有阶段性发展的特征。信息社会学课程开发要体现学生社会认知发展阶段的规律性，如前面提到的社会认知发展理论等。

2. 多样性

个体的社会经验不同，对课程提供的知识内容也会有不同的建构。个体社会性发展的内容、路线、模式、机制和结果都不是单一的，在强调整体性的同时，课程内容要尽量注意个体的多样性。另外，多样性还体现为在个体发展的任何年龄阶段，个体都具有较高的可塑性，发展不是单向的、不可逆的。信息社会学课程是在有限的课程框架内为学生尽可能多地提供丰富的社会认知知识与发展的机会。

3. 社会关系

没有正常的社会文化背景，社会性的发展是很困难的。个体在成长的过程中会建立不同的人际关系，如父母与子女、朋友、同事、工作等关系，还有一些偶发的人际关系。人际关系本身就是社会性的重要表现。另外，个体还可能同他物建立关系。虚拟的网络信息活动一方面扩大了学生的交往范围，同时也影响着学生的真实交往。虚拟环境很可能会扭曲青少年的人格，使学生沉醉于幻想之中，形成孤僻的性格特征。因此，强调人与人之间的合作、人与人的社会关系必然是信息社会学课程的重要方面。

个体的社会关系从自我扩展到自我与他人、自我与他物，信息社会学课程要按照这样的一种逻辑线索来思考如何设置社会认知知识，以促进学生的社会性发展。

当然，个体的社会性发展一定会受到遗传和环境的影响，信息社会学课程开发只是从学校课程的角度出发，为学生提供社会学习的课程资源。

(四) 文化

曼海姆强调："知识的集体性质，知识与不同社会集团和社会环境具有紧密联系；所有知识和思想在某种程度上都不可避免地是某个社会结构或历史过程的产物。"① 法国社会学家涂尔干也认为认识的范型具有社会文化的根源，认识活动具有社会制约性。这也是本书的课程开发模式中将

---

① 顾明远. 教育大辞典第 6 卷 [M]. 上海：上海教育出版社，1992：478.

三个课程要素放在文化这个背景中的原因。中小学信息社会学课程开发关注文化，这至少有两个方面的意涵：一方面是传承传统文化；另一方面是尊重多元文化，学会国家间的尊重与理解。两者都是信息社会学课程需要关注的。

在信息社会，文化的传承是非线性的。特别是目前处于转型期，即由工业社会向信息社会的过渡时期，阶层流动、文化交流过程中占主体的是青少年，青年的创新文化中混杂着同辈文化、亚文化，会形成文化的断裂现象。这自然会形成代际冲突，进而影响社会的稳定和秩序。传承优秀的传统文化应该成为信息社会学课程的使命之一。

那么，什么是传统文化呢？不同学者对此也有不同的理解。徐仪明将传统文化定义为："中国文化或中国传统文化，代表了中华民族的特点，反映了中国氏族社会晚期、奴隶社会、封建社会三个历史阶段的政治和经济状况，是具有各种知识价值的精神成果的总和。它包括了古代哲学、宗教、科技思想、文学、艺术、思维方式、习俗等，并形成一个具有内在联系的有机整体。"[1] "传统文化所蕴含的、代代相传的思维方式、价值观念、行为准则，一方面具有强烈的历史性、遗传性，另一方面又具有鲜活的现实性、变异性，它无时无刻不在影响、制约着今天的中国人，为我们开创新文化提供历史的根据和现实的基础。"[2] 庄严在《何谓传统文化》中认为传统文化是指"古人创造的可供今人继承的文化成果"[3]，强调文化是可供今人继承的，即能继承的古人的文化才可构成传统文化，不能继承的文化是昙花一现的，特定时期的文化，如果没有继承的意义和价值，就不能成为传统文化。总之，我们可以将传统文化理解为我们中华民族的生活方式与价值观念。

在中小学信息技术课程开发过程中，传统文化的传承要体现以下几个特质。

1. 传统科技哲学思想

传统的科技哲学思想发展到现在，是历史与现实交融的结果，它们带

① 徐仪明. 中国文化论纲 [M]. 郑州：河南大学出版社，1992：6.
② 张岱年，方克立. 中国文化概论 [M]. 北京：北京师范大学出版社，1997：9-10.
③ 庄严. 何谓传统文化 [J]. 兰州学刊，1997（2）：25.

着每个时代的新思想，渗透了不同时代的不同理解。信息技术本身就是技术发展的新形态，这些优秀的新旧交融的科技哲学思想在当今信息时代的新社会环境下依然适用，需要在课程开发中有所体现。

2. 伦理性

传统的民族伦理观念、标准是传统文化得以延续的力量和原因。在信息时代，中华民族的传统伦理越来越显示出其全球普适的价值，如"己所不欲，勿施于人"已经成为全球公认的黄金伦理法则。这些传统的伦理是在法律强制之外的，无形却有稳定的力量，在课程开发中要予以考虑。

3. 广泛的社会性

传统文化既不是贤哲的观点，也不是少数人的思想倾向，它反映和代表着一个民族、社会的整体意识和总倾向。① 这些传统文化的社会性体现在对中国人行为的支配上，它是一种心理习惯、思维定式。信息时代，外来文化与传统文化交汇，或衍生新文化，或消失旧文化，传统文化的传承也不是文化种族主义。信息社会学课程需要以此为根基，体现传统文化的变化、包容、吸收的特点，以保持传统文化的活力。

信息社会学课程开发的文化意涵的另一个方面就是多元文化教育。信息技术课程突破时空的限制，尤其是网络活动为学生打开了通向世界的途径，为学生了解和理解世界的丰富性、多样性和差异性带来可能，学生会与不同文化背景的人群交往，所以要学会国家间的尊重与理解，要具有对全球知识的理解及觉醒。

全球文化多元，而且各有其价值，文化认同不应仅是对本民族文化的认同，以及对本土文化的自尊与理解的过程，它应超越自身文化，宽容地看待世界各国的民族文化，重视多样文化的理解、诠释和互相尊重，从跨文化的理解中开阔视野，产生多元的问题解决方式。

在中小学信息技术课程开发过程中，多元文化的思想体现在以下几方面。

1. 批判性

邓肯认为多元文化教育课程开发的理念包括："a. 使学生知道族群差

① 谭光广. 文化学辞典［M］. 北京：中央民族学院出版社，1988：339.

异、自己文化的历史及独特性；b. 使学生能够理解多元文化的意蕴，分辨刻板印象、客观地审视自己的文化；c. 使学生接受多元文化的社会及每一种文化的独特性；d. 使学生能够在多元社会中很好地生存与健康发展，树立正面的自我形象及对自己的信心。"① 让学生能正确地看待自身文化与不同文化，批判性地求同存异，这些都是多元文化课程的特质。

2. 公正性

中小学信息社会学课程追求社会公平与公正，一些重要的信息社会问题，都直接在课程中表达，学生对这些问题的看法、意见都是学习经验的一部分。如"数字鸿沟"问题的目标是培养学生的社会行动意识，在他们对议题进行省思并开始行动以寻求社会公正的同时，自身已然成为多元文化课程的一种资源。

3. 开放性

以开放的姿态包容不同文化，放下偏见与歧视，重视对不同文化及其多样性的理解，鼓励积极参与多元文化的对话以进行问题的探究和解决，求同存异，和而不同。

4. 尊重

在信息社会学课程开发中，要民主地、客观地普遍尊重人权，尊重人类，尊重地球，具有全球共同体的责任。尊重是互相理解的基础，只有尊重才是理解的开始。

---

① 邓志伟. 多元文化课程开发［M］. 合肥：安徽教育出版社，2008：61-62.

第六章　KPRC 开发模式下的中小学信息社会学课程目标与内容

　　中小学信息社会学课程开发的 KPRC 模式，是以信息社会的现实需求、学生发展的需要以及信息技术课程自身发展为根本前提，将前面所述的哲学、社会学、心理学基础综合运用到具体的课程与教学中去。K（Knowledge）强调将信息社会学知识转化为中小学课程知识；P（Processing）强调中小学信息社会学课程要体现出信息技术学科的本质，在信息处理的过程中形成信息素养；R（Relationship）强调协调学生自身在信息社会中形成的与传统有所区别的新型信息活动联系，并以此为线索组织课程；C（Cultures）强调在全球化的背景下，学生在继承传统文化的同时，具备多元文化视野。在进行目标定位与分析数字公民的基本内涵的基础上，本书认为数字公民是统领 KPRC 开发模式的"普遍性"目标，如何将此宏观目标分解成为中小学信息技术课程中的中观、微观目标？如何将数字公民的内容构成落实在中小学信息技术课程中，根据其结构来形成相应内容并进行有效、科学的组织？本章主要回答以上问题。

一、KPRC 开发模式下的中小学信息社会学课程目标

　　KPRC 开发模式下中小学信息社会学课程目标的确定以课程的知识、社会和学生三个来源为依据，其层级设置是从宏观到微观的过程，不同层次的

目标之间是层层相连的，宏观的课程目标通常会超越学科的界限，往往是普遍性的教育目的，为教育教学活动指出一般的方向。中观目标在宏观目标之下，界定宏观目标的范围，提出要点；微观目标则是对中观目标进行理性的技术性分解，使之与课程开发、教学设计、评价等方面关联起来。

（一）中小学信息社会学课程目标定位

1. 中小学信息社会学课程目标价值取向

KPRC 开发模式实际上是对社会、学生、学科的发展状况与需求进行分析，并在此基础上最终形成课程目标，这个过程需要整合三个维度的分析结果，但人们在认识和构设课程目标的过程中，往往重视一个而忽略其他，由此形成了社会本位、学生本位、知识本位的价值取向。显然，我们在 KPRC 开发模式下设计课程目标时，要尽量整合所有的价值取向，而不仅仅是反映其中之一，这样才能充分反映社会和学生的发展需要、学科发展和知识学习的需要。

中小学信息社会学课程知识本位目标以实现信息社会学知识的统整作为课程开发与实施的出发点。通过与信息技术学科知识的重组与整合来使学生在学习信息技术课程时形成一个系统完整的学科知识体系，并运用知识去认识和解决问题。在前面的开发模式中提到的相关课程即属此类，它融合了信息社会学知识，加强了技术与社会之间的联系，使原来信息技术课程变得丰富、综合。

中小学信息社会学课程的社会本位目标以社会课程具有改良社会、促进社会发展的功能作为课程开发与实施的基础，强调课程有助于学生更多地关注生活和社会，增强学生与现实生活和现实社会的联系与互动，并以此发展学生的批判意识，培养学生参与和改造社会的能力，从而推动社会发展。相应地，核心课程往往以信息社会中的各种问题为核心，从生活领域和社会现象两个层面设计和开发课程，此种开发模式即为社会本位价值取向的体现，这种模式具有极强的现实性与针对性，能够引起学生广泛的学习和探究兴趣。

中小学信息社会学课程的学生本位目标将满足学生自身发展的现实需要和促进个性发展作为课程开发与实施的落脚点。注重学生个性的发展、经验的增长、兴趣的满足、特长的强化以及主体意识和主体探究能力的形成与发展，并以此使学生获得愉悦的学习体验，形成对现实世界的认识。活动课程注重学生的经验获得，激发学生兴趣，培养探究能力，使知识与经验相结合，这正体现了学生本位的价值取向。

综上所述，中小学信息社会学课程的 KPRC 开发模式下，课程目标的不同价值取向赋予课程开发不同的形式，并通过这些不同形式体现出相应的价值。价值取向是课程目标的基础，课程目标是价值取向的反映。

2. 中小学信息社会学课程目标——数字公民的养成

中小学信息社会学课程的终极目的是加速学生的社会化进程，促进学生的社会性发展，使之在与社会互动中能更好地参与到社会的活动中。"现代教育的核心就是主体性教育，就是把受教育者看成是主宰自己的人，即把他们培养成相信自己、拥有自己的权利并能尽自己社会义务的主人"①，即公民的培养。1994 年，克林顿政府的《2000 年目标：美国教育法》明确提出制定全国性的中小学公民教育标准，对学生进行公民知识、公民技能和公民品格三个方面的政治参与能力的教育。法国学校公民教育的目标为培养公民正确的思想态度、培养公民端正的行为品格、培养公民的爱国情操与国际和平思想。德国学校公民教育的目标在于培养学生乐意接受、认识和理解自由民主社会的基本秩序与价值。日本的公民教育主要是 "加深学生理解他们的国家与历史，掌握公民所需要的广阔的基础知识，为塑造民主与和平的国家培养基本公民品质"②。英国公民教育课程的目标是培养学生了解英国政府是如何管理国家的，理解公民的责任与权利，其重点是政治知识及素养的培养。③

人类进入信息时代，当代信息社会生活需要个体利用信息技术，掌握相应技能参与到社会生活中来；而中小学信息技术课程的目标正是培养学生的信息素养。由此，无论从社会需求、学习者需要还是学科发展来说，公民培养都是基本的教育目的，因而信息社会中数字公民的培养便是信息技术课程乃至信息技术教育的目标。数字公民一般指个体使用信息技术参

---

① 成有信. 现代教育论集［M］. 北京：人民教育出版社，2002：9.

② 檀传宝. 公民教育引论［M］. 北京：人民教育出版社，2011：41.

③ 英国教育部. Citizenship Programmes of study for Key Stages 3-4［OE/BL］.［2013-12-09］. http：//www. education. gov. uk/schools/teachingandlearning/curriculum/secondary/b00199157/ citizenship/ks3/programme.

与到社会、政治以及政府的活动中①。一位可以称作数字公民的人，必须有广泛的知识与技能，并能通过计算机、手机或联网设备接入互联网，能与私人或公共组织进行交流，这些因素使数字公民与那些文盲以及没有互联网接入的人们区别开来。一位数字公民经常广泛使用信息技术、创建博客、使用社交网络并参与到新闻网站的活动中等。

数字公民同时具有权利与责任。一位合格的数字公民能体验到数字世界带来的利益，如同一个国家的公民，他们将被赋予权利并在数字活动中使用合适的语言、判断自己的行为是否是法律允许范围内的和符合道德的，同时为自己的行为承担社会责任。

（1）社会转型与数字公民。

英国学者德里克·希特发现公民身份的产生实际是由社会转型促成的，如表6-1所示。

表6-1 公民身份的产生②

封建主义	资本主义	公民身份
个人服从	个人创造	个人权利
等级社会	阶级之间可流动	公民平等
地方分裂的经济形态	市场可自由进入	国家认同

从上表中我们可以看到，从自然经济向市场经济转型的过程中，需要自由、平等、民主等人格特征，民主与法治是现代社会的必然要求，民主社会和与之相适应的社会主体从"臣民"转向公民，此即现代社会个体的身份。

同样，在工业社会向信息社会转型时，信息同物质、能量一样成为社会生产力要素，人的独立性、民主与法制、权利与责任都通过信息活动来体现，具备信息技术能力的数字化公民才能参与到信息社会的建设中。因此，数字公民的培养是社会转型的要求。

① K. Mossberger, Caroline J. Tolbert, and Ramona S. McNeal. Digital citizenship：the internet, society and participation ［OE/BL］. ［2013－12－09］. http：//zh. scribd. com/doc/13853600/Digital－Citizenship－the－Internetsociety－and－Participation－By－Karen－Mossberger－Caroline－J－Tolbert－and－Ramona－S－McNeal, 23 Nov. 2011.

② Derek Heater. What is citizenship? ［M］. London：Polity Press, 1999：7-8.

（2）现代化与数字公民。

运用先进的现代制度、管理方式或技术工艺时，需要人自身从心理、思想、态度和行为上都做好现代化的准备，否则会导致制度的畸形，这就是"英格尔斯效应"。英格尔斯认为："人的现代化是国家现代化必不可少的因素，它不是现代化过程的副产品，而是现代化制度与经济赖以长期发展并取得成功的先决条件。"① 数字公民培养即人的现代化过程，制度现代化需要人的现代化，数字公民培养无疑是最为关键的能动力量。

（3）教育与数字公民。

人的现代化即教育的现代化，教育现代化促进教育民主化，形成平等、自由、独立、责任等数字公民的情感态度与行为能力才能使教育现代化，进而推进教育民主化的进程。数字公民的培养正是其核心任务。

《国家中长期教育改革和发展规划纲要（2010—2020 年）》中明确提出要加强公民意识的培育。在信息时代，公民意识的培育就是数字公民的培养。因此，数字公民的培养即是中小学信息社会学课程的终极目标。

（4）学生发展与数字公民。

信息社会，数字公民是学生"全人"发展的需要。互联网时代显现出越来越多的后现代特征，学生个体的个性发展有了新的空间，个体间的年龄阶段性差异、个性差异存有更多的可能性，作为虚拟与现实世界中的"数字人"，数字公民正是对学生的人格完善的全面培养。

中小学信息社会课程目标是数字公民的培养。课程要达到的预期结果，是数字公民养成的出发点与归宿，是数字公民养成的总体规划，并指导、调节、控制整个课程学习过程，决定课程内容的确定、方法的选择和效果的检测评估，保证课程开发的方向。

（二）中小学信息社会学课程目标设计的基本原则

1. 严谨性原则

严谨性即逻辑严密，内容体系完整。这是确定课程目标的一般性原则，也是确定中小学信息社会学课程目标的基本原则。在设计信息社会学课程目标的过程中，应当首先明确特定的逻辑主线，并据此制定严密的课程目标。

① 英格尔斯. 人的现代化 [M]. 殷陆君，编译. 成都：四川人民出版社，1985：8.

2. 综合性原则

从 STS 综合的视角来看信息技术学科，信息技术教育不仅要使学生掌握信息科学领域的研究成果、方法以及信息科学技术的概念与知识体系，而且还要使学生学会认识信息科学技术的社会价值和社会功能以及伦理意义，学会在个人生活和社会生活中正确有效地运用信息科学与技术。

3. 连续性原则

中小学信息社会学课程目标应保持不同学段课程目标的连贯性，低年级的课程目标应是高年级课程目标的基础，反之，高年级课程目标应是低年级课程目标的延续和深化。

4. 层次性原则

中小学信息社会学课程目标设计应包含总体目标和具体目标、宏观要求和微观标准、目标本体和目标说明，目标应是层次分明、结构严谨的完整体系，其设计注重对课程目标的分层表述和衔接统整。

5. 多元性原则

中小学信息社会学课程目标设计应注意课程目标的多元化表征，即实现普遍性目标、行为性目标、生成性目标和表现性目标等课程目标表征形式的有机统一。

（三）课程目标的叙写

1. 叙写原则

我们可以参考美国学者布雷迪（Brady）概括的课程目标叙写原则：严谨性——展示所有课程实践的成果；适切性——符合教育的现实条件和社会状况；准确性——准确地反映课程的固有价值；可行性——符合学生的实际状况和课程资源状况；相容性——与其他课程目标在思想、内容和方式上皆保持一致；清晰性——清晰地表述课程的所有内容；诠释性——对课程目标做必要的解释和说明，以杜绝理解上的偏差。①

2. 构成要素

课程目标的构成要素主要有：表现要素（behavioral component）——课程实践的结果，包括学生获得的实际发展以及发展的外化行为、课程实践的

---

① Brady, L. Curriculum development [M]. 3rd ed. Australia: Prentice Hall, 1990: 90.

其他成果；条件要素（conditions component）——达成既定课程实践结果所需要的各种因素和相关背景；标准要素（standards component）——赋予课程实践活动的具体要求以及度量课程实践结果的尺度或准则。①

3. 叙写方式

对于目标叙写，特别是对学生行为结果的表述，动词的恰当运用显得十分重要。对于表现性目标的叙写，表述不确定行为结果的动词主要有"知道、了解、理解、欣赏、重点把握、相信、深信、愉悦和内化等"；表述确定行为结果的动词主要有"写出、背诵、区分、辨别、解决、绘制、比较、对照等"。能力目标与目标动词的示例如表6-2所示。

表6-2　能力目标与目标动词举例

能　力	能力动词	举　例
1. 智力技能 区别 具体概念 规则 问题解决	区别 确认 说明 形成	区别知识产权与版权 通过分析不同形式的个人信息，确认个人信息的概念 说明盗版软件的危害 通过运用个人信息保护的原则，在类似情境下形成正确的行为
2. 认知策略	应用	应用图片下载的方法，合法地下载图片
3. 陈述资料	陈述	陈述垃圾邮件的基本形式
4. 动作技能	执行	使用信息设备时，执行眼保健操保护眼部健康
5. 态度	选择	选择上网的方式进行学习、购物等活动

对于条件要素的叙写，戴维斯将这些条件概括为：有待儿童把握和解决的问题；把握和解决问题所需要的外部条件，如教学、实验和图书资料条件以及其他课程资源状况；儿童把握和解决问题所需要的基本方法。②

对于标准要素的叙写，包括三项指标：学习者把握和解决问题的数量指标；学习者把握和解决问题的程度指标；学习者把握和解决问题的时间指标。

① Mager, R. F. Preparing instructional objectives [M]. Rev 2nd ed. 3 Belmont, California：Pitman Learning, 1984：21.
② Davis, L. K. Objectives in curriculum design [M]. London：McGraw-Hall, 1976：128-129.

（四）中小学信息社会学课程基本目标

中小学信息社会学课程的普遍性目标，即总目标是培养数字公民。中小学信息社会学课程目标的基本构成包括信息伦理、信息法律、信息安全、社会信息系统和信息科技发展史五个方面，目标描述如图6-1所示。

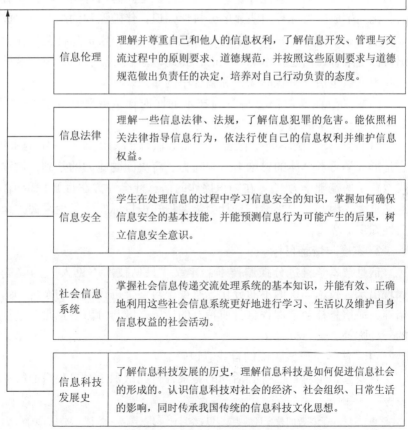

总目标为培养数字公民。
学生通过信息社会学课程的学习，在信息的获取、加工、管理、表达与交流过程中掌握信息社会学基本知识与基本技能，对信息社会有广泛而深刻的理解和批判能力，了解自己的信息权利与信息责任，能符合道德、安全、合法地利用信息技术有效与他人进行交流与合作，并积极参与信息社会的建设。

信息伦理	理解并尊重自己和他人的信息权利，了解信息开发、管理与交流过程中的原则要求、道德规范，并按照这些原则要求与道德规范做出负责任的决定，培养对自己行动负责的态度。
信息法律	理解一些信息法律、法规，了解信息犯罪的危害。能依照相关法律指导信息行为，依法行使自己的信息权利并维护信息权益。
信息安全	学生在处理信息的过程中学习信息安全的知识，掌握如何确保信息安全的基本技能，并能预测信息行为可能产生的后果，树立信息安全意识。
社会信息系统	掌握社会信息传递交流处理系统的基本知识，并能有效、正确地利用这些社会信息系统更好地进行学习、生活以及维护自身信息权益的社会活动。
信息科技发展史	了解信息科技发展的历史，理解信息科技是如何促进信息社会的形成的。认识信息科技对社会的经济、社会组织、日常生活的影响，同时传承我国传统的信息科技文化思想。

图6-1　中小学信息社会学课程目标构成

以上是中小学信息社会学课程目标的分层目标。我们从知识与方法、态度与情感、行为与习惯、能力四个维度对信息社会学课程的基本目标加以表征。

1. 知识与方法目标

（1）学生在学习信息科学与技术的同时，掌握信息社会学知识，从而形成信息社会中一般的公民知识。

信息社会学知识是人们在认识与探究信息社会过程中发现、总结、归纳和概括并逐渐积累的描述或阐释客观事物及现象的知识，即人类文化成果中的间接经验，当间接经验经过课程开发转为课程内容的时候，便成为我们一般意义上的学科性知识。学科性知识主要有两种形式：伴随着课程的分化而生成的科际界限明显的分科性知识；伴随课程的综合而生成的科际界限模糊或消解了科际界限的整合性知识。中小学信息社会学课程的知识目标是融合在信息技术课程中的，因此，应该是整合性知识。这种整合性知识一般包括已整合的知识和整合中的知识。

（2）学生在学习信息科学与技术的同时，掌握和运用方法性知识，并形成自己完整的信息学方法知识体系。

"内容性知识是不断变化着的，而方法性的知识具有一定的永恒性，它是形成学习者个体的思维力、判断力、解决问题能力的基础，被称为现代教育学的基础学力。"[1] 在知识爆炸的信息社会，方法性知识价值深远，意义重大。因此，中小学信息社会学课程知识目标要使学生掌握并运用方法性知识。

2. 态度与情感目标

信息技术学科过分强调技术，导致"只见技术不见人"的弊端不断表现出来，技术知识的不断分化，忽视了对学生进行信息的态度和情感的培养，而信息社会学课程自身所特有的情感态度与价值观正是对这种缺陷的一种弥补，其目标如下。

（1）使学生形成正确的自我意识。

自我意识是对自己身心活动的觉察，自我认识是对自我身心特征的认

---

[1] 熊梅. 试析综合课程的教育目的观及其培养目标 [J]. 课程·教材·教法，2000（9）：57-62.

识，自我体验是个体对自我认识引发的情感体验，自我监控是对自我思想行为的控制。了解自我、热爱自我并把握自我是展示个体生命意义和价值的前提，信息社会学课程在此方面具有价值并负有责任。因此，信息社会学课程应使学生了解自身在信息社会中的真实自我，了解在信息文化中自我的传统特质，形成个体对信息生活行为的积极乐观的态度，并获得良好的信息生活体验；形成对自己的信息行为负责的自律意识；形成主动探究的意识与自信心。

（2）使学生形成公民意识、负责任地使用信息科学与技术，尊重并与他人合作，积极参与信息社会建设的态度。

作为信息社会的成员，学生的社会化是教育的最基本任务。中小学信息社会学课程在提高学生社会化程度方面有重要的特定价值。因此，信息社会学课程应使学生形成关注信息社会问题的意识或态度；形成公民意识和社会责任感；形成集体观念以及合作意识；尊重他人的特质，形成理解并尊重多元文化的态度。

3. 行为与习惯目标

负责任的行为与良好的习惯是任何课程都具有的价值，信息社会学课程在这方面也不例外地有着自己的重要作用。

（1）使学生遵守信息社会的基本规范，履行自己的社会义务并行使权利。

信息社会学课程通过提供与信息社会紧密相关的内容，使学生能够自觉遵守信息社会公德、集体的规范与信息社会法律法规，负责任、符合道德、合法地使用信息技术；主动参与家庭、社区以及社会的信息活动，并行使自己的权利。

（2）使学生养成良好的生活习惯。

信息社会学课程为学生创设认识信息生活和参加信息活动的课程机会，使学生能够养成良好的使用信息技术的生活习惯，提高生活效率；力所能及地独立生活；安全正确地使用信息设备等。

4. 能力目标

信息社会学课程关注信息社会和学生生活中的现实问题，注重学生在认识和解决这些现实问题过程中形成的多方面能力，主要包括自我认识能力、学习能力、思维能力、创造能力、合作能力、交流与沟通能力等。

（1）培养和发展学生客观的自我认识能力。

自我认识能力是指个体对自己的个性、观念和行为进行总结、分析和评价并得出结论的能力，主要包括自我总结和分析能力、自我判断和评价能力、自我归因、自我控制和调节等能力。

（2）使学生学会如何获取信息的能力。

使学生善于获取信息，运用各种方法评价信息的有效性、可靠性，通过分析整合，形成个体知识体系建构、认知结构优化、认知策略有效的能力等。

（3）使学生学会思考，批判性地分析信息、解决问题的能力。

人的思维活动包括多种形式，如线性思维与发散性思维、认同性思维与批判性思维、顺向与逆向思维、逻辑思维与形象思维等。信息社会学课程针对社会现实问题，实现学生思维方式的整合，达到培养学生思考的目标。

（4）培养和发展学生的交流合作能力。

学生的交流与沟通活动在内容上主要包括精神或情感的、物质的、技术信息的、学生与社会成员之间、学生与各种信息媒体的交流沟通，信息技术使这种交流变得更加丰富与快捷，这是其他学科无法比拟的优势，从而能使学生发展组织与参与的意识和能力。

信息社会学课程强调学生的社会性，信息社会需要社会成员具有主动合作的意识与能力，这一般包括组织能力与参与能力。信息社会学课程应引导学生符合道德地、负责任地与他人进行信息活动，在信息活动中充分发挥自己的组织与参与能力。

（5）培养和发展学生的创造能力。

在信息社会学课程的学习中，学生形成和发展的创造意识与能力主要是指他们对零散杂乱信息的整合，并在此基础上创造新的成果的意识与能力。中小学信息社会学课程同样能提供课程机会以培养学生的创造能力。

此外，还需要对上述目标进行必要说明：首先，这些目标不是中小学信息社会学课程所独有的；其次，要重视整合目标，不应忽视或放弃信息科学与技术的价值，它们之间是互补的；最后，不同形态的信息社会学课程对上述目标的体现各有侧重。

二、KPRC 开发模式下的中小学信息社会学课程内容的选择与组织

施良方认为，课程内容是指"各门学科中特定的事实、观点、原理和问题，以及处理它们的方式"①。泰勒认为课程内容是对课程目标的反映，而劳顿主张课程目标应依据课程内容、儿童的本质和社会境况等要素来确定。本书以 KPRC 开发模式为基础来对课程内容进行选择。

（一）中小学信息社会学课程内容选择的价值取向

不同教育哲学观、价值观和学生观会有不同的课程内容选择取向，这些不同的价值取向会通过具体的课程内容反映出来。与目标的价值取向一样，我们在 KPRC 开发模式下的课程内容选择，要尽量整合不同的价值取向，才能使中小学信息社会学课程体现出综合的特质。

1. 文化价值取向

课程内容的选择体现文化的固有价值，应通过对这些内在价值的分析来筛选确定课程的内容。中小学信息社会学课程的 KPRC 开发模式特别强调对我国信息科技传统文化的传承，同时引导学生学会国家间的尊重与理解，即对多元文化的尊重。当然，对传统文化的继承不是全盘继承，而是选择那些对现代社会依然有意义的"共同的文化"。对多元文化，首先以尊重的态度去理解其存在的合理性，同时要以批判性的态度去审视其与自身的差异，正所谓和而不同。KPRC 开发模式的文化价值取向即体现于此。

2. 实用主义价值取向

实用主义价值取向从学生的实际生活出发，寻求课程内容的现实问题解决和实际用途，实用主义价值取向主张课程内容的选择不是按照特定的学科逻辑，而是以让学生形成对社会角色的基本责任和能力为出发点。中小学信息社会学课程的 KPRC 开发模式也强调课程要与信息社会中与学生密切联系的信息社会问题相联系，为使学生意识到数字公民的权利与责任、培养学生解决信息社会中特定实际问题的能力而发挥其功能。

---

① 施良方. 课程理论——课程的基础、原理和问题［M］. 北京：教育科学出版社，1996：106.

3. 结构主义价值取向

课程内容之间的价值和逻辑关联使课程内容形成了相对严谨的结构，以此为课程内容选择的依据是结构主义的价值取向。

施瓦布（Schwab）认为课程内容的结构分为以下三种。[①]

①组织结构：使不同学科的内容区分开来，并为学科间内容的重组或统整提供依据。

②实质结构或概念结构：对概念、概念的诠释和概念之间的关系进行界定和规范。

③语法结构或对话方式：可为各个学科内容的资料收集和解释以及相关主张与假设的验证提供不同方式。

当然，中小学信息社会学课程开发必须要依据一个逻辑顺序来考虑课程内容的组织和统整，中小学信息社会学课程的 KPRC 开发模式中的课程内容顺序以信息处理的路径作为逻辑线索组成学科体系，分为信息伦理、信息法律、信息安全、社会信息系统和信息科技发展史五个领域。同时课程内容的顺序还体现在按照学生心理发展特征来选择和组织课程内容上。此外，知识本身也存在着学习的顺序。中小学信息社会学课程的 KPRC 开发模式通过寻求课程内容的结构关系来实现对课程内容要素的有效组织，以达到为学生提供学习活动的依据，及为达成目标提供课程机会的目的。

4. 以学生为中心的价值取向

课程内容选择以学生的兴趣、需要和成长中的现实问题为基础，发挥学生主动性，有助于学生独立自主地在主体行为中生成并获得经验，这是以学生为中心的价值取向。迪尔登认为课程内容的选择要考虑这样几个问题：是否充分考虑到儿童的现实兴趣？是否有助于儿童对自我兴趣的认识和持续发展？是否有助于儿童的自主选择并发表意见？是否有助于儿童变得更加独立自主，即自愿和能够做出思考和行动？[②]

中小学信息社会学课程的 KPRC 开发模式本身就强调培养学生的社会参与能力，特别是对数字公民的能力培养主要是通过学生的主体性活动获

① Schwab, J, J. The concept of structure of a discipline. [J]. The Educational Record, 1978 (43): 197-205.
② Dearden, R. F. The philosophy of primary education [M]. London: Routledge& Kegan Paul, 1968: 40.

得，使学生获得亲身的学习体验，形成对世界真实的认识。

（二）数字公民与信息社会学课程的内容

课程内容与课程目标的关联性与互动性是不容否认的，即课程目标为课程内容的选择提供了方向性的指导，而课程内容又反过来影响着课程目标的实现。理解课程内容需要充分考虑课程目标的属性与要素。

迈克·里布尔（Mike Ribble）全面地阐释了数字公民的概念，认为数字公民素质包括九个因素：数字接入（Digital Access）；数字商业（Digital Commerce）；数字交流（Digital Communication）；数字素养（Digital Literacy）；数字礼仪（Digital Etiquette）；数字法律（Digital Law）；数字权利与责任（Digital Rights and Responsibility）；数字健康（Digital Health and Wellness）；数字安全（Digital Security）。① 按照信息流程，我们将信息社会学课程的知识领域分为五个领域：信息伦理；信息法律；信息安全；社会信息系统和信息科技发展史。下面，我们分别说明数字公民素质与信息社会学课程的主要内容。

1. 数字公民

（1）数字接入：完全电子化的社会参与活动。

技术为人们提供交流互动的机会，然而，由于社会经济条件、地区差异，并不是每个人都有平等的获得信息设备并接入网络的机会。有些家庭因经济原因没有能力接入互联网、有的农村地区学校不能提供充足的基础设施，这都会使学生或老师因缺少技术的接入而不能参与到数字社会中来，所以需要学校、社区等能为学生提供上网的机会。表6-3显示了中外生机比较。其中的数据说明我国不同地区间经济发展水平差异显著，教育信息化水平极不平衡，因此需要大力提高教育信息化水平，为学生提供接入互联网的平等机会，缩小"数字鸿沟"。

社会中还有一些有特定需要的特殊群体，如残疾人等，他们可能因没有足够的专门为他们设计的、能满足他们特殊需求的上网工具而不能从使用技术中获益。同时，尽管有些学校有能满足技术接入的设备，但是还缺

① Mike Ribble. Digital citizenship in schools［OE/BL］.［2013-12-09］. http：//www.iste.org/docs/excerpts/DIGCI2-excerpt.pdf.

乏足够的资源让学生为未来的工作或学习而充分地、智慧地使用技术。因此，在谈论数字公民时，我们需要意识到数字接入对全体学生的重要性。

表6-3 中外生机比比较表

	美国	英国		日本	中国	广东省广州市	新疆维吾尔自治区	重庆
年份	2005①	2010②	2000③	2010④	2011⑤	2012⑥	2011⑦	2011⑧
生机比	3.8∶1	6.9∶1（小学）3.6∶1（中学）3∶1（特教）	12.6∶1（小学）7.9∶1（初中）3.7∶1（特教）	6.4∶1	13∶1	6∶1	25∶1（农村小学）20∶1（农村初中）15∶1（城镇小学）12∶1（城镇中学）	12∶1

　　数字接入主题：使全体学生能够平等地获得数字接入的机会；为有特殊需要的群体而设计的特殊设备；提供校外容易获得的数字资源。

　　数字接入关键词：数字鸿沟；技术与残疾人；技术接入；技术与少数

① 文部省．教育信息化发展规划［M］．东京：开隆堂出版株式会社，2011：2.
② Harnessing technology school survey：2010［DB/OL］．［2013 - 12 - 09］．http：//www. bee - it. co. uk/Guidance%20Docs/becta%20Files/Official%20Statistics/01e%20BECTA_ htss_ ict_ lead_ teacher_ revised. pdf.
③ 刘向永，董玉琦，满海峰．英国中小学教师信息通信技术教育［J］．外国教育研究，2001（6）：54-58.
④ 文部省．教育信息化发展规划［M］．东京：开隆堂出版株式会社，2011：2.
⑤ 教育信息化工作进展情况［DB/OL］．［2013 - 12 - 09］．http：//www. moe. gov. cn/publicfiles/business/htmlfiles/moe/s7204/201302/148023. html.
⑥ 2012 年中小学电脑生机比要超6∶1［N］．南方都市报，2011-4-29.
⑦ 新疆维吾尔自治区《义务教育学校办学基本标准（试行）》［DB/OL］．［2013 - 12 - 09］．http：//www. ts. cn/news/content/2011-08/17/content_ 6084439. htm.
⑧ 重庆《重庆市义务教育学校办学条件基本标准（试行）》［DB/OL］．［2013 - 12 - 09］．http：//cq. cqnews. net/html/2011-10/26/content_9501351. htm.

民族群体；数字乡镇鸿沟（Digital Dirt Road Divide）。

（2）数字商业：买卖商品的电子化。

对于学校教育者来说，数字商业似乎不应该成为学校数字公民教育的内容，教师们也许会认为教授学生如何成为一个理智、小心的消费者不应该是他们的责任，但网上购物已成为学生生活中的重要组成部分。截至2012 年 12 月，我国网络购物用户规模达到 2.42 亿，网络购物使用率提升至 42.9%。与 2011 年相比，网购用户增长 4807 万人，增长率为24.8%。在网民增速逐步放缓的背景下，网络购物应用依然呈现快速的增长势头①。根据美国网络民意调查公司哈里斯互动（Harris Interactive）的调查结果显示，2009 年，美国 8—24 岁年龄段的人网购消费额达到 2200亿美元。美国皮尤研究中心的报告显示，2010 年 48% 的青少年在网上购买书籍、服装或音乐②。

学习成为一个理智的消费者成为具有良好数字公民素质的一个重要方面。在网上购物时，许多学生不会考虑网上购物的后果，一些学生不只是欠债，有些学生由于不了解如何买或在哪里买东西，常常造成身份盗窃或垃圾邮件泛滥的问题，因此数字商业也是应该需要解决的问题。教师应该帮助学生在数字经济中成为一名具有良好素质的公民。

数字商业主题：通过商业网站、拍卖网站或其他网店在线购物；通过拍卖网站或其他网店销售商品；通过媒体软件（如 iTunes）进行媒体订阅与购买；在线游戏"虚拟商品"的买卖。

数字商业关键词：网购；在线拍卖政策；技术与身份盗窃；技术与信用问题。

（3）数字交流：电子化的信息交换。

手机、社交网站、即时短信已经改变了人们的交流方式。这些交流形式形成了新型的社会结构，支配着人们互动的时间、方式和对象。

数字交流使用户以前所未有的速度随时能与他人交流，电子邮件是数字交流的一种方式，许多销售商都更愿意利用电子邮件而不是电话进行交

---

① 中国互联网络信息中心. 第 31 次《中国互联网络发展状况统计报告》[DB/OL]. [2013-12-09]. http：//www.cnnic.net.cn/gywm/xwzx/rdxw/2012nrd/201301/t20130115_38507.htm.

② Mike Ribble. Digital citizenship in schools [OE/BL]. [2013-12-09]. http：//www.iste.org/docs/excerpts/DIGCI2-excerpt.pdf.

流，因为电子邮件能记录信息。这些信息通常被存储在服务器中，用户甚至都忘记了可以删除这些信息。这就意味着，用户在使用电子邮件时要思考所说的话。其他的交流手段，如即时信息、社交网站等，也是类似的，尽管有些信息已被删除，但还是"活跃"在网络中。而且人们常常对发送的电子邮件、短信、帖子可能被谁看或其意义可能被怎样曲解并没有太多考虑。

这些技术可能带来的积极影响是什么？需要降低哪些潜在的消极影响？使用这些技术手段，应该教给学生留下什么样的"数字足迹"？如何恰当使用这些技术与他人进行交流？这些技术所蕴藏的教育价值是什么？这些问题需要学校管理者、教师、学生家长共同考虑。

数字交流的主题：电子邮件、手机、个人视频交流（QQ 等）、短信、即时信息（QQ 等）、博客、社交网站等。

数字交流的关键词：电子邮件的正确使用；短信问题；手机礼仪；选择技术交流模式。

（4）数字素养：技术与技术应用的教与学的过程。

了解技术如何工作、知道如何正确地使用技术也是技术学习的重要方面之一。尽管大多数人同意此观点，但实际上却常常忽略，很多时候教师更关注技术本身，而忽略了技术应用的恰当与否。技术融入学习变得越来越普遍，但在教学中如何使用这些技术还没有跟上技术发展的步伐。

当技术设备得到基本保障时，教师应鼓励学生开始选择更多创新的方式进行学习。

数字素养主题：数字学习基础——浏览器、搜索引擎、下载引擎和电子邮件；评估在线资源——判断网站内容的准确性，评估网上销售的可靠性，能识别网络钓鱼等；探索发展在线学习模式和远程教育。

数字素养关键词：技术教育；在线教育；学习计算机软件、硬件；理解技术。

（5）数字礼仪：网络行为的电子化规范。

负责任的数字化行为是每个人都可以成为学生学习的榜样。学生观察他人如何使用技术，并假定自己也可以这么使用技术。当前，如何正确使用这些数字设备的规范并不多，而且一旦出现新技术，一些能快速适应的用户总能跟上技术发展的步伐，而那些"落后"的用户常常不能理解那些使用此技术时出现的新的细微规则。

当学生观察到成人不恰当地使用技术的时候，他们假定自己也可以这样做，这将导致不正确的技术使用行为，而更多的新技术不断涌现，必将使情境更加复杂。一个良好的数字公民应能通过他人的反馈来审视他们技术的使用，然后根据反馈来调整自己的个人行为，能考虑在使用技术时给他人带来的影响，能尊重他人并能主动了解有礼有效使用技术的方式。

数字礼仪主题：应用技术时使消极影响最小化；在合适的情境中应用技术；尊重他人，不进行网络欺侮，不说煽风点火的语言等。

数字礼仪关键词：技术礼仪；网络礼仪；可接受使用策略（Acceptable Use Policy）。

（6）数字法律：行为的电子化责任。

新数字技术带来的新问题甚至连技术的创造者都想象不到，如"性短信"（编辑并分享有性暗示的信息，如裸体、半裸体照片等）已经成为美国青少年存在的一个严重问题。如果参与者不满 16 岁，这可能被认为是儿童色情，如果这类信息被手机或其他设备接收，接收者可能会借此敲诈，这类行为可能会永久毁掉一个人的名誉，发送或传播此类照片可能因传播儿童色情而犯法。

互联网使复制、粘贴、下载信息变得极为容易，方便的信息分享是互联网的优点之一，然而，在分享信息时，用户常常不会考虑什么是正确的、什么是错误甚至是非法的。同真实世界一样，数字社会中也总会有一些人不遵守规则，结果就会出现行为不端的数字公民，他们窃取个人信息、侵入服务器、创造并传播新病毒等。在新的相应法律出台之前，如何解决这类问题对数字公民来说非常重要。截至 2011 年上半年，有8%的网民在网上遇到过消费欺诈，该群体网民规模达到 3880 万①。国家知识产权局委托超元实验室和互联网实验室共同承担中国软件盗版率调查，在其2012 年度的报告中显示："按全部安装计算机软件计算，2012 年数量盗版率为 11.8%，与 2011 年基本持平；按应付费软件计算，数量盗版率由

---

① 中国互联网络信息中心. 第 28 次《中国互联网络发展状况统计报告》[OE/BL]. [2013-12-09]. http：//www. cnnic. cn/gywm/xwzx/rdxw/2011nrd/201207/W02011071952 1725234632. pdf.

2011 年的 38%下降至 36%。"①

　　与技术使用相关的法律对于学校来说也是一个问题，尽管这些法律问题可能不会在校内出现，但这些法律问题的影响也需要学生在学校学习中了解。学校管理者需要为师生提供一些资源，以指导他们了解什么是合法的、什么是非法的。

　　数字法律主题：资源分享网站的使用；盗版软件；破坏数字版权加密保护技术；入侵系统或网络；身份盗窃；性短信与违法照片。

　　数字法律关键词：技术版权法律；P2P 软件；软件盗版。

　　（7）数字权利与责任：延伸到数字世界中的对人的要求与自由。

　　作为数字社会的成员意味着每个用户会拥有某种权利，这种权利对于所有成员是平等的。同时数字公民也必须对社会担负一些责任，他们必须在成员都同意的限制内共同生存，这些限制的边界可能是法律法规，也可能是可接受使用策略（Acceptable Use Policy，简称 AUP）。根据数字公民的指导原则，我们可以提供一种手段以形成数字社会的恰当行为，包括Google 在内的公司已经制定基本的数字公民原则，如"无害"原则。作为下一代数字公民的学生，对自己的行为有清楚的理解与认识，是信息社会对成员的要求之一。

　　权利与责任有时很难定义，用户需要理解其对个体可能带来的影响，同时也了解所拥有的权利与责任是基于组织中大多数人利益的考虑。要让学生们理解在数字社会中，只有担负起责任后才能享受权利。

　　权利与责任主题：遵循可接受使用策略，在校内与校外负责任地使用技术；符合伦理地使用在线资源，包括注明出处和询问是否能得到许可；作业与考试中使用技术进行作弊；网络欺侮、威胁和其他不恰当使用技术的报告。

　　权利与责任关键词：理解技术使用原则；在线帮助他人。

　　（8）数字健康：数字技术世界中的生理与心理的健康。

　　学生应该意识到在使用技术时可能产生的生理损害。康奈尔大学人为因素和人体工程学研究小组主任艾伦·赫奇（Alan Hedge）指出："腕管

---

① 2012 年度中国软件盗版率报告在京发布［OE/BL］.［2013-12-09］. http：//www.ce.cn/cysc/tech/07ityj/guonei/201305/22/t20130522_21494256. shtml.

综合征不只是在计算机前工作所能产生的唯一伤害。"眼部紧张和姿态不恰当也是与数字技术使用相关的普遍问题。

技术安全常常只考虑设备的安全,而不关注学生生理的安全。有时放在桌子上的计算机的高度对于年轻用户来说要么太高,要么太矮。即便知道设备可能产生的问题,但学生们也不会放弃使用已给的设备。

数字安全的另一个值得关注的话题是"网瘾"。"网瘾"不只是网络依赖,还可能对学生产生生理损害,这个问题在世界范围内已取得共识。一些专家发现"网瘾"的一些征兆与酒精依赖症比较相似。

数字健康主题:符合人体工程学地使用技术,避免重复性运动伤害;网络上瘾、游戏上瘾或孤僻症。

数字健康关键词:技术上瘾;技术与健康;计算机人体工程学。

(9) 数字安全:保证安全的电子化预防措施。

随着存储的信息越来越多,相应的信息保护策略也就应运而生。在数字时代,学生们至少要学会如何保护自己的数据,如使用防病毒软件、启动防火墙、文件备份等。

安全性错误不只是设备的安全隐患,常常还来自于用户的使用方式,如我们不考虑后果地将计算机密码泄露。个人设备的保护也需要重视对组织设备的保护,如通过及时更新杀毒软件,实时保护组织设备,才能保证组织内部个人设备的安全。

截至2011年上半年,有过账号或密码被盗经历的网民达到1.21亿,占24.9%;遇到过病毒或木马攻击的网民达到2.17亿,比例为44.7%[1]。

总之,数字安全不只是保护设备的安全,它还包括保护自己与他人以免受到外部的伤害。

数字安全主题:硬件网络的安全保护;个人安全:身份盗窃、钓鱼软件、在线活动;保护学校安全:黑客、病毒;保护社区安全:恐怖威胁。

数字安全关键词:技术保护;监视软件、广告软件;数据备份;防火墙;技术灾难保护。

表6-4简要总结了数字公民的组成要素。

---

[1] 中国互联网络信息中心. 第28次《中国互联网络发展状况统计报告》[OE/BL]. [2013-12-09]. http://www.cnnic.cn/gywm/xwzx/rdxw/2011nrd/201207/W020110719521725234632.pdf.

表6-4　数字公民的组成要素

组成要素	关键词	主　题
数字接入	数字鸿沟；技术与残疾人；技术接入；技术与少数民族群体；数字乡镇鸿沟。	使全体学生能够平等地获得数字接入的机会；为有特殊需要的群体而设计的特殊设备；提供校外容易获得的数字资源。
数字商业	网购；在线拍卖政策；技术与身份盗窃；技术与信用问题。	通过商业网站、拍卖网站或其他网店在线购物；通过拍卖网站或其他网店销售商品；通过媒体软件（如 iTunes）进行媒体订阅与购买；在线游戏"虚拟商品"的买卖。
数字交流	电子邮件的正确使用；短信问题；手机礼仪；选择技术交流模式。	电子邮件、手机、个人视频交流（QQ等）、短信、即时信息（QQ等）、博客、社交网站等。
数字素养	技术教育；在线教育；学习计算机软件、硬件；理解技术。	数字学习基础——浏览器、搜索引擎、下载引擎和电子邮件；评估在线资源——判断网站内容的准确性，评估网上销售的可靠性，能识别网络钓鱼等；探索发展在线学习模式和远程教育。
数字礼仪	技术礼仪；网络礼仪；可接受使用策略。	应用技术时使消极影响最小化；在合适的情境中应用技术；尊重他人，不进行网络欺侮，不说煽风点火的语言等。
数字法律	技术版权法律；P2P 软件；软件盗版。	资源分享网站的使用；盗版软件；破坏数字版权加密保护技术；入侵系统或网络；身份盗窃；性短信与违法照片。
数字权利与责任	理解技术使用原则；在线帮助他人。	遵循可接受使用策略，在校内与校外负责任地使用技术；符合伦理地使用在线资源，包括注明出处和询问是否能得到许可；作业与考试中使用技术进行作弊；网络欺侮、威胁和其他不恰当使用技术的报告。

续表

组成要素	关键词	主　题
数字健康	技术上瘾；技术与健康；计算机人体工程学。	符合人体工程学地使用技术，避免重复性运动伤害；网络上瘾、游戏上瘾或孤僻症。
数字安全	技术保护；监视软件、广告软件；数据备份；防火墙；技术灾难保护。	硬件网络的安全保护；个人安全：身份盗窃、钓鱼软件、在线活动；保护学校安全：黑客、病毒；保护社区安全：恐怖威胁。

2. 信息社会学课程内容领域

（1）信息伦理。

①概念。

在中国，伦理一词始见于《礼记·乐记》中的"乐者，通伦理者也"。"伦"的本意指关系、条理。"伦理"具有治玉、条理、道理、治理的意义，引申为规律、法则、行为规则。

伦理即指人们处理相互关系时所遵循的行为准则。① 在西方，ethics（伦理）一词源自希腊文的 ethos 一词，本意是本质、人格，也与风俗、习惯等词相联系。morality 一词源于拉丁文中的 mores，词根 mor 加上 es，表示风俗、习惯，单数 mos 指个人性格、品性。何怀宏认为道德与伦理这两个概念，无论是在中文里，还是在其英文的对应词里，一般并不做严格区分，大多数情况下都是被当作同义词应用的，有微殊而无迥异。②

关于信息伦理，人们在研究中使用了各种不同的术语，如计算机伦理、网络伦理、赛博伦理、信息社会伦理，但信息伦理概念的内涵更广泛，可以包含以上术语。信息伦理就是信息活动中以善恶为标准，依靠人们内心信念和特殊社会手段维系的、调整人与人之间以及个人与社会之间信息关系的原则规范、心理意识和行为活动的总和。③

---

① 魏英敏. 新伦理学教程 [M]. 北京：北京大学出版社，1993：3.

② 何怀宏. 伦理学是什么 [M]. 北京：北京大学出版社，2002：2.

③ 沙勇忠. 信息伦理学 [M]. 北京：北京图书馆出版社，2004：84.

②信息伦理的内容。

我们可以从不同角度来分析信息伦理的内容，本书分析信息伦理的目的是为信息社会学课程的设计寻找依据，因此，我们至少可以以信息活动主体的社会关系为线索来分析信息伦理的内容。

信息伦理行为或伦理规范都是由信息伦理主体所承载、设定或践履的。从伦理主体的活动的社会关系层次来考虑伦理的主要内容，可以分为个人信息伦理和组织信息伦理。

个人信息伦理：在信息社会中，信息成为一种与自我保存和自我发展密切相关的资源，与之相应，信息权利成为信息社会人的一项基本权利①。谈及个人信息伦理，首先要了解个人的信息权利。所谓信息权利，是指人在信息活动中合理地生产、组织、拥有、传播和使用信息的权利，具体包括信息发布权、信息获取权、隐私权、知识产权、信息安全权等②。

组织信息伦理：组织作为一种团体，也是信息活动的主体。唐纳德森认为一个组织就是由追求某一目标的两个或两个以上的人的联合行动所构成的一种社会系统③。组织活动中存在三类基本信息关系，即组织内部的信息关系、组织与组织之间的信息关系以及组织与社会之间的信息关系，每一种关系都需要独特的伦理原则对其加以指导和规范。

组织内部的信息伦理原则有如下几个。

尊重原则：组织在信息活动中要尊重每个人的尊严、价值和信息权利。即认真对待每个人，承认他们合法的和应有的权益，尊重他们的愿望。

同情与合作原则：组织成员在信息活动中要体察他人处境，互相理解、关心和帮助。

组织与组织之间的信息伦理原则有如下几个。

信任原则：组织之间在信息活动中应诚实无妄，信守诺言，遵守契约。信任不仅是对个体的一种道德要求，也是组织发展和经济社会有序、

---

① 汤姆·L. 比切姆. 哲学的伦理学 ［M］. 富克勒，等，译. 北京：中国社会科学出版社，1990：4.

② 沙勇忠. 信息伦理学 ［M］. 北京：北京图书馆出版社，2004：172.

③ 沙勇忠. 信息伦理学 ［M］. 北京：北京图书馆出版社，2004：188.

高效运行的关键性条件。

公平原则：组织之间的信息竞争应建立在公平的基础上。公平原则意味着信息获取应该是正当的，符合一般的市场交易规则，如自由买卖、等价交换等，同时也要符合法律规范。

组织与社会之间的信息伦理原则有如下几个。

责任原则：组织的社会责任可以理解为组织采取措施在保证自身利益的同时保护和改善整个社会的利益[1]。如组织要保证信息产品的可靠性和信息服务质量，组织应对社会依法进行信息公开等。

权利协调原则：是指某一信息活动主体在某保护范围或程度上做出让步，而使另一信息权利主体的权利得到基本满足。权利协调实际上是在组织利益和社会利益之间寻求一种平衡。

（2）信息法律。

法律是一种社会规范，是调整人们社会关系的一种手段。

①概念。

信息法是调整在信息活动中产生的各种社会关系的法律规范的总称，其调整对象是在信息活动中产生的各种社会关系。[2] 信息活动是指人们进行的以信息为中心或目标的一系列活动，包括信息的获取、信息的加工与处理、信息的传播、信息的存储等各类活动。

②信息法的体系。

信息法的体系，通常是指信息法规范的分类组合所构成的一个内在和谐统一的整体。信息法体系就是信息法的结构与分类，即针对一系列内容不同、形式各异的信息法律规范，根据具体调整对象和调整方法不同，揭示和区分不同门类信息法规相互之间的内在联系与自身的逻辑性，进行科学分类。信息法规范数量庞杂、分布广泛，这为其分类带来了困难，本书采用张燕飞、严红在《信息产业概论》中的分类，此分类是以信息生产的流程（信息生产、信息组织、信息传播与信息利用）为依据将信息法分为八个方面。

---

① 戴木才. 管理的伦理法则 [M].南昌：江西人民出版社，2001：34.
② 王志荣. 信息法概论 [M].北京：中国法制出版社，2003：24.

A. 信息基本法。规定信息法的立法宗旨、基本原则、调整范围及对象、信息法律关系等，并对信息活动主体的主体资格、权利义务、法律地位等做出规定。它是整个信息法律体系的基准和灵魂。

B. 信息资源管理及机构组织法。具体包括政府、公益、商用三方面信息资源管理条例，各级各类信息机构组织管理条例、信息资源保护法等。

C. 信息技术法。包括信息技术发展条例、信息技术评估条例、信息技术标准条例、信息技术引进和设备进口标准化管理条例、信息技术引进和设备进口标准化管理条例等。

D. 信息产业法。包括信息设备制造业发展法、信息服务业发展法、信息人员管理条例、信息产业投资法、信息机构财务管理条例等。

E. 信息市场管理法。具体包括信息市场管理法、信息标准法、邮政法、广告法、电信法、出版法、新闻法、技术合同法、反不正当竞争法、信息质量管理条例、信息用户保护法等。

F. 信息安全保密法。具体包括保守国家秘密法、国家信息安全法、档案法、隐私法、科学技术保密条例、科技档案管理条例、信息加密和解密法、计算机信息系统安全保护条例等。

G. 信息产权法。具体包括著作权法、专利法、商标法、统计法、商业秘密保护法、数据库保护法、计算机软件保护条例等。

H. 国际信息合作与交流法。具体包括跨国数据流宣言、各国合理使用太空资源的国际公约、国际信息交流协定、涉外信息交流法、信息出口管理条例、信息产业利用外资办法等。

（3）信息安全。

随着信息技术的快速发展与互联网的惊人扩张，越来越多的人和公司利用信息技术进行交易、通信，这意味着更多的信息系统将会受到攻击和侵入。身份盗窃、伪造银行账户等电子化犯罪已经严重威胁着人们的信息安全，人们在计算机、网络中存储的信息需要保密，计算机网络安全问题越发重要，信息安全的重要性日益突出。①

　　①概念。

　　信息安全指要保护数据的私密性、完整性以及可用性。所有的安全措施最终是为了达到下面的目标：保护数据的私密性（confidentiality）；保持数据的完整性（integrity）；保护数据对合法用户的可用性（availability）。

　　这些目标组成了"私密性、完整性和可用性"的 CIA 三角，如图6-2所示。CIA 三角是所有安全程序的基础。

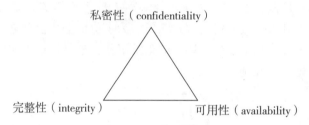

图6-2　CIA 三角②

　　②信息安全的公共知识体系。

　　信息安全的公共知识体系是对信息安全范畴所有相关主题进行提炼整理后得到的标准化的知识体系，包括：安全管理实务；安全体系结构和模型；业务持续性计划；法律、调查和道德；物理安全；操作安全；访问控制系统和方法；密码学；电信、网络和互联网安全；应用开发安全。

　　（4）社会信息系统。

　　系统一般可以被定义为具有共同目标的、相互联系的要素的完整集合，它置身于环境中并与之进行着交换。

　　①概念。

　　社会信息系统，即社会信息传递交流处理系统，是将信息从信息源传递给有关用户的职能系统。③ 无论是国家层面的信息系统，还是一个更小

①　信息安全问题突出［DB/OL］.［2013-12-09］. http：//www. collegerad. com/manage30. shtml.

②　梅柯，布莱特普特. 信息安全原理与实践［M］. 贺民，李波，李鹏飞，等，译. 北京：清华大学出版社，2008：17.

③　符福桓. 信息社会学［M］. 北京：海洋出版社，2000：235.

组织内部的机构，如图书馆等，只要承担着搜集、加工处理与传递信息的职能，都可以称为社会信息系统。

社会信息系统是一种社会化的集成系统，它包含各种各样的信息子系统，如社会数据库资料服务系统、商业网络信息系统、化工信息库系统、各类数值数据库系统、报刊网上服务系统、国家金融信息服务系统、各个公司和单位的信息管理系统等。社会信息系统可以是国家政府，也可以是业务机构等。

信息系统功能的构造模型一般由五部分组成，即信息的输入、存储、处理、输出和控制，如图 6-3 所示。输入信息系统的信息首先进入存储区，经过加工处理后按一定的方式输出。为了保证上述信息输入、信息存储、信息处理、信息输出各个环节的正常工作，还必须由人或机器对各个环节不断实施有效控制。

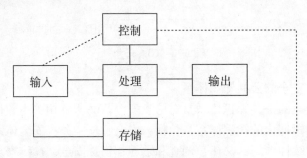

图 6-3　信息系统功能的构造模型

②社会信息系统构成。

社会信息系统是由信息采集、信息传输、信息处理、信息存储、信息显示功能组成的系统。社会信息系统的技术基础是信息技术，它以微电子学为基础，综合运用通信、计算机和控制技术（3C 技术）来组成各种信息系统。当今，社会正在迈进信息社会，通信系统是社会信息系统的基础系统和主要设施，其根本作用在于把社会的生产、分配、交换和消费四个环节有机联系起来，保障和推动国民经济高效发展。因此，讨论社会信息系统要了解通信系统。

通信技术的发展方向可归纳为数字化、综合化、智能化、高速化、个人化和标准化。数字化就是在通信网络中全面使用数字技术；综合化就是把来自各种信息源的业务综合在一个数字通信网中传输加工，为用户提供综合化服务；智能化是在通信网中引进更多智能，随时提供满足用户需要的服务；宽带化即高速化，是指传输和交换语音、图像等信息的速度更快；个人化也叫个人通信，即通信方式"服务到人"，使任何人随时随地可以同任何地方的另一个人通信；标准化，指随着通信网络的演变而不断制定或修订统一网络标准的过程。

（5）信息科技发展史。

①概念。

信息科技发展史即信息科学技术发展的历史。其物质表现形式即信息通信发明，精神表现形式包括一些信息科技思想以及经典著作等。

②主要内容。

信息科技发展共经历了五次重大变革，每次变革都对人类社会的发展起到了极大的推动作用。

第一次是语言的产生和应用。语言的产生是一次根本性的革命，人类能够把大脑中存储和加工的信息通过语言进行交流和传递，由此人类的信息能力有了一次质的飞跃。

第二次是文字的发明和使用。为了长期记录各种活动信息，人类创造出了一些符号代表语言，随后这些符号逐渐演变成了文字。文字使人类信息的存储和传递取得了重大突破，超越了时间和空间的局限。

第三次是印刷术和造纸术的发明和应用。印刷术和造纸术扩大了人类信息传递的速度和范围，进一步增强了信息存储的能力，并初步实现了广泛的信息共享，有力地推动了人类文明的进步。

第四次是电报、电话、广播、电视等电信技术的发明和应用。它进一步突破了时间和空间的限制，使信息传递的手段和效率再次发生了质的飞跃。

第五次是电子计算机和现代通信技术的应用。电子计算机和现代通信技术的有效结合，使信息的存储、处理和传递的能力迅猛提高，使人类的信息活动能力得到空前发展。①

---

① 广东基础教育课程资源研究开发中心信息技术教材编写组．信息技术基础［M］．广州：广东教育出版社，2004：6．

（三）中小学信息社会学课程内容选择原则

中小学信息社会学课程内容的选择充分体现出 K（信息社会学知识)、P（信息处理过程）、R（社会关系）、C（文化）的统整性，以培养数字公民为目标，将课程内容分别依据内在的价值联系、知识的逻辑性或结构性联系、实用价值、学生的社会性发展以及认知特点融合成一个完整有机的内容体系。中小学信息社会学课程内容选择遵循的基本原则如下。

1. 充分体现培养数字公民的课程目标

课程内容与课程目标存在着必然的对应关系，中小学信息社会学课程内容要充分体现培养数字公民的课程目标。成为适应信息社会的社会成员即数字公民，需要以公民的权利与责任为立足点，使学生能够遵循信息社会生存的基本社会道德与规范，具备公民的权利意识，及利用信息技术积极参与社会活动的能力。这也与全人发展的终极教育目的保持一致，人的全面性与和谐性当然也是数字公民的特征。

2. 真正适应学生的社会性发展

信息社会学课程内容要重视学生的社会性发展，这是中小学信息社会学课程最重要的特质。信息社会学课程应适应学生的生活状况以及现实发展需要，还要关注信息社会问题，课程内容应指向学生的未来发展，即为学生的终身学习以及养成适应信息社会的社会成员所具备的公民能力奠定基础。

3. 充分反映信息文化和信息科技发展的新成果

中小学信息社会学课程在内容选择上具有开放性或半开放性的特点，它能够及时反映信息社会文化和信息科技发展新成果，从而提高信息传播和应用的时效性。这一原则在信息技术课程中更为重要，信息技术更新速度迅猛，新信息社会问题也随之不断出现，为避免课程的延后性，信息社会学课程要把握和有效利用社会学课程的灵活、弹性的特点与优势，充分反映信息文化和信息科技发展的最新成果。

4. 遵循多元化的课程内容选择和组织的价值或逻辑主线

中小学信息社会学课程带有综合性的特征，其知识内在的逻辑关联和结构都不是单一的，这说明要以多元化的形态来选择和组织中小学信息社会学课程的内容，不同的信息社会学课程都有其特定的主线。课程内容不同，其课程内容选择和组织的价值或逻辑主线也应该遵循多元化的原则。

（四）中小学信息社会学课程内容的基本组织要素

梳理了数字公民与中小学信息社会学课程的内容之后，我们要按照 KPRC 开发模式课程内容选择的原则来确定课程的基本组织要素，这样才能有效组织课程内容。要在信息社会学课程中实现培养数字公民的目标，就必须按照信息社会学课程的主线将数字公民的相关内容融入进来，以信息社会学知识领域为逻辑线索，即包括信息伦理、信息法律、信息安全、社会信息系统和信息科技发展史，也就是说在这五个领域里融入数字公民的内容，如图 6-4 所示。

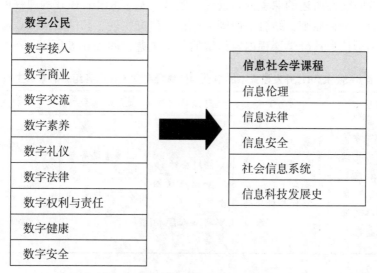

图 6-4 数字公民内容向信息社会学课程内容的转化

麦克尼尔（Mc Neil）认为课程内容组织的基本元素，即学习经验中的基本要项，可以分四类，统称共通的组织元素（common organizing elements）：[1]

---

[1] Mcneil, J. Curriculum［M］. New York：Macmillan, 1996：182-183.

主题和概念（themes and concepts）：很多以学术为主的课程都以概念为主要的组织元素，如知识产权、隐私权等。

通则（generalizations）：各种观察所得的结论，如"信息是用来消除不确定性的东西"。

技能（skills）：各种学习经验的技能，如信息获取、信息处理加工与表达交流等技能。

价值（values）：具有哲学性价值，是人类追求的信念，能指导人的行为，如"己所不欲，勿施于人"的黄金伦理法则。

其中，"通则、技能、价值"都是建立在主题和概念之上的，它们都是通过主题和概念体现出来的，因此，找出课程组织的基本主题，其他元素也就随之显现出来了。

按照前面所述的课程内容选择的领域，基于 KPRC 模式的课程内容价值取向、选择原则，结合前面国际比较的研究发现，归纳出 KPRC 模式下的中小学信息社会学课程内容组织的基本主题，如表 6-5 所示。

表 6-5　KPRC 开发模式下的中小学信息社会学课程内容组织的基本主题

信息伦理	信息安全	信息法律法规	社会信息系统	信息科技发展史
√自我责任 √网络礼仪 √隐私权 √知识产权 √网络欺侮 √社会参与	√个人信息安全 √计算机安全	√隐私权相关法律 √法规公约 √知识产权相关法律 √网络人际相关法律	√信息设备与健康 √合作与交流 √信息系统	√信息通信发明 √信息科技思想 √经典著作

自我责任：帮助学生探索他们的数字生活，强调网络世界与现实世界个体展现出的角色不同，培养良好的对自我心理、生理以及与他人关系的一种负责态度。

网络礼仪：引导学生在与他人交往时遵循全体社会认同的基本规范，即尊重的原则，从而使他们更好地与他人乃至全球范围内的人们进行交流。

隐私权：帮助学生意识到个人信息保护的价值与意识。

　　知识产权：培养学生尊重创造性工作的态度，提高维护自身智力财产的意识。

　　网络欺侮：让学生了解什么是网络欺侮，能在网络欺侮情境下采取有效应对措施。

　　社会参与：学生作为数字公民参与信息社会建设的意识以及社会行动能力。

　　个人信息安全：掌握个人信息保护的技能与方法，更好地保护个人隐私。

　　计算机安全：对网络钓鱼、恶意软件、病毒等计算机安全的风险有足够的应对能力，掌握保障计算机安全的基本技能。

　　隐私权相关法律：意识到国家法律、社会文化对隐私保护的影响，了解相关内容。

　　法规公约：了解一些公约，增加网络道德意识。

　　知识产权相关法律：了解合理使用范围、公共领域、知识共享、集体智慧等与知识产权相关的术语，知道相关法律内容，并能根据法律有效指导自己利用他人的智慧产品。

　　网络人际相关法律：帮助学生了解关于网络诈骗、传谣、不良信息传播、非法入侵计算机系统等内容，熟悉法律内容，指导自己的信息行为。

　　信息设备与健康：培养学生在使用信息设备时能关注自身健康，能有效预防相关疾病。

　　合作与交流：强调学生在网络社区中与他人进行合作与交流。

　　信息系统：使学生掌握如何利用信息系统获取信息，并理解信息系统在社会中运行的机制及其带来的影响等。

　　信息通信发明：使学生了解一些重要的信息通信发明，认识到它们对推动社会创新、对生活方式的影响等。

　　信息科技思想：了解我国古代优秀的传统技术思想，并有效转化以指导现代信息活动。

　　经典著作：阅读我国古代经典的信息科技发展著作，继承传统，指导实践。

（五）KPRC 开发模式下的中小学信息社会学课程内容的组织

课程组织的功能在于把不同的线索和零散的课程要素化零为整。[①] 对课程内容进行有效组织，使之形成一个具有特定逻辑关系和价值关系并具有可操作性的内容体系，是中小学信息社会学课程开发的基本环节。KPRC 开发模式要考虑课程内容自身的知识体系、社会的文化传统、学生的社会关系以及信息技术课程自身的逻辑体系。

1. KPRC 开发模式下的中小学信息社会学课程的横向组织

泰勒（Tyler）认为课程组织分为垂直关系（vertical relationship）和水平关系（horizontal relationship），也称为课程的"纵"和"横"的关系。阿姆斯特朗（Armstrong）认为有以下四种组织方法。[②]

年份顺序——以发生的时间先后顺序来组织课程内容，从过去到现在或者从现在到过去来编排内容，这种方法常常用于文学或历史课中。

主题内容——以不同主题把学习内容分类组织，不同主题内容彼此是并列平衡的关系。

从部分到整体——由浅入深、从简单到复杂地来组织课程内容。

从整体到部分——从整体的概略认识到组成部分的细节来组织课程内容。

布鲁纳（Bruner）把结构比作一般图景、基本关系、基本观念（包括原理和态度），是将事物有意义地联系在一起的方式。[③] KPRC 开发模式下的中小学信息社会学课程以信息流通的基本路径为结构线索之一，其中的概念和程序便是基本的元素，"学生通过学习掌握这种结构，在发现中获得兴奋感有助于养成对学科的兴趣，并产生对自身能力的自信感"。如前面所述，我们将其分为信息伦理、信息法律法规、信息安全、社会信息系统和信息科技发展史五个领域。

---

① 林智中，陈建生，张爽．课程组织［M］．北京：教育科学出版社，2006：2.

② Armstrong，D. G. Developing and documenting the curriculum［M］．Boston：Allyn & Bacon，1989：78-80.

③ Bruner，J. Man：A course of study［M］．Combridge，MA：Educational Services Incorporated，1965：28.

2. KPRC 开发模式下的中小学信息社会学课程的纵向组织

汉纳（Hanna）提出的环境扩展模式的社会课程组织方法以人类活动、社区这两个概念为经纬①，构成一个基本框架。他提出"社区关系"的同心圆模式，即扩展社会前模式，将社区分为家庭、邻居、州、地区、国家和世界六个层次，重视学生由内向外的社会关系。将"人类基本活动"分为保护、生产、创造、交通、通信、教育、娱乐、管理、审美九大类。这种环境扩展模式具有连续、合乎逻辑和综合的特点。

我国古代的《礼记》中提出了一个人社会性发展的过程是"修身、齐家、治国、平天下"，此过程即由内向外的关系扩展。本书借鉴此种扩展模式，并将其简化为自我、自我与他人/他物、自我与社会三个层次，如图 6-5 所示。自我指数字公民在信息时代、在现实世界以及虚拟的网络世界中对自我身份的认同、对自我责任的新内容认知、对自我健康的新发展都有其数字特质，应以此作为社会性发展的起点向外扩展。自我与他人是指网络使自我与他人交流合作的方式与内容都发生了变化，与他人的关系也有所不同；他物指一些虚拟的智力财产，不同于物质世界之实在，因此自我与他物也体现着信息社会信息作为生产资料的特征。再向外扩展即到了个人与社区、国家乃至世界这个社会层面，作为信息社会的成员——数字公民，有其不同于传统的权利与责任。

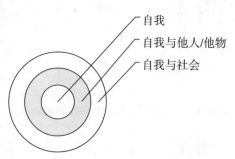

图 6-5　中小学信息社会学课程纵向组织

但是，信息科技发展史领域如按照此扩展模式组织则会逻辑不清，它

---

① Hanna, P. R. Social studies for today [J]. NEA Journal 45, 1956 (1): 36.

与其他四个领域并不是并列的关系，信息科技发展史的课程目标是了解信息科技发展的历史，理解信息科技是如何促进信息社会的形成的，认识信息科技对社会的经济、社会组织、日常生活的影响，同时传承我国传统的信息科技文化思想。因此，我们采取以一种主题为中心的方式组织信息科技发展史领域的内容，这种教育和教学活动的不同中心议题共同指向核心目标，即选取和确定一个主题，并将与该主题相关的内容组织起来，此处的组织并不是依据逻辑关系来展开的。此领域的主题包括信息通信发明；信息科技思想；经典著作三部分。信息通信发明能让学生理解不同的通信发明对人类社会的促进以及通信发展的历程；信息科技思想能让学生了解我国优秀的传统信息科技文化思想，唤起对传统文化的热爱；不同的中外经典著作是人类信息科技发展的优秀经验与认识的积累，是对现代信息社会的信息活动有指导意义的内容。综上所述，KPRC 开发模式下的中小学信息社会学课程内容组织模式有社会关系扩展模式和主题组织模式两种，如图 6-6 所示。

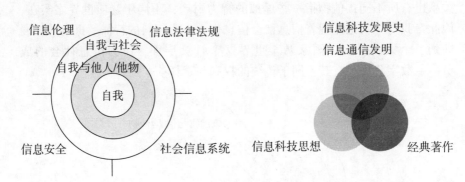

图 6-6　社会关系扩展模式和主题组织模式

这样，通过以上横向四个组成领域（信息伦理、信息法律法规、信息安全、社会信息系统）以及纵向一个领域（信息科技发展史）共同构成了中小学信息社会学课程的基本架构，如图 6-7 所示。

根据前面的论述，我们将具体课程内容的基本主题按照自我、自我与他人/他物、自我与社会三个层次来组织，具体关系如图 6-8 所示。

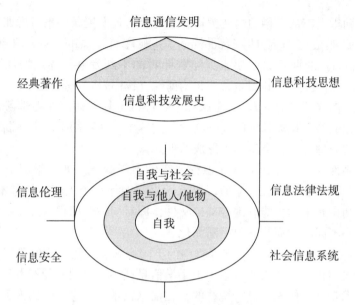

图 6-7　中小学信息社会学课程 KPRC 开发模式的课程组织

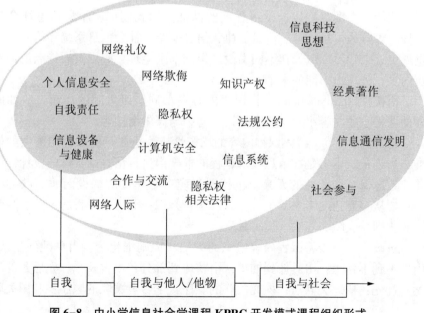

图 6-8　中小学信息社会学课程 KPRC 开发模式课程组织形式

　　泰勒指出应从学科的内在逻辑和学习者心理发展顺序来考虑课程的组织，因此形成了连续性（continuity）、顺序性（sequence）和统整性（integration）的课程组织要素。随着课程的不断发展，逐渐增加了范围（scope）、衔接性（articulation）和均衡性（balance）等要素。

　　连续性（continuity）：对于课程内容进行重复叙述。如在学习信息安全为主题的涉及垃圾邮件的处理的课程内容中，在不同学段，不断重复垃圾邮件的处理方法，直至学生形成习惯。

　　顺序性（sequence）：对于课程内容的不断深化。如在学习"个人信息保护"的过程中，在小学阶段要求学生遵循保护个人信息的基本规则，而到了初中要求学生能管理 cookie 文件，即对同一个课程内容，不同学段学习重心不同，因而使学习不断深化。

　　统整性（integration）：把课程中的不同概念、技能、价值等联系起来使它们之间形成有意义的联系。中小学信息社会学课程的开发本身就是在信息技术学科的框架中进行统整的，在信息技术、信息科学的内容中融合信息社会学的内容，本身就体现了统整性。

　　范围（scope）：指课程内容的宽度和深度。即学生要学习什么（知识、技能、态度等）以及学习程度的高低。如我们把中小学信息社会学课程内容分为信息伦理、信息法律、信息安全、社会信息系统和信息科技发展史五个学习领域。在不同学段，根据学生生理、心理发展特点规定相应内容，体现出不同的水平。

　　衔接性（articulation）：指课程内容在不同层级之间的连续性，如同样的课程主题内容小学与初中衔接、初中与高中衔接等。

　　均衡性（balance）：课程内容的均衡性极为重要，但课程均衡性的标准相当复杂。本书是在信息技术课程的框架内进行信息社会学的设计，因此要考虑保持均衡性的元素，包括课程应有整体性的构设而非零散的拼凑；要从多元角度考虑学生、社会、学科知识；要考虑课程的灵活性与弹性。否则就会喧宾夺主，适得其反。

　　黄政杰进一步将课程内容组织的方法和原则细化为：由单纯到复杂；由熟悉到不熟悉；由具体到抽象；由整体到部分；由古及今；先后条件的学习优先；概念关联法；探究关联的顺序；学习者关联的顺序；利用关联

的顺序①。

按照前面论述的学生社会性发展的心理学基础，特别是其发展阶段性的特点，我们将 KPRC 开发模式下中小学信息社会学课程目标的构成分为四个水平：水平一（1—3 年级）、水平二（4—6 年级）、水平三（7—9 年级）和水平四（10—12 年级）。

水平一（1—3 年级）：学生以自我为中心。其道德水平也着眼于自身的具体结果，还没有发生社会规范的内化。因此自我与他人、与社会的关系还未明显显现，课程目标以在成人指导下，能按照社会规范来进行信息活动为主。

水平二（4—6 年级）：学生开始自我反省。个体已经内化现行社会规则，他们会用习俗推理的方式对人的行为进行道德判断。课程目标开始逐渐增加与他人进行信息活动时需要遵守的规则、技能以及批判性思维。

水平三（7—9 年级）：学生能考虑自我和他人的观点。自我进入社会，扮演社会角色。学生与他人、他物的交流开始增加，学生的自我意识也不断增强，课程目标与内容要扩展与他人、他物的内容与范围，强调目标与内容的广度。

水平四（10—12 年级）：学生不仅能对个别人做观点采择，而且能归纳整合社会上大多数人的观点。道德发展水平以社会契约为价值取向。学生具备一定批判能力，课程目标与内容开始注重深度。

我们根据以上不同水平阶段以及课程内容组织的基本要素，参考美国《CSTA K—12 计算机科学标准（2011）》《国家学生教育技术标准（2007）》《21 世纪学习者标准（2007）》《数字素养与公民课程标准》以及我国小学阶段品德与社会（2011）、品德与生活（2011）和初中阶段思想品德（2011）的课程标准，同时目标连续性、顺序性、统整性、范围、衔接性和均衡性，确定了 KPRC 开发模式下的中小学信息社会学课程内容体系，如表 6-6 至表 6-9 所示。

---

① 黄政杰. 课程设计［M］. 台北：东华书局，1994：295-297.

表6-6　KRPC开发模式下的中小学信息社会学课程内容水平一（1—3年级）

年级	各领域目标与内容描述				
	信息伦理	信息安全	信息法律法规	社会信息系统	信息科技发展史
1—3年级	自我责任：意识到互联网可以用来学习和访问远距离的人或事物。 网络礼仪：清楚、简洁地表达信息，了解一般的网络礼仪，如网络聊天、留言时，不离题、不刷屏、不灌水等，未经允许不使用他人的计算机。 隐私权：知道个人信息包含的内容，不在网上泄露个人信息；能够创建个人信息的网络上用户名；尊重他人隐私。 知识产权：能辨别什么是智力劳动成果；知道如何在自己创建的作品上标明所属，如标明自己的姓名与日期等。 网络戒慎：了解网络与现实一样也有很多不良信息，能负责任地处理一些不良信息。	个人信息安全：做到上网有成人陪同；没有得到家长或老师的允许不在线泄露个人信息。 通信设备安全：知道通信密码的作用（保护隐私，保护技术系统），除了家长外，不向别人泄露密码。	法律法规：了解有些人利用计算机犯罪会受到法律的惩罚。	信息设备与健康：标准地、熟练地使用输出设备；养成良好的使用习惯。 信息合作与交流：了解在线、上网、兼博空间，因特网都是指互联网，识别到互联网是人的交流合作工具；在教师、同学支持下能够与他人进行电子通信交流。 信息系统：理解计算机普及及其日常应用，能掌握信息索引的方法，如按生日排序等。	信息通信发明：举例说明包括互联网在内的通信发明；描述不同发明在信息传递方面的优缺点；解释人们需要信息交流，讨论信息科技发展史上信息传递的事例，如烽火戏诸侯、马拉松比赛的起源等。 经典著作：通过学习《梦溪笔谈》对活字印刷的记录，了解其作者及价值。

KPRC 开发模式下的中小学信息社会学课程目标与内容

表 6—7　KPRC 开发模式下的中小学信息社会学课程内容水平二（4—6 年级）

年级	各领域目标与内容描述				
	信息伦理	信息安全	信息法律法规	社会信息系统	信息科技发展史
4—6 年级	自我责任：意识到互联网给人带来了很多方便，但同时要有数字公民的责任；意识到如果要建立良好的在线自我形象，就要管理好"数字脚印"；自觉浏览与年龄相适应的恰当的、安全的网站；理解"填独"的含义，具备网络消费者自我保护意识。网络礼仪：了解 E-mail 礼仪，能够考虑接收方的身份，写出正确、清楚、简洁、符合礼仪的 E-mail；理解网络交流中尊重他人的原则。知识产权：知道什么是剽窃，能够不剽窃他人作品；知道如何合理使用他人的信息资源，并能按正确格式引用一些文献。	个人信息安全：了解一些网站上需要个人信息的情境，但没得到家长或老师允许就不泄露个人信息。通信设备安全：了解什么是垃圾邮件，能负责任、安全地管理自己的。	法律公约：了解《全国青少年网络文明公约》的目的与内容。隐私权：了解与个人隐私相关的法律，如《中华人民共和国未成年人保护法》第 39 条。知识产权：能认识到版权影响人们的使用系统，信息和软件资源的方式；认识版权标志©，了解公共领域的概念。	信息设备与健康：意识到长时间地使用信息设备可能带来的健康问题，如腕部综合征，眼、部紧张等；了解迷恋电子游戏等不良嗜好的危害以及抵制的方法。信息合作与交流：通过技术与伙伴、教师及其他人合作完成某项任务；通过网络社区等集体生活、体会民主、平等的意义。了解公共信息系统：了解《中华人民共和国著作权法》对法定许可和合理使用范围的相关规定，知道公共领域的资源功	信息通信发明：讨论计算机与互联网的发展如何影响学校与学习的变化；能举例说明我国通信通史上的一些重大发明，了解中华民族对世界文明的贡献。信息科技思想：通过读公输班的故事，了解老子"利于民谓之巧，不利于民谓之拙"的技术思想，并就科技创新对社会发展的作用进行讨论。

续表

年级	各领域目标与内容描述				
	信息伦理	信息安全	信息法律法规	社会信息系统	信息科技发展史
4—6年级	网络欺侮:辨别什么是网络欺侮,了解网上信息可能让人气愤、伤心、恐惧等;掌握应对网络欺侮的策略,如告知父母、保存证据等;遵循"己所不欲,勿施于人"的黄金法则。社会参与:知道网民是世界成员,能参与网络有相应的责任和义务,如举报不良网站等;了解信息技术是如何改变学校主要部门的工作和发展变化的,增强对学校的工作和发展的亲近感,尊敬老师的劳动。	的邮件或即时信息;了解安全密码的特征,并能应用、创建、分享密码的策略。	念,能合理使用有领域中的智力作品。网络人际:了解与网络恐吓相关的法律规定,如《中华人民共和国治安管理处罚法(主席令)第三十八号》第42条。	能,评价不同类型资源的重要性;学习网上购物的初步知识,能在生成人监督下购买简单商品;了解当地的一些信息产业与人们生活的关系、尊重他们的智慧劳动。	经典著作:学习《天工开物》对造纸的描述,了解信息传播者及其对于信息传播方式以及科技发展方面的价值。

KPRC开发模式下的中小学信息社会学课程目标与内容

表6-8 KPRC开发模式下的中小学信息社会学课程内容水平三（7—9年级）

年级	各领域目标与内容描述				
	信息伦理	信息安全	信息法律法规	社会信息系统	信息科技发展史
7—9年级	自我责任：了解媒体在自己生活中的角色，如上网时间等，能平衡线上与线下的时间；了解如果展现不同的网络身份可能带来的社会承担责任可能需要付出代价。网络礼仪：考虑使用手机的场合，在使用手机或其他通信设备时能够考虑到接收方或其他人的反应，理解"己所不欲，勿施于人"的黄金法则。隐私权：能与人分享网站如何以及收集个人信息的原因，了解其益处与可能存在的风险；了解在网络上泄露他人信息可能会对自己及他人带来的影响。知识产权：了解创作者对自己所创作的作品的权利与责任，如知识共享等；知道正版软件受法律保护，能自觉抵制盗版软件以及其他盗版产品。	个人信息安全：能对cookie文件进行有效管理；了解可以通过与网友、能意识到网络中的朋友与现实中的朋友是不同的，掌握一些避免泄露个人信息的聊天技巧。通信设备安全：了解什么是计算机病毒及其危害；知道如何处理电子邮件、	法律公约：了解《文明上网自律公约》的目的与内容；知道信息法律是由国家制定或认可，是由国家强制力保证实施的一种特殊行为规范。理解我国公民在法律面前一律平等。隐私权：分析政府法规对个人隐私和信息安全的影响，如《中华人民共和国计算机信息网络国际联网管理暂行规定实施办法》第18条；知道什么是商标、图形®与™的意义与区别，了解与商标相关的法律；了解盗版的危害以及相关法规。	信息设备与健康：知道什么是网瘾，并能有效预防，如游戏上瘾、孤僻症等。信息合作与交流：通过合作性的实践活动（如小组学、专家以及网项目等），能与同人合作，展现出必要的合作特征；提供反馈、整合反馈。理解并接受多元视角。关注信息产业的发展：了解信息系统的变化，能讨论信息多	信息通信发明：能举例说明信息科技发展史上的关键技术，能讨论其重要性；能举例说明技术是如何促进创新的。信息科技思想：通过子贡与老翁汲水的故事，了解庄子的技术思想，并看互联网改变我们的生活进行讨论；了解墨家"以德驭艺"的思想，了解文化的多

续表

年级	各领域目标与内容描述				
	信息伦理	信息安全	信息法律法规	社会信息系统	信息科技发展史
7—9年级	网络欺侮：能意识到网络欺侮情境中旁观者的角色和作用，能积极帮助他人解决网络欺侮的问题；能批判性地对待网络谣言，自觉抵制谣言传播。社会参与：合理利用互联网等传播媒介，初步养成积极使用媒介批评能力，如信息的可靠性等问题，学会合理利用现代媒介参与公共生活，如参与网络调查，表达对社会发展现状和意见；了解我国信息科技发展现状，理解科技创新的必要性。	即时信息、免费下载等可能存在的安全问题，知道连锁信、网络钓鱼、恶意软件的危害，并能正确处理；能识别手机中的虚假短信。	律，如《计算机软件保护条例》第24条；了解与非法网络人际、入侵计算机系统相关的法律规定，如黑客、坏网站、散播病毒等，破通过认识网络诈骗的手段，提高防骗意识，了解并遵守相关的法律规定，如《刑法》第266条。	息产业变化对社会的影响；描述人工智能和机器应人系统的主要应用；理解赛博空间是全球化的虚拟空间，网民具有文化多样性的特点。	样性与丰富性，尊重不同文化习俗。经典著作：通过学习《多种声音，一个世界》来讨论信息鸿沟的社会问题，学习《考工记》的内容，了解技术要以人为本。

KRPC开发模式下的中小学信息社会学课程目标与内容

表6-9　KRPC开发模式下的中小学信息社会学课程内容水平四（10—12年级）

年级	各领域目标与内容描述				
	信息伦理	信息安全	信息法律法规	社会信息系统	信息科技发展史
10—12年级	自我责任：理解一个数字公民应该能够尊重他人，保护个人隐私，维护良好的自我形象。网络礼仪：建立良好的网络自我形象；不在网络上散播色情、谣言等不良信息，树立数字公民的责任意识。隐私权：通过线上线下的自我身份以及声誉、人际关系的不同，了解其益处与可能存在的风险。知识产权：使用他人信息资源时考虑以及时考虑到对原创者、受众以及更广泛社区的影响；知道什么是集体智慧，能描述在某种情境中的益处与坏处。	个人信息安全：了解个人信息的价值；通过了解网上身份盗窃的方法，掌握防止身份盗窃的一般策略。通信设备安全：理解个人认证与验证码等信息安全的技术性与黑客，并能理解防火墙对防止非法入侵信息系统的作用。	隐私权：知道法律保护公民的信息权利，学会运用法律维护自己利益，为消费者的权益。知识产权：了解《计算机软件保护条例》，能正确认识影响软件发展的法律法规，区分开放资源、免费软件、付费软件以及不同类型软件的应用。了解我国《治安管理处罚法》《刑法》对传谣的相关规定（排谣信息被单击、浏览5000次或转发500	信息设备与健康：了解信息设备与人体工程学的密切联系。信息合作与交流：利用合作工具与团队成员交流，描述技术如何改善传播方式的合作；理解合作怎样设计和响应软件作品的设计和开发。信息系统：通过对比信息系统智能和机器智能，描述人和机器能，思考何种信息区别；思考何种信息系统容易利用。	信息通信发明：讨论信息系统对商业的影响，如网购等；分析当前的技术发展趋势，能预测新兴技术可能带来的社会、经济等方面的社会问题，如物联网等。信息科技思想：了解儒家的"以道驭术""正德、利用、厚生"的思想，讨论技术的社会效果，对人的异化现象，讨论哈贝马斯的社会政治批判的技术哲学思想。

续表

各领域目标与内容描述

年级	信息伦理	信息安全	信息法律法规	社会信息系统	信息科技发展史
10—12年级	网络欺侮：理解信息在网上的传播速度可能会使网络欺侮事件扩大或升级；知道什么是忧伤论及其对个人、他人乃至群体可能存在的影响。 社会参与：了解个体与组织的信息权利，学会行使自己的知情权，参与权，能通过恰当的技术途径获取政府公开的信息。		次）；了解相关法律色情的危害及《网络色情律规定，最高人民法院、最高人民检察院关于办理利用互联网、移动通信终端，声讯台制作、复制、出版、贩卖、传播淫秽电子信息刑事案件具体应用法律若干问题的解释》。		经典著作：学习《理解媒介》，讨论信息传播对人类社会的影响；通过学习《网络至死》，讨论人类与机器、网络等媒体的关系。

三、专家审议

在制定了初步的中小学信息社会学课程内容体系后，还需要对其进行修订和验证，以保证内容的有效性和科学性。因此，我们采用专家审议法对此内容体系进行修正，其操作程序为：确定内容体系调查表→选择专家→征询意见→综合归纳结果→提交分析报告。

（一）编制专家意见调查表

将以上具体课程主题纳入课程内容主要领域并进行具体描述，指标评价分为很重要、重要、一般重要、不重要和其他，如表 6-10 所示。

表6-10　专家意见调查表评价指标

课程内容主要领域	课程组织要素（主题）	课程内容描述	指标评价				
			很重要	重要	一般重要	不重要	其他
……	……	……					
……	……	……					
……	……	……					

（二）聘请专家

考虑专家的相关研究领域及对本研究可能具备的合作能力与态度，以便在后续过程中能及时有效地收回信息，本研究中聘请了 10 位专家对课程内容体系进行审议。这 10 位专家分别从事信息技术教育、数字化学习、教育信息化、新闻学、教师教育等领域的研究，其中有 4 位专家是我国普通高中信息技术课程标准专家组成员，如表 6-11 所示。

表 6-11   所聘请专家的基本情况

专家代号		职称	主要研究领域
1	WJQ	教授	信息技术教育
2	FDR	教授	信息技术教育
3	XYG	教授	信息技术课程与教学、数字化学习研究、中小学教育信息化（普通高中信息技术课程标准专家组成员）
4	LY	教授	数字化教学资源开发、中小学信息技术课程、教育工程学、教育技术基础理论（普通高中信息技术课程标准专家组成员）
5	ZJP	教授	数字化学习研究、信息技术教育、教育信息化（普通高中信息技术课程标准专家组成员）
6	DYQ	教授	信息技术教育、教育技术学比较研究、教师教育、学科学习心理（普通高中信息技术课程标准专家组成员）
7	ZQX	教授	教育技术理论与应用、信息技术教学法、教师专业发展、信息技术与学科教学整合、信息化教学资源设计与应用、教师教育研究
8	HSA	副教授	大众传媒理论研究、新媒体研究
9	HXJ	副教授	中小学信息技术课程与教学（某市信息技术学科教研员）
10	YN	副教授	教师教育信息化、信息技术教育

（三）进行审议

在征得 10 位专家同意后，通过电子邮件或纸质的形式发放了专家意见调查表，邀请 10 位专家根据自己对信息社会学课程内容的理解，在相应的选项上做出选择。

（四）审议结果

对 10 位专家的调查数据进行统计和整理的结果如表 6-12 至表 6-15 所示。

表 6-12　水平一（1—3 年级）统计结果

课程内容主要领域	课程组织要素（主题）	课程内容描述	指标评价				
			很重要	重要	一般重要	不重要	其他
1 信息伦理	1-1 自我责任	1-1-1 意识到互联网可以用来学习和访问远距离的人或物。	40%	50%	10%		
	1-2 网络礼仪	1-2-1 清楚、简洁地表达信息，了解一般的网络礼仪，如网络聊天、留言时，不离题、不刷屏、不灌水等；	20%	60%	20%		
		1-2-2 未经允许不使用他人的计算机。	50%	30%	20%		
	1-3 隐私权	1-3-1 知道个人信息包含的内容，不在网上泄露个人信息；	70%	30%			
		1-3-2 能够创建不泄露个人信息的网上用户名；	40%	20%	30%	10%	
		1-3-3 尊重他人隐私。	60%	30%	10%		
	1-4 知识产权	*1-4-1 能辨别什么是智力劳动成果；*	10%	30%	40%	20%	
		1-4-2 知道如何在自己创造的作品上标明所属，如标明自己的姓名与日期等。	20%	50%	20%	10%	
	1-5 网络欺侮	1-5-1 了解网络与现实一样也有很多不良信息，能负责任地处理一些有不良影响的信息。	60%	20%	20%		
2 信息安全	2-1 个人信息安全	2-1-1 做到上网有成人陪同；	30%	40%	20%	10%	
		2-1-2　没有得到家长或老师的允许不在线泄露个人信息。	70%	10%	10%	10%	
	2-2 通信设备安全	2-2-1 知道密码的作用（保护隐私，保护技术系统）；	30%	40%	30%		
		2-2-2 除了家长外，不向别人泄露密码。	40%	50%	10%		

续表

课程内容主要领域	课程组织要素（主题）	课程内容描述	指标评价				
			很重要	重要	一般重要	不重要	其他
3 信息法律法规	3-1 法律法规	3-1-1 了解有些人利用计算机犯罪会受到法律的惩罚。	20%	50%	20%	10%	
4 社会信息系统	4-1 信息设备与健康	4-1-1 标准地、熟练地使用输入、输出设备；	20%	50%	20%	10%	
		4-1-2 养成良好的信息设备使用习惯。	20%	60%	10%	10%	
	4-2 信息合作与交流	4-2-1 了解在线、上网、赛博空间、因特网都是指互联网，能认识到互联网是人们交流合作的工具；	10%	50%	40%		
		4-2-2 在教师、家庭成员和同学支持下能够与他人进行电子通信交流。	20%	30%	40%	10%	
	4-3 信息系统	4-3-1 理解计算机普及及其日常应用，能举例说明；	20%	30%	50%		
		4-3-2 理解索引信息的方法，如按生日排序等。		20%	70%	10%	
5 信息科技发展史	5-1 信息通信发明	5-1-1 举例说明包括互联网在内的通信发明；		40%	40%	20%	
		5-1-2 描述不同发明在信息传递方面的优缺点；	10%	20%	40%	30%	
		5-1-3 解释人们需要信息交流；	20%	30%	30%	20%	
		5-1-4 讨论信息科技发展史上信息传递的事例，如烽火戏诸侯、马拉松比赛的起源等。		20%	60%	20%	
	5-2 经典著作	5-2-1 通过学习《梦溪笔谈》对活字印刷的记录，了解其作者及价值。		10%	60%	30%	

KPRC 开发模式下的中小学信息社会学课程目标与内容

表6-13 水平二（4—6年级）统计结果

课程内容主要领域	课程组织要素（主题）	课程内容描述	指标评价				
			很重要	重要	一般重要	不重要	其他
1 信息伦理	1-1 自我责任	1-1-1 意识到互联网给人带来了很多方便，但同时要有数字公民的责任；	60%	40%			
		1-1-2 意识到如果要建立良好的在线自我形象，就要管理好"数字脚印"；	20%	50%	30%		
		1-1-3 自觉浏览与年龄相适应的恰当的、安全的网站；理解"慎独"的含义；	20%	50%	30%		
		1-1-4 具备网络消费者自我保护意识。	40%	50%	10%		
	1-2 网络礼仪	1-2-1 了解 E-mail 礼仪，能够考虑接收方的身份，写出正确、清楚、简洁、符合礼仪的 E-mail；	20%	70%	10%		
		1-2-2 理解网络交流中尊重他人的原则。	40%	50%	10%		
	1-3 隐私权	*1-3-1 知道合法网站要有隐私政策的声明；*	*30%*	*20%*	*50%*		
		1-3-2 了解在网上的活动会留下"数字脚印"，网上匿名几乎是不可能的。	30%	40%	30%		
	1-4 知识产权	1-4-1 知道什么是剽窃，能够不剽窃他人作品；	30%	50%	20%		
		1-4-2 知道如何合理使用他人的信息资源，并能按正确格式引用一些文献。	10%	60%	30%		
	1-5 网络欺侮	1-5-1 辨别什么是网络欺侮，了解网上信息可能让人气愤、伤心、恐惧；	30%	50%	20%		
		1-5-2 掌握应对网络欺侮的策略，如告知父母、保存证据等；	30%	70%			
		1-5-3 遵循"己所不欲，勿施于人"的黄金法则。	*60%*	*20%*	*20%*		

续表

课程内容主要领域	课程组织要素（主题）	课程内容描述	指标评价				
			很重要	重要	一般重要	不重要	其他
1 信息伦理	1-6 社会参与	1-6-1 知道网民是世界成员，有相应的责任和义务，能参与网络环境维护活动，如举报不良网站等；	40%	30%	30%		
		1-6-2 了解信息技术是如何改变学校主要部门的工作和发展变化的，增强对学校的亲近感，尊敬老师的劳动。	*10%*	*30%*	*50%*	*10%*	
2 信息安全	2-1 个人信息安全	2-1-1 了解一些网站上需要个人信息的情境，但没有得到家长或老师允许就不泄露个人信息；	50%	30%	10%		
		2-1-2 了解可以在线与陌生人交流，但没有得到家长或老师允许就不泄露个人信息；	50%	40%	10%		
	2-2 通信设备安全	2-2-1 了解什么是垃圾邮件，能负责任、安全地管理自己的邮件或即时信息；	30%	40%	30%		
		2-2-2 了解安全密码的特征，并能应用、创建安全密码；	50%	30%	20%		
		2-2-3 与家人分享创建安全密码的策略。	*10%*	*50%*	*30%*	*10%*	
3 信息法律法规	3-1 法律公约	3-1-1 了解《全国青少年网络文明公约》的目的与内容。	60%	20%	20%		
	3-2 隐私权	3-2-1 了解与个人隐私相关的法律，如《中华人民共和国未成年人保护法》第39条。	40%	40%	20%		
	3-3 知识产权	3-3-1 能认识到版权影响人们使用系统、信息和软件资源的方式；	20%	60%	20%		

续表

课程内容主要领域	课程组织要素（主题）	课程内容描述	指标评价				
			很重要	重要	一般重要	不重要	其他
3 信息法律法规	3-3 知识产权	3-3-2 认识版权标志©，了解《中华人民共和国著作权法》对法定许可和合理使用范围的相关规定；	30%	50%	20%		
		3-3-3 知道公有领域的概念，能合理使用公有领域中的智力作品。	10%	50%	40%		
	3-4 网络人际	3-4-1 了解与网络恐吓相关的法律规定，如《中华人民共和国治安管理处罚法（主席令第三十八号）》第42条。	30%	20%	50%		
4 社会信息系统	4-1 信息设备与健康	4-1-1 能意识到长时间地使用信息设备可能带来的健康问题，如腕管综合症、眼部紧张等；	70%	10%	20%		
		4-1-2 了解迷恋电子游戏等不良嗜好的危害以及抵制的方法。	70%	30%			
	4-2 信息合作与交流	4-2-1 通过技术与伙伴、教师及其他人合作完成某项任务；	50%	50%			
		4-2-2 通过网络社区等集体生活，体会民主、平等的意义。	30%	30%	30%	10%	
	4-3 信息系统	4-3-1 了解公共信息设施给人们生活带来的便利，能自觉爱护这些信息设施；	40%	20%	30%	10%	
		4-3-2 了解图书馆的资源功能，评价不同类型资源的重要性；	10%	40%	40%	10%	
		4-3-3 学习网上购物的初步知识，能在成人监督下购买简单商品；	10%	30%	30%	30%	
		4-3-4 了解当地的一些信息产业与人们生活的关系，尊重他们的智慧劳动。	20%	40%	40%		

续表

课程内容主要领域	课程组织要素（主题）	课程内容描述	指标评价				
			很重要	重要	一般重要	不重要	其他
5 信息科技发展史	5-1 信息通信发明	5-1-1 讨论计算机与互联网的发展如何影响学校与学习的变化；	20%	20%	60%		
		5-1-2 能举例说明我国通信历史上的一些重大发明，了解中华民族对世界文明的重大贡献。		50%	50%		
	5-2 信息科技思想	5-2-1 通过读公输班的故事，了解老子"利于民谓之巧，不利于民谓之拙"的技术思想，并就科技创新对社会发展的作用进行讨论。	10%	10%	70%	10%	
	5-3 经典著作	5-3-1 通过学习《天工开物》对造纸的描述，了解作者及其对于信息传播以及科技发展方面的价值。		20%	80%		

表6-14　水平三（7—9年级）统计结果

课程内容主要领域	课程组织要素（主题）	课程内容描述	指标评价				
			很重要	重要	一般重要	不重要	其他
1 信息伦理	1-1 自我责任	1-1-1 了解媒体在自己生活中的角色，如上网时间等，能平衡线上与线下的时间；	60%	40%			
		1-1-2 了解如果展现不同的网络身份可能带来的益处与可能存在的风险；	40%	60%			
		1-1-3 知道责任的社会基础，体会承担责任可能需要付出代价。	40%	50%	10%		

续表

课程内容主要领域	课程组织要素（主题）	课程内容描述	指标评价				
			很重要	重要	一般重要	不重要	其他
1 信息伦理	1-2 网络礼仪	1-2-1 考虑使用手机的场合，在使用手机或其他通信设备传递信息时能够考虑到接收方或其他人的反应；	30%	50%	20%		
		1-2-2 理解"己所不欲，勿施于人"的黄金法则。	50%	20%	10%	10%	
	1-3 隐私权	1-3-1 能与家人分享网站如何以及收集个人信息的原因，了解其益处与可能存在的风险；	30%	40%	30%		
		1-3-2 了解在网上泄露他人信息可能会对自己及他人带来的影响。	70%	20%	10%		
	1-4 知识产权	1-4-1 了解创作者对自己所创作的作品的权利与责任，如知识共享等；	40%	40%	20%		
		1-4-2 知道正版软件受法律保护，能描述盗版软件的危害，能自觉抵制盗版软件以及其他盗版智力产品。	40%	50%	10%		
	1-5 网络欺侮	1-5-1 能意识到网络欺侮情境中旁观者的角色和作用，能积极帮助他人解决网络欺侮的问题；	40%	50%	10%		
		1-5-2 能批判性地对待网络谣言，自觉抵制谣言传播。	40%	50%	10%		
	1-6 社会参与	1-6-1 合理利用互联网等传播媒介，初步养成积极的媒介批评能力，如信息的可靠性等问题，学会理性利用现代媒介参与公共生活，如参与网络调查、表达对社会问题的看法和意见等；	50%	30%	20%		
		1-6-2 了解我国信息科技发展现状，理解科技创新的必要性。	10%	70%	20%		

续表

课程内容主要领域	课程组织要素（主题）	课程内容描述	指标评价				
			很重要	重要	一般重要	不重要	其他
2 信息安全	2-1 个人信息安全	*2-1-1 能对 cookie 文件进行有效管理；*	20%	20%	60%		
		2-1-2 了解可以交网友，能意识到网友与现实中的朋友是不同的，掌握一些避免泄露个人信息的聊天技巧。	20%	70%	10%		
	2-2 通信设备安全	2-2-1 了解什么是病毒及其危害；	50%	40%	10%		
		2-2-2 知道如何处理电子邮件、即时信息、免费下载中可能存在的安全问题；	50%	30%	20%		
		2-2-3 知道连锁信、网络钓鱼、恶意软件的危害，并能正确处理；	40%	50%	10%		
		2-2-4 能识别手机中的虚假短信。	60%	20%	20%		
3 信息法律法规	3-1 法律公约	3-1-1 了解《文明上网自律公约》的目的与内容。	60%	20%	20%		
		3-1-2 知道信息法律是由国家制定或认可，由国家强制力保证实施的一种特殊行为规范；	20%	70%	10%		
		3-1-3 理解我国公民法律面前一律平等。	40%	20%	40%		
	3-2 隐私权	*3-2-1 分析政府法规对于个人隐私和信息安全的影响，如《中华人民共和国计算机信息网络国际联网管理暂行规定实施办法》第 18 条。*	20%	40%	40%		
	3-3 知识产权	*3-3-1 知道什么是商标，了解图形® 与™ 的意义与区别，了解与商标相关的法律；*	20%	20%	60%		
		3-3-2 了解盗版的危害以及相关法律，如《计算机软件保护条例》第 24 条。	30%	50%	20%		

续表

课程内容主要领域	课程组织要素（主题）	课程内容描述	指标评价				
			很重要	重要	一般重要	不重要	其他
3 信息法律法规	3-4 网络人际	3-4-1 了解与非法入侵计算机系统相关的法律规定，如黑客、破坏网站、散播病毒等；	40%	60%			
		3-4-2 通过认识网络诈骗的手段，提高防骗意识，了解并遵守相关的法律规定，如《刑法》第266条。	40%	50%	10%		
4 社会信息系统	4-1 信息设备与健康	4-1-1 知道什么是网瘾，并能有效采取措施进行预防，如游戏上瘾、孤僻症等。	40%	50%	10%		
	4-2 信息合作与交流	4-2-1 通过合作性的实践活动（如小组项目等），能与同学、专家以及他人合作；	50%	40%	10%		
		4-2-2 展现出必要的合作特征：提供反馈，整合反馈。理解并接受多元视角。	40%	50%	10%		
	4-3 信息系统	4-3-1 关注信息产业的发展变化，能讨论信息产业变化对社会的影响；		30%	60%	10%	
		4-3-2 描述人工智能和机器人系统的主要应用；		20%	70%	10%	
		4-3-3 理解赛博空间是全球化的虚拟空间，网民具有文化多样性的特点。		20%	30%	40%	10%
5 信息科技发展史	5-1 信息通信发明	5-1-1 能举例说明信息科技发展史上的关键技术，讨论其重要性；		10%	30%	40%	10%
		5-1-2 能举例说明技术是如何促进创新的。			50%	40%	10%
	5-2 信息科技思想	5-2-1 通过子贡与老翁浇水的故事，了解庄子的技术思想，并能对互联网改变我们生活进行讨论；		10%	40%	30%	20%

续表

课程内容主要领域	课程组织要素（主题）	课程内容描述	指标评价				
			很重要	重要	一般重要	不重要	其他
5 信息科技发展史	5-2 信息科技思想	5-2-2 了解墨家"以德驭艺"的思想；		40%	40%	20%	
		5-2-3 了解文化的多样性与丰富性，尊重不同文化习俗。	20%	30%	30%	20%	
	5-3 经典著作	5-3-1 通过学习《多种声音，一个世界》来讨论信息鸿沟的社会问题；	20%	30%	30%	10%	
		5-3-2 学习《考工记》的内容，了解技术要以人为本。	20%	30%	30%	20%	

表6-15　水平四（10—12年级）统计结果

课程内容主要领域	课程组织要素（主题）	课程内容描述	指标评价				
			很重要	重要	一般重要	不重要	其他
1 信息伦理	1-1 自我责任	1-1-1 理解一个数字公民应该能够尊重他人，保护个人隐私，尊重创造性作品，维护良好的自我形象。	80%	20%			
	1-2 网络礼仪	1-2-1 建立良好的网络自我形象；	70%	30%			
		1-2-2 不在网络上散播色情、谣言等不良信息，树立数字公民的责任意识。	80%	20%			
	1-3 隐私权	1-3-1 通过感知线上与线下的自我身份以及声誉、人际关系的不同，了解其益处与可能存在的风险。	50%	40%	10%		
	1-4 知识产权	1-4-1 使用他人信息资源时考虑到对原创者、受众以及更广泛社区的影响；	70%	30%			
		1-4-2 知道什么是集体智慧，能描述在某种情境中的益处与坏处。	20%	50%	30%		

续表

课程内容主要领域	课程组织要素（主题）	课程内容描述	指标评价				
			很重要	重要	一般重要	不重要	其他
1 信息伦理	1-5 网络欺侮	1-5-1 理解信息在网上的传播速度可能会使网络欺侮事件扩大或升级；	40%	50%	10%		
		1-5-2 知道什么是仇恨言论及其对个人、他人乃至群体可能存在的影响。	30%	50%	20%		
	1-6 社会参与	1-6-1 了解个体与组织的信息权利，学会行使自己的知情权、参与权，能通过恰当的技术途径获取政府公开的信息。	50%	30%	20%		
2 信息安全	2-1 个人信息安全	2-1-1 了解个人信息的价值；	30%	60%	10%		
		2-1-2 通过了解网上身份盗窃的方法，掌握防止身份盗窃的一般策略。	60%	20%	20%		
	2-2 通信设备安全	2-2-1 理解个人认证和验证码等信息安全的技术性策略；	50%	40%	10%		
		2-2-2 知道什么是黑客，并能理解防火墙对防止非法入侵信息系统的作用。	50%	20%	30%		
3 信息法律法规	3-1 隐私权	3-1-1 通过与国外有关隐私的法律的对比，了解隐私法律的制定受到社会文化、风俗的影响。		80%	20%		
	3-2 法规公约	3-2-1 知道法律保护公民的信息权利，学会运用法律维护自己作为消费者的权益。	50%	40%	10%		
	3-3 知识产权	3-3-1 了解《计算机软件保护条例》，能确认影响软件发展的法律法规；	50%	30%	20%		
		3-3-2 区分开放资源、免费软件、付费软件以及不同类型软件的应用。	20%	50%	30%		

续表

课程内容主要领域	课程组织要素（主题）	课程内容描述	指标评价				
			很重要	重要	一般重要	不重要	其他
3 信息法律法规	3-4 网络人际	3-4-1 了解我国《治安管理处罚法》《刑法》对传谣的相关规定（诽谤信息被单击、浏览 5000 次或转发 500 次）；	70%	10%	20%		
		3-4-2 了解网络色情的危害及相关法律规定，如《最高人民法院、最高人民检察院关于办理利用互联网、移动通信终端、声讯台制作、复制、出版、贩卖、传播淫秽电子信息刑事案件具体应用法律若干问题的解释》。	50%	40%	10%		
4 社会信息系统	4-1 信息设备与健康	4-1-1 了解信息设备与人体工程学的密切联系。	10%	60%	30%		
	4-2 信息合作与交流	4-2-1 利用合作工具与团队成员交流，描述技术如何改善传统方式的合作；	30%	60%	10%		
		4-2-2 理解合作怎样影响软件作品的设计和开发。		80%	20%		
	4-3 信息系统	*4-3-1 通过对比人类智能和机器智能，描述人和机器的区别；*	*10%*	*30%*	*60%*		
		4-3-2 思考何种信息系统容易利用。	*10%*	*40%*	*50%*		
5 信息科技发展史	5-1 信息通信发明	5-1-1 讨论信息系统对商业的影响，如网购等；	10%	60%	30%		
		5-1-2 分析当前的技术发展趋势，能预测新兴技术可能带来的文化、经济等方面的社会问题，如物联网等。	20%	60%	20%		

续表

课程内容主要领域	课程组织要素（主题）	课程内容描述	指标评价				
			很重要	重要	一般重要	不重要	其他
5信息科技发展史	5-2 信息科技思想	*5-2-1 了解儒家的"以道驭术""正德、利用、厚生"的思想，讨论技术的社会效果；*	*30%*	*30%*	*40%*		
		5-2-2通过分析技术对人的异化现象，讨论哈贝马斯的社会政治批判的技术哲学思想	*10%*	*40%*	*30%*	*20%*	
	5-3 经典著作	*5-3-1 通过学习《理解媒介》，讨论信息传播对人类社会的影响；*	*30%*	*10%*	*50%*	*10%*	
		5-3-2 通过学习《网络至死》，讨论人类与机器、网络等媒体的关系。	*10%*	*30%*	*60%*		

（五）审议结果分析

按照专家审议方法的要求，凡是专家认为某个指标项的重要程度为"一般重要"的比例达到30%以上，就认为可以删除该指标项。表格中斜体部分的指标项为需要删除项，本书在 KPRC 模式的框架下对这些删除项进行了简要讨论，并保留了部分需要删除项。

1. 水平一

在水平一中，40%的专家认为指标项"1-3-2 能够创建不泄露个人信息的网上用户名"一般重要或不重要，且与指标项"1-3-1 知道个人信息包含的内容，不在网上泄露个人信息"重复，因此予以删除。60%的专家认为指标项"1-4-1 能辨别什么是智力劳动成果"一般重要或不重要，所以将该指标项予以删除。

2. 水平二

在水平二中，50%的专家认为指标项"1-3-1 知道合法网站要有隐私政策的声明"一般重要，且和指标项"1-3-2 了解在网上的活动会留下'数字脚印'，网上匿名几乎是不可能的"有互相包含的关系，予以删除。

60%的专家认为指标项"1-6-2 了解信息技术是如何改变学校主要部门的工作和发展变化的,增强对学校的亲近感,尊敬老师的劳动"一般重要或不重要。在制定此指标时,笔者参考了我国《义务教育品德与社会课程标准(2011年版)》课程内容中"我们的学校生活"的项目2"了解学校主要部门的工作和发展变化,增强对学校的亲近感,尊敬老师,尊重学校工作人员的劳动"。另外,专家YN也认为"我觉得这不属于信息技术课程中的内容",因此予以删除。40%的专家认为指标项"4-2-2 通过网络社区等集体生活,体会民主、平等的意义"一般重要或不重要,此项参考了美国《21世纪学习者标准(2007版)》中的一个条目,专家HXJ提出"这不太适合我国国情",因此予以删除。

40%的专家认为指标项"2-2-3 与家人分享创建安全密码的策略"一般重要或不重要,但考虑到学生的家人是影响学生网络安全的重要因素之一,且对于小学高年级学生,家人依旧对其信息活动负有重要的责任,如果家长本身的信息安全问题意识不强,则无法进行有效监督,与家人分享创建安全密码的策略是有效提高学生网络安全的措施之一,因此予以保留。40%的专家认为指标项"3-3-3 知道公有领域的概念,能合理使用公有领域中的智力作品"一般重要,但公有领域(Public Domain)是知识产权部分的核心概念,是人类的一部分作品与一部分知识的总汇,可以包括文章、艺术品、音乐、科学、发明等。对于公有领域内的知识财产,任何个人或团体都不具有所有权益(所有权益通常由版权或专利体现),这些知识发明属于公有文化遗产,任何人可以不受限制地使用和加工它们(此处不考虑有关安全、出口等的法律)。因此,此指标项予以保留。50%的专家认为指标项"3-4-1 了解与网络恐吓相关的法律规定,如《中华人民共和国治安管理处罚法(主席令第三十八号)》第42条"一般重要,但作为数字公民,需要了解自己的信息权利与责任,相关法律条款是学生需要了解的重要内容,因此保留了该指标项。

3. 水平三

在水平三中,60%的专家认为指标项"2-1-1 能对cookie文件进行有效管理"一般重要,且一般来说,计算机用户都会对cookie文件进行自动管理或利用软件进行管理,此指标项可予以删除。

40%的专家认为指标项"3-1-3 理解我国公民法律面前一律平等"

一般重要，在制定此目标时，笔者参考的是我国《义务教育思想品德课程标准（2011 年版）》课程内容中"成长中的我"的"心中有法"的第一项"知道法律是由国家制定或认可，由国家强制力保证实施的一种特殊行为规范，理解我国公民在法律面前一律平等"，这是法制教育的一个基本前提，属于信息法律的基本原则，因此予以保留。40%的专家认为指标项"3-2-1 分析政府法规对于个人隐私和信息安全的影响，如《中华人民共和国计算机信息网络国际联网管理暂行规定实施办法》第 18 条"一般重要，同前所述，作为数字公民，要了解自己的信息权利与责任，相关法律条款是学生需要了解的重要内容，因此予以保留。60%的专家认为指标项"3-3-1 知道什么是商标，了解图形®与™的意义与区别，了解与商标相关的法律"一般重要，但商标也是知识产权中的基本内容，因此予以保留。

4. 水平四

水平四中，60%的专家认为指标项"4-3-1 通过对比人类智能和机器智能，描述人和机器的区别"一般重要，因此予以删除。

50%的专家认为指标项"4-3-2 思考何种信息系统容易利用"一般重要，制定此指标项参考了美国《21 世纪学习者标准（2007 版）》中"探究，批判性思维与知识获得"中的自我评估策略"反思自我信息获得过程，注意有效性……"，本指标项强调利用信息系统获取信息的有效性，因此予以保留。

5. 保留项

水平一中 4-2、4-3、5-1、5-2 中的全部指标项、水平二中 4-3、5-1、5-2 的全部指标项、水平三中 4-3、5-1、5-2、5-3 的全部指标项、水平四中的 5-2、5-3 的全部指标项的一般重要或不重要比例都达到 30%以上。说明专家们认为信息科技发展史和社会信息系统的部分目标与内容一般重要或不重要，但笔者提出的 KPRC 课程开发模式中的"文化（Cultures）"这一项主要通过信息科技发展史中的物质与精神文明形式体现出来，这是本书的尝试与创新之处，因此予以保留。

参考专家审议结果以及本书的探索，最终确定 KPRC 开发模式下的中小学信息社会学课程目标与内容体系如表 6-16 至表 6-19 所示。当然，根据课程目标可以组织不同的课程内容，以下内容也不是一成不变的。

表6-16 KPRC开发模式下的中小学信息社会学课程内容水平一（1—3年级）

课程内容主要领域	课程组织要素（主题）	课程内容描述
1 信息伦理	1-1 自我责任	1-1-1 意识到互联网可以用来学习和访问远距离的人或物。
	1-2 网络礼仪	1-2-1 清楚、简洁地表达信息，了解一般的网络礼仪，如网络聊天、留言时，不离题、不刷屏、不灌水等；
		1-2-2 未经允许不使用他人的计算机。
	1-3 隐私权	1-3-1 知道个人信息包含的内容，不在网上泄露个人信息；
		1-3-2 尊重他人隐私。
	1-4 知识产权	1-4-1 知道如何在自己创造的作品上标明所属，如标明自己的姓名与日期等。
	1-5 网络欺侮	1-5-1 了解网络与现实一样也有很多不良信息，能负责任地处理一些有不良影响的信息。
2 信息安全	2-1 个人信息安全	2-1-1 做到上网有成人陪同；
		2-1-2 没有得到家长或老师的允许不在线泄露个人信息。
	2-2 通信设备安全	2-2-1 知道密码的作用（保护隐私，保护技术系统）；
		2-2-2 除了家长外，不向别人泄露密码。
3 信息法律法规	3-1 法律法规	3-1-1 了解有些人利用计算机犯罪会受到法律的惩罚。
4 社会信息系统	4-1 信息设备与健康	4-1-1 标准地、熟练地使用输入、输出设备；
		4-1-2 养成良好的信息设备使用习惯。
	4-2 信息合作与交流	4-2-1 了解在线、上网、赛博空间、因特网都是指互联网，能认识到互联网是人们交流合作的工具；
		4-2-2 在教师、家庭成员和同学支持下能够与他人进行电子通信交流。

续表

课程内容主要领域	课程组织要素（主题）	课程内容描述
4 社会信息系统	4-3 信息系统	4-3-1 理解计算机普及及其日常应用，能举例说明；
		4-3-2 理解索引信息的方法，如按生日排序等。
5 信息科技发展史	5-1 信息通信发明	5-1-1 举例说明包括互联网在内的通信发明；
		5-1-2 描述不同发明在信息传递方面的优缺点；
		5-1-3 解释人们需要信息交流；
		5-1-4 讨论信息科技发展史上信息传递的事例，如烽火戏诸侯、马拉松比赛的起源等。
	5-2 经典著作	5-2-1 通过学习《梦溪笔谈》对活字印刷的记录，了解其作者及价值。

表 6-17　KPRC 开发模式下的中小学信息社会学课程内容水平二（4—6 年级）

课程内容主要领域	课程组织要素（主题）	课程内容描述
1 信息伦理	1-1 自我责任	1-1-1 意识到互联网给人带来了很多方便，但同时要有数字公民的责任；
		1-1-2 意识到如果要建立良好的在线自我形象，就要管理好"数字脚印"；
		1-1-3 自觉浏览与年龄相适应的恰当的、安全的网站；理解"慎独"的含义；
		1-1-4 具备网络消费者自我保护意识。
	1-2 网络礼仪	1-2-1　了解 E-mail 礼仪，能够考虑接收方的身份，写出正确、清楚、简洁、符合礼仪的 E-mail；
		1-2-2 理解网络交流中尊重他人的原则。

续表

课程内容主要领域	课程组织要素（主题）	课程内容描述
1 信息伦理	1-3 隐私权	1-3-1 了解在网上的活动会留下"数字脚印"，网上匿名几乎是不可能的。
	1-4 知识产权	1-4-1 知道什么是剽窃，能够不剽窃他人作品；
		1-4-2 知道如何合理使用他人的信息资源，并能按正确格式引用一些文献。
	1-5 网络欺侮	1-5-1 辨别什么是网络欺侮，了解网上信息可能让人气愤、伤心、恐惧；
		1-5-2 掌握应对网络欺侮的策略，如告知父母、保存证据等；
		1-5-3 遵循"己所不欲，勿施于人"的黄金法则。
	1-6 社会参与	1-6-1 知道网民是世界成员，有相应的责任和义务，能参与网络环境维护活动，如举报不良网站等。
2 信息安全	2-1 个人信息安全	2-1-1 了解一些网站上需要个人信息的情境，但没有得到家长或老师允许就不泄露个人信息；
		2-1-2 了解可以在线与陌生人交流，但没有得到家长或老师允许就不泄露个人信息。
	2-2 通信设备安全	2-2-1 了解什么是垃圾邮件，能负责任、安全地管理自己的邮件或即时信息；
		2-2-2 了解安全密码的特征，并能应用、创建安全密码；
		2-2-3 与家人分享创建安全密码的策略。
3 信息法律法规	3-1 法律公约	3-1-1 了解《全国青少年网络文明公约》的目的与内容。
	3-2 隐私权	3-2-1 了解与个人隐私相关的法律，如《中华人民共和国未成年人保护法》第39条。

续表

课程内容主要领域	课程组织要素（主题）	课程内容描述
3 信息法律法规	3-3 知识产权	3-3-1 能认识到版权影响人们使用系统、信息和软件资源的方式；
		3-3-2 认识版权标志ⓒ，了解《中华人民共和国著作权法》对法定许可和合理使用范围的相关规定；
		3-3-3 知道公有领域的概念，能合理使用公有领域中的智力作品。
	3-4 网络人际	3-4-1 了解与网络恐吓相关的法律规定，如《中华人民共和国治安管理处罚法（主席令第三十八号）》第42条。
4 社会信息系统	4-1 信息设备与健康	4-1-1 能意识到长时间地使用信息设备可能带来的健康问题，如腕管综合征、眼部紧张等；
		4-1-2 了解迷恋电子游戏等不良嗜好的危害以及抵制的方法。
	4-2 信息合作与交流	4-2-1 通过技术与伙伴、教师及其他人合作完成某项任务。
	4-3 信息系统	4-3-1 了解公共信息设施给人们生活带来的便利，能自觉爱护这些信息设施；
		4-3-2 了解图书馆的资源功能，评价不同类型资源的重要性；
		4-3-3 学习网上购物的初步知识，能在成人监督下购买简单商品；
		4-3-4 了解当地的一些信息产业与人们生活的关系，尊重他们的智慧劳动。
5 信息科技发展史	5-1 信息通信发明	5-1-1 讨论计算机与互联网的发展如何影响学校与学习的变化；
		5-1-2 能举例说明我国通信历史上的一些重大发明，了解中华民族对世界文明的重大贡献。

KPRC 开发模式下的中小学信息社会学课程目标与内容

续表

课程内容主要领域	课程组织要素（主题）	课程内容描述
5 信息科技发展史	5-2 信息科技思想	5-2-1 通过读公输班的故事，了解老子"利于民谓之巧，不利于民谓之拙"的技术思想，并就科技创新对社会发展的作用进行讨论。
	5-3 经典著作	5-3-1 通过学习《天工开物》对造纸的描述，了解作者及其对于信息传播以及科技发展方面的价值。

表 6-18　KPRC 开发模式下的中小学信息社会学课程内容水平三（7—9 年级）

课程内容主要领域	课程组织要素（主题）	课程内容描述
1 信息伦理	1-1 自我责任	1-1-1 了解媒体在自己生活中的角色，如上网时间等，能平衡线上与线下的时间；
		1-1-2 了解如果展现不同的网络身份可能带来的益处与可能存在的风险；
		1-1-3 知道责任的社会基础，体会承担责任可能需要付出代价。
	1-2 网络礼仪	1-2-1 考虑使用手机的场合，在使用手机或其他通信设备传递信息时能够考虑到接收方或其他人的反应；
		1-2-2 理解"己所不欲，勿施于人"的黄金法则。
	1-3 隐私权	1-3-1 能与家人分享网站如何以及收集个人信息的原因，了解其益处与可能存在的风险；
		1-3-2 了解在网上泄露他人信息可能会对自己及他人带来的影响。
	1-4 知识产权	1-4-1 了解创作者对自己所创作的作品的权利与责任，如知识共享等；

续表

课程内容主要领域	课程组织要素（主题）	课程内容描述
1 信息伦理	1-4 知识产权	1-4-2 知道正版软件受法律保护，能描述盗版软件的危害，能自觉抵制盗版软件以及其他盗版智力产品。
	1-5 网络欺侮	1-5-1 能意识到网络欺侮情境中旁观者的角色和作用，能积极帮助他人解决网络欺侮的问题；
		1-5-2 批判性地对待网络谣言，自觉抵制谣言传播。
	1-6 社会参与	1-6-1 合理利用互联网等传播媒介，初步养成积极的媒介批评能力，如信息的可靠性等问题，学会理性利用现代媒介参与公共生活，如参与网络调查、表达对社会问题的看法和意见等；
		1-6-2 了解我国信息科技发展现状，理解科技创新的必要性。
2 信息安全	2-1 个人信息安全	2-1-1 了解可以交网友，能意识到网友与现实中的朋友是不同的，掌握一些避免泄露个人信息的聊天技巧。
	2-2 通信设备安全	2-2-1 了解什么是病毒及其危害；
		2-2-2 知道如何处理电子邮件、即时信息、免费下载中可能存在的安全问题；
		2-2-3 知道连锁信、网络钓鱼、恶意软件的危害，并能正确处理；
		2-2-4 能识别手机中的虚假短信。
3 信息法律法规	3-1 法律公约	3-1-1 了解《文明上网自律公约》的目的与内容；
		3-1-2 知道信息法律是由国家制定或认可，由国家强制力保证实施的一种特殊行为规范；
		3-1-3 理解我国公民法律面前一律平等。

续表

课程内容主要领域	课程组织要素（主题）	课程内容描述
3 信息法律法规	3-2 隐私权	3-2-1 分析政府法规对于个人隐私和信息安全的影响，如《中华人民共和国计算机信息网络国际联网管理暂行规定实施办法》第18条。
	3-3 知识产权	3-3-1 知道什么是商标，了解图形®与™的意义与区别，了解与商标相关的法律；
		3-3-2 了解盗版的危害以及相关法律，如《计算机软件保护条例》第24条。
	3-4 网络人际	3-4-1 了解与非法入侵计算机系统相关的法律规定，如黑客、破坏网站、散播病毒等；
		3-4-2 通过认识网络诈骗的手段，提高防骗意识，了解并遵守相关的法律规定，如《刑法》第266条。
4 社会信息系统	4-1 信息设备与健康	4-1-1 知道什么是网瘾，并能有效采取措施进行预防，如游戏上瘾、孤僻症等。
	4-2 信息合作与交流	4-2-1 通过合作性的实践活动（如小组项目等），能与同学、专家以及他人合作；
		4-2-2 展现出必要的合作特征：提供反馈，整合反馈。理解并接受多元视角。
	4-3 信息系统	4-3-1 关注信息产业的发展变化，能讨论信息产业变化对社会的影响；
		4-3-2 描述人工智能和机器人系统的主要应用；
		4-3-3 理解赛博空间是全球化的虚拟空间，网民具有文化多样性的特点。
5 信息科技发展史	5-1 信息通信发明	5-1-1 能举例说明信息科技发展史上的关键技术，讨论其重要性；
		5-1-2 能举例说明技术是如何促进创新的。

续表

课程内容主要领域	课程组织要素（主题）	课程内容描述
5 信息科技发展史	5-2 信息科技思想	5-2-1 通过子贡与老翁浇水的故事，了解庄子的技术思想，并能对互联网改变我们的生活进行讨论；
		5-2-2 了解墨家"以德驭艺"的思想；
		5-2-3 了解文化的多样性与丰富性，尊重不同文化习俗。
	5-3 经典著作	5-3-1 通过学习《多种声音，一个世界》来讨论信息鸿沟的社会问题；
		5-3-2 学习《考工记》的内容，了解技术要以人为本。

表 6-19　KPRC 开发模式下的中小学信息社会学课程内容水平四（10—12 年级）

课程内容主要领域	课程组织要素（主题）	课程内容描述
1 信息伦理	1-1 自我责任	1-1-1 理解一个数字公民应该能够尊重他人，保护个人隐私，尊重创造性作品，维护良好的自我形象。
	1-2 网络礼仪	1-2-1 建立良好的网络自我形象；
		1-2-2 不在网络上散播色情、谣言等不良信息，树立数字公民的责任意识。
	1-3 隐私权	1-3-1 通过感知线上与线下的自我身份以及声誉、人际关系的不同，了解其益处与可能存在的风险。
	1-4 知识产权	1-4-1 使用他人信息资源时考虑到对原创者、受众以及更广泛社区的影响；
		1-4-2 知道什么是集体智慧，能描述在某种情境中的益处与坏处。

续表

课程内容主要领域	课程组织要素（主题）	课程内容描述
1 信息伦理	1-5 网络欺侮	1-5-1 理解信息在网上的传播速度可能会使网络欺侮事件扩大或升级；
		1-5-2 知道什么是仇恨言论及其对个人、他人乃至群体可能存在的影响。
	1-6 社会参与	1-6-1 了解个体与组织的信息权利，学会行使自己的知情权、参与权，能通过恰当的技术途径获取政府公开的信息。
2 信息安全	2-1 个人信息安全	2-1-1 了解个人信息的价值；
		2-1-2 通过了解网上身份盗窃的方法，掌握防止身份盗窃的一般策略。
	2-2 通信设备安全	2-2-1 理解个人认证和验证码等信息安全的技术性策略；
		2-2-2 知道什么是黑客，并能理解防火墙对防止非法入侵信息系统的作用。
3 信息法律法规	3-1 隐私权	3-1-1 通过与国外有关隐私的法律的对比，了解隐私法律的制定受到社会文化、风俗的影响。
	3-2 法规公约	3-2-1 知道法律保护公民的信息权利，学会运用法律维护自己作为消费者的权益。
	3-3 知识产权	3-3-1 了解《计算机软件保护条例》，能确认影响软件发展的法律法规；
		3-3-2 区分开放资源、免费软件、付费软件以及不同类型软件的应用。
	3-4 网络人际	3-4-1 了解我国《治安管理处罚法》《刑法》对传谣的相关规定（诽谤信息被单击、浏览5000次或转发500次）；
		3-4-2 了解网络色情的危害及相关法律规定，如《最高人民法院、最高人民检察院关于办理利用互联网、移动通信终端、声讯台制作、复制、出版、贩卖、传播淫秽电子信息刑事案件具体应用法律若干问题的解释》。

续表

课程内容主要领域	课程组织要素（主题）	课程内容描述
4 社会信息系统	4-1 信息设备与健康	4-1-1 了解信息设备与人体工程学的密切联系。
	4-2 信息合作与交流	4-2-1 利用合作工具与团队成员交流，描述技术如何改善传统方式的合作；
		4-2-2 理解合作怎样影响软件作品的设计和开发。
	4-3 信息系统	4-3-1 思考何种信息系统容易利用。
5 信息科技发展史	5-1 信息通信发明	5-1-1 讨论信息系统对商业的影响，如网购等；
		5-1-2 分析当前的技术发展趋势，能预测新兴技术可能带来的文化、经济等方面的社会问题，如物联网等。
	5-2 信息科技思想	5-2-1 了解儒家的"以道驭术""正德、利用、厚生"的思想，讨论技术的社会效果；
		5-2-2 通过分析技术对人的异化现象，讨论哈贝马斯的社会政治批判的技术哲学思想。
	5-3 经典著作	5-3-1 通过学习《理解媒介》，讨论信息传播对人类社会的影响；
		5-3-2 通过学习《网络至死》，讨论人类与机器、网络等媒体的关系。

第七章　中小学信息社会学课程教学实验

前面我们探讨了 KPRC 开发模式下中小学信息社会学课程的目标和实现目标的具体内容，可以说是制订了课程计划，接下来我们要将它付诸实践，在教学实践中进一步了解其可实现的程度并探讨其有效性，确定影响实施过程的因素，以便提高课程实施与预设课程计划的适切性，最终达到为学生带来有效积极的影响的目的，促进他们对作为数字公民的知识掌握和能力提升。本章通过对 KPRC 开发模式的课程教学实践研究，尝试得出中小学信息技术学科教学中的一些有效策略与主要影响因素。

一、KPRC 开发模式下的中小学信息社会学课程教学实验设计

（一）研究目的

通过中小学信息社会学课程教学实验，解决如下研究问题：

一是设计适于中小学生使用的信息社会学课程资源；

二是总结中小学信息社会学课程的教学策略；

三是探索中小学信息社会学课程的有效性与可行性；

四是探讨信息社会学课程教学实施的主要影响因素；

五是师生对信息社会学课程的看法和建议。

（二）研究对象

考虑到教学实验研究需要学校特色、行政协调、教师意愿、时间限制、学生年级差别等相关条件的配合，笔者选取长春市某中学为实验学校，以小学部五年级、初中部初一和初二年级学生作为研究对象。

该实验学校的办学目标是"努力建设高质量、有特色、国际性、现代化、国内一流、国际有影响的知名中学"；办学指导思想为"为学生一生奠基，为民族未来负责"；学校精神为"坚持理想，追求卓越，勇开风气，兼容并包"；学校的培养目标为"努力塑造思想远大、知行合一、勇于创造、全面发展、个性优化的创新型人才"。该实验学校的 SWOT 分析如表 7-1 所示。

表 7-1 教学实验学校的 SWOT 分析

优势（Strength）	劣势（Weakness）	机会（Opportunity）	威胁（Threat）
1. 小初高一体，便于进行实验研究； 2. 与大学专业研究组织联系密切，教育科学研究深入学校的教学、管理各个方面； 3. 信息技术教师教学经验丰富，处在教师发展的成熟期； 4. 优良的基础设施为实验提供物质保障。	1. 教师的专业知识、课程知识等方面不全面； 2. 信息技术课程与学生多样的信息环境、信息能力的快速发展脱节。	1. 学校高度重视校本课程的教研； 2. 学校设有国际部，积极推进国际化进程。	1. 社会方面的行业自律； 2. 家长信息能力对学生的影响。

（三）研究设计

以实验教学研究法为主，采用单组后测验设计和不等控制组设计两种方法。之所以采用单组后测验设计，是由于在实验学校我们以班级为实验组，对每个主题内容的教学需要一个实验组和一个对照组，教学实验主题内容多，而班级少；如果一个实验组和一个对照组进行多个主题内容的教学，则需要的时间周期较长。因此，考虑到实验学校条件和进行实验的周期，我们采取单组后测验设计。同时，对某一个特定的主题教学内容，我们采取不等控制组设计。

1. 单组后测验设计

单组后测验设计是对一组被试先实施实验处理，然后进行因变量的测量，用测量的成绩来描述实验的效果。虽然这不是严格意义上的实验，但在具有常模参照时，此设计是可以采用的。我们将对全部样本进行测试后的平均值作为常模，将实验后的成绩与整体的平均值进行比较来说明教学实验结果。

2. 不等控制组设计

实验中有两个自然条件下的组（实验班级和对照班级），先对两个组进行前测，然后第一个组实施实验处理，第二组不接受实验处理，经过教学实验后，对两个组再进行后测。实验组前测分数（O1）和对照组前测分数（O3）分别通过"学生信息社会行为量表（中学和小学版）"测得。为了解学生的信息社会学知识，设计"信息社会学知识测验"，于教学结束后评价使用。此测验的题型属于是非题，评价可能受到测验练习因素的影响，不予施行前测，只取实验组和对照组的后测分数（O2，O4），如表7-2所示。

表7-2　信息社会学课程教学实验不等控制组设计

组别	前测	实验处理	后测
实验组	O1	X	O2
对照组	O3		O4

自变量：为实验组与对照组。实验组接受信息社会学课程教学处理，用两个课时教授一个单元的内容，教学者为研究者本人和初中思想品德教师。对照组不接受实验处理。

因变量：为参与实验学生利用"学生信息社会行为量表"所测得的分数，七个分量表为"网络礼仪""个人信息""网络欺侮""信息安全""知识产权""网络沉迷"和"社会参与"。另一个因变量为"信息社会学知识测验"的分数。

控制变量：是实验组和对照组利用"学生信息社会行为量表"所测得的前测分数。

教学过程中，研究者对实验组进行课堂观察，分析学生学习单的内容。教学结束后，进行教学意见调查及访谈。

（四）研究方法

针对不同研究阶段确定使用实验法以及问卷调查、访谈、观察等方法。不同实验阶段所采取的研究方法如表7-3所示。

表7-3　研究方法

实验阶段	具体研究方法
需求分析阶段	问卷调查法
教学资源设计	专家审议
学习者有效性评价	问卷调查、测验
师生态度	访谈

实验步骤如下。

第一阶段：进行问卷预试，了解学生状况。

第二阶段：确定一个教学单元，完善相关教学资源，开展教学实验。

第三阶段：总结教学单元的教学实验研究的经验，调整并再进行两个教学单元的教学实验。

第四阶段：收集、整理相关教学实验数据，形成实验报告。

（五）研究工具

研究工具包括"学生信息社会行为问卷""信息社会学课程教学资源专家审议问卷""教师意见访谈提纲"和"学生对课堂教学的反映问卷"。

1. 学生信息社会行为问卷

设计此问卷的主要目的是了解学生的信息社会行为特点，了解学生的信息社会学课程需求，有针对性地进行信息社会学课程设计。问卷共包括自我、自我与他人/他物、自我与社会以及信息活动状况四部分，为李克特五点量表。

（1）结构说明。

"学生信息社会行为问卷"的结构如表7-4所示。

表7-4　"学生信息社会行为问卷"结构

结　构	细　目	题目数	
自我	个人信息保护	6	克特 五点量表
	网络沉迷	5	
自我与他人/他物	网络礼仪	6	
	网络欺侮	6	
	信息安全	5	
	知识产权	5	
自我与社会	社会参与	4	
信息活动状况	时间、地点、方式、内容、交流工具	5	多项选择题
	总计	42	

（2）信度。

以实验学校5年级102个学生样本进行预试，并对预试版问卷进行了信度检验，得出科隆巴赫系数为 .853，大于0.8，说明量表有较高的信度，如图7-1所示。

Cronbach's Alpha	项数
.853	37

图7-1　问卷信度

（3）效度。

本问卷部分题目参考了台湾学者詹佩珊的"国小学生资讯伦理行为量表""资讯法律知识测验"，其主题设计包括隐私权、网络交友、言论自由和著作权四部分；另外还参考了另一位台湾学者苏怡如的"网路礼仪认知与行为问卷"，主要包括网络礼仪认知、网络礼仪行为、情境等维度。这在一定程度上保证了问卷的效度。

此外，笔者采用"双向细目表"检测问卷的内容效度，表7-5为预试版问卷的双向细目表具体内容。

表 7-5 "学生信息社会行为问卷"双向细目表

网络礼仪	问题	个人信息保护	问题	信息安全	问题
A1	清楚	B1	上网陪同	C1	诋毁
A2	正确	B2	网站个人信息	C2	伪装
A3	尊重	B3	信息诈骗	C3	揭露隐私
A4	刷屏	B4	图片信息泄露	C4	谩骂
A5	拍砖	B5	网络身份	C5	恐吓
A6	安全	B6	网友见面	C6	传谣
信息安全	问题	知识产权	问题	网络沉迷	问题
D1	连锁信	E1	软件分享	F1	孤僻症
D2	垃圾邮件	E2	信息引用	F2	游戏上瘾
D3	密码安全	E3	盗版软件	F3	网瘾
D4	非法入侵	E4	非法下载	F4	网瘾
D5	黑客	E5	非法交易	F5	视力减退
社会参与	问题				
G1	学校参与				
G2	社会参与				
G3	城市参与				
G4	学校参与				

通过对表 7-5 中的细目进行分析,发现 F3 和 F4、G1 和 G4 为同质性题目,各保留一个即可,因此问卷正式测试版题目总数共 40 个题目,其中包括学生信息活动状况部分的 5 个题目,各维度题目分配尚称周全。

2. 信息社会学课程教学资源专家审议问卷

迪克(Dick)和凯里(Carey)与台湾学者朱湘吉分别提出专家可以从以下四个方面来评价教材。

（1）一致性：教学内容是否符合需求及目的。

（2）内容性：教材是否完整、正确且符合实际。

（3）设计性：教学设计是否符合学习、教学和媒体使用的原则。

（4）可行性：教材是否具有持久性、符合成本效益并让使用者感到满足。[①]

史密斯（Smith）和雷根（Ragan）在《教学设计》一书中提出了"教师/培训者实际试教问卷（teacher/trainer questionnaire for field trials）"[②]，该问卷共列出 19 项，大致符合迪克和凯里 2001 年提出的教材评价的四个方面。因此，笔者在此基础上进行修改，并设计了专家审议表，如表 7-6 所示。

表 7-6　信息社会学课程教学资源专家审议问卷

维　度	题　目
课程内容	1. 课程目标具体可行
	2. 能达成课程目标
	3. 课程内容条理分明
	4. 课程内容难易程度适中
	5. 课程内容安排合适
教学设计	6. 教学活动设计具体可行
	7. 能达成既定教学目标
	8. 教学活动时间安排恰当
	9. 教学活动能引起学生兴趣
	10. 课件合乎教学的需求

① Dick, W., Carey, L. &Carey, J. O. The systematic design of instruction［M］. New York：Longman, 2001：51.

② Smith, P. L., &Ragan, T. J. Instructional design［M］. 2nd ed. New York：Merrill, 1999：350.

续表

维　　度	题　　目
教学资源	11. 学生教材易用
	12. 教学计划易用
	13. 教学内容详细
	14. 教学资源说明清楚
	15. 教学流程容易操作
学习评价	16. 评价方式具体
	17. 评价方式容易操作
	18. 能确实评价学生学习成果
	19. 能评估是否达成了教学目标

3. 教师意见访谈提纲

该访谈主要是半开放式访谈，访谈提纲包括教师对教学内容、教学方式、学生学习情况、学习材料以及整体情况的内容反馈，访谈提纲中还设计了收集意见与建议的开放性题目。

4. 学生对课堂教学的反映问卷

该问卷也是半开放式的问卷，主要了解学生对信息社会学课堂教学的看法、感受等。问卷中还设计了收集教学建议的开放性题目。

二、KPRC 开发模式下的中小学信息社会学课程教学资源设计

（一）教学资源设计的目标

教学资源作为中小学信息社会学课程的基本载体，其内容、结构、呈现方式要体现出 KPRC 开发模式的基本理念，使学生通过利用资源进行有效学习，最终促进课程目标的达成，即培养数字公民。

（二）教学资源内容选择

基于前面建立的 KPRC 开发模式的课程内容体系，我们选取相应的内容进行设计，充分体现让学生经历信息处理的完整过程，围绕一个问题解决的主题，将信息获取、信息处理、信息表达和信息交流融入学习

过程中，以自我、自我与他人/他物、自我与社会三个层面的课程主题为依据，在整个过程中体现传统文化与多元文化的融合，最终促进学生掌握信息社会学课程的知识与技能、过程与方法，形成正确的价值观和道德观。

（三）教学资源结构设计

在具体的教学资源（教材）设计中形成"学习目标呈现—问题情境设置—信息社会学知识学习—问题解决实践—学习评价—资源拓展"的基本结构。在这个基本结构中融合故事法、讨论法、情境法、活动法、角色扮演等常用的教学方法。

1. 学习目标呈现

在教学之前，呈现本课学习目标，有助于学生明确学习方向。学习目标需体现信息社会学课程的知识与技能、过程与方法，以及信息伦理道德等维度的学习水平、程度。

2. 问题情境设置

联系学生自身、自身与他人/他物（家庭、学校、媒体）、自我与社会生活的现实问题设置一个问题情境。此问题情境应体现与学生生活的联系、学生已有的知识技能和即将学习的新知识等。

3. 信息社会学知识学习

融合问题解决实践部分的内容，对问题情境中隐含的信息社会学知识进行描述、分析或直接呈现。

4. 问题解决实践

应用信息社会学知识，解决具体问题，即提出具体的问题任务，让学生在问题解决过程中体会知识的运用，形成问题解决的能力。

5. 学习评价

设置学习诊断性评价和形成性评价的内容，使学生有机会对自己的学习进行评价与反思。评价手段应多元化，可以是知识检测或技术测评，以及应用任务完成情况的自主评价量规等。

6. 资源拓展

陈述与问题解决实践相关的信息社会学知识、信息处理技巧或与之相关的课外资源链接，拓展学生的学习深度与广度，同时激发学生的学习兴趣。

（四）教学资源案例

1. 案例 1 的内容选择的具体情况

水平三，"信息伦理"中"社会参与"下的"1-6-1   合理利用互联网等传播媒介，初步养成积极的媒介批评能力，如信息的可靠性问题，学会理性利用现代媒介参与公共生活，如参与网络调查、表达对社会问题的看法和意见等"。

水平三，"信息伦理"中"网络欺侮"下的"1-5-2   能批判性地对待网络谣言，自觉抵制谣言传播"。

水平三，"信息伦理"中"自我责任"下的"1-1-3   知道责任的社会基础，体会承担责任可能需要付出代价"。

案例 1   权利与责任

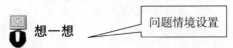

学习目标呈现

◎ 本课学习目标

1. 了解互联网可以同时散播积极或消极的思想；
2. 掌握如何确定信息的可靠性的一般方法；
3. 知道与网民相关的权利与责任，不散布网络谣言等不良信息。

想一想

问题情境设置

我们想在学校发起为贫困小学捐款的活动，怎样利用网络帮助我们完成活动呢？

一百多年前，要送一封越洋信件需花上好几个月的时间；今天通过互联网，任何人都可以立刻联系到世界各地的人们。互联网是人们分享知识、联系交流的工具，但同时它也能散播谎言、宣扬仇恨。

在互联网上，你可以找到分享如何促进学习、娱乐以及做人等方面的网站，同时你也会发现散播谎言、宣扬仇恨的网站，而这些网站上的观点，你很难说清楚它是由多人发表的，还是同一个人的想法。

网络谣言 信息社会学知识学习

网络上信息繁杂，真真假假，令人眼花缭乱。例如，日本"3·11"大地震引发了福岛核电站泄漏事故，网上流传着关于食盐可以防辐射的谣言，一时间，人们涌向超市将食盐一抢而光。

为了使人相信，网络谣言常常以病毒警告、寻人启事、贫困急难的救助、朋友亲身经验等形式出现。其中往往还有真实的人名、地名、公司名等，看起来可信度颇高。因此，在网络上传播转发任何信息时应该加以确认，尤其是对于攻击或诽谤的信息，切勿转发。对于这些不正确的信息，轻则一笑了之即可，重则会造成社会恐慌不安，还会触犯法律。"谣言止于智者"，不要轻易上当。

说一说 问题解决实践

在使用互联网时，你既是全球社区的一员，同时也是国家公民、学校、家庭的成员。每种角色都有自己的责任，在网络中也有需要遵守的规则。看看下面的情境，你认为都存在什么问题？

计算机课上，嘉南在网上发现一张色情图片，他把这张色情图片发到了班级的QQ群里，引起了整个班级的一阵骚乱。

英语考试中，之远因作弊被监考王老师把试卷没收了，并取消了英语成绩。之远怀恨在心，随后在学校的贴吧上发了辱骂王老师的帖子，还编造了很多关于王老师不好的故事。

中午大家在食堂排队的时候，阿强拿博明告诉他自己的囧事儿大开玩笑。博明回家就给阿强的QQ发了信息，说了一些恐吓的话，想吓唬吓唬他。

斌洪想开个玩笑，他在班级群里模仿老师的语气，说明天下午放假，而且还注上了校标，就像正式的通知一样。

_____

_____

艺珊的妈妈是化妆品销售员，她想帮妈妈卖化妆品，就在学校的 BBS 上写了一条广告还留下了妈妈的电话号码。

_____

_____

为什么互联网是传播信息的好工具？   学习评价

                                    资源拓展

如果发现有人散布网络谣言怎么办？ 行动起来，请单击网址 http：//net. china. cn/ywdt/txt/2008－09/01/content_2446621. htm，向中国互联网违法和不良信息举报中心举报。

　　2. 案例 2 的内容选择的具体情况

　　水平三，"信息科技发展史" 中 "信息科技思想" 下的 "5-2-1　通过子贡与老翁浇水的故事，了解庄子的技术思想，并能对互联网改变我们的生活进行讨论"。

案例 2　讨论未来

学习目标呈现

◎本课学习目标

1. 了解一些与互联网未来相关的社会问题；
2. 针对互联网如何影响人们未来的生活进行讨论；
3. 了解庄子对技术的态度。

读故事　　问题情境设置

互联网给我们带来很多好处，在互联网上，我们可以与朋友互发电子邮件、聊天、玩网络游戏、听音乐、看电影、收集资料等。阅读下面的故事，如果我们把互联网比作故事中的桔槔，你会有什么想法？

子贡到南方的楚国旅行，返回晋国的路上见到一位老人正在浇灌菜园。只见这位老人挖了一条隧道通到井底，用瓦罐取水浇园，累得呼哧带喘。子贡说："有种机械，一天可浇百畦，用力很少而功效很高。先生不想用它吗？"

《天工开物》中的桔槔图

浇园老人抬起头看着他说："什么意思？"子贡说："用木头做成个机械，后头重、前头轻，提水像抽出的一样，快得好像沸水上溢，名叫桔槔。"浇园老人愤怒得变了脸色，冷笑着说："我听我老师说，有机械必有机械的事，有机械的事必有机谋的心。机谋的心藏在胸中，心灵就不纯洁。心灵不纯洁，精神就摇摆不定，没有操守。精神没有操守，就不能得道。我不是不知桔槔快，而是感到羞耻而不用它。"

你赞同子贡还是赞同老人？为什么？如果没有互联网，世界将会怎样？这个故事提示我们应该思考如何更好地使用互联网，而不是使用互联网做危害人类的事。

大辩论　　问题解决实践

互联网的快速发展会给我们的生活带来很大影响，同时也会产生很多问题，我们把这些问题叫作社会问题。对下面的社会问题，你有什么看法？请四人一组，讨论下列问题。

学校和图书馆应该抵制互联网吗？

大多数学校和图书馆都使用过滤软件，这些过滤软件可以阻止色情、暴力的内容，以更有利于学生的健康成长。然而，这些过滤软件的功能非常有限，而且这些软件有时也会阻止很多对学生有益的优秀网站。学校和图书馆应该使用过滤软件吗？

学校会消失吗？

如今，一些人在家里就能上大学。他们在网上上课、记笔记、与同学或老师讨论、参加考试。未来还会有各种各样的在线学习方式。在线学习会影响学校的存在吗？我们是否不需要更多的老师，也不需要学校了呢？

互联网能挽救生命吗？

纵观历史，战争、疾病、干旱和地震等灾难给全世界的人们带来了很多危害。如今有了互联网，它能使人们更好地互相帮助吗？它会使世界更加美好吗？

互联网会危害孩子吗？

20 世纪 60 年代，美国的父母们预言摇滚乐会让孩子们叛逆。到了 20 世纪 80 年代，父母们又说电视会让孩子们变成僵尸。今天，父母们同样担心互联网会使孩子们不外出锻炼，他们还担心上网会代替孩子们与人的正常交往。现在的孩子们会变成不健康也不会交往的成年人吗？

 辩论计划

小组成员：

_____

问题：

_____

观点：

_____

论据：

_____

 互联网的未来发展会有哪些社会问题？　　学习评价

说说互联网给我们带来的坏处。 资源拓展

三、KPRC 开发模式下的中小学信息社会学课程教学实验实施

（一）学生需求分析

在进行中小学信息社会学课程资源设计时，要了解实验学校学生的信息社会行为的特点，以便针对这些特点设计符合学生实际的课程资源。本教学实验以问卷调查的方式了解学生信息社会行为的特点。对"学生信息社会行为问卷"的部分题目进行调整之后，进行正式调查。初中发放调查问卷 443 份，回收 424 份，回收率为 95.7%。小学发放调查问卷 106 份，回收 106 份，回收率为 100%。

1. 问卷调查结果

（1）各维度统计结果。

初中问卷调查的统计结果如图 7-2 所示。

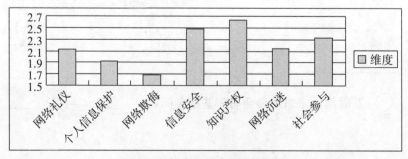

图 7-2　初中各维度的统计结果

　　由于测试题目均为反向题，因此我们看到初中学生在知识产权、信息安全和社会参与维度方面问题比较突出，主要表现为知识产权知识不足，缺乏信息安全常识，信息法律意识薄弱，但同时个人信息保护意识较强，比较注意网络礼仪。

　　小学问卷调查的统计结果如图 7-3 所示。

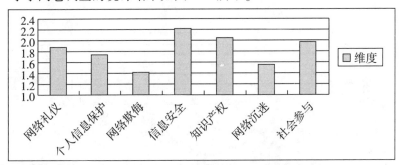

图 7-3　小学各维度的统计结果

　　我们看到，小学学生同初中学生的问卷调查的统计结果有相似之处，即在信息安全、知识产权和社会参与维度方面问题突出。比较而言，小学生的信息安全常识不如初中生，也主要表现为知识产权知识不足，缺乏信息安全常识，信息法律意识薄弱，但同时个人信息保护意识较强，比较注意网络礼仪。

　　（2）关于学生信息活动状况方面的调查结果。

　　①信息交流工具。初中和小学学生信息交流工具使用情况的调查统计结果如图 7-4 所示。

　　通过对比我们看到，初中生使用的信息交流工具要比小学生在种类上丰富，在使用率上也更为频繁。

　　②上网活动内容。初中生和小学生上网活动内容的调查统计结果如图 7-5 所示。

　　显然，初中生利用网络进行信息活动的内容要比小学生丰富得多，利用网络玩游戏是小学生最为常见的活动，而初中生能充分利用网络满足自己的学习、生活、娱乐等多样信息需求。

　　③上网方式。初中生和小学生上网方式的调查统计结果如图 7-6 所示。

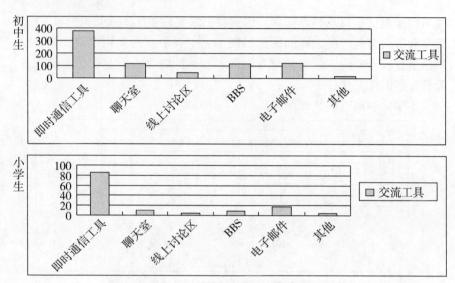

图 7-4　初中生、小学生信息交流工具使用情况

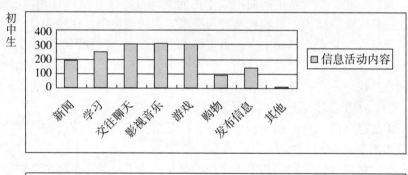

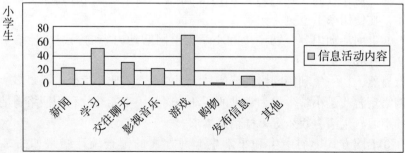

图 7-5　初中生、小学生上网活动情况

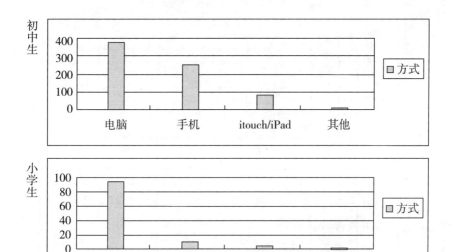

图 7-6　初中生、小学生上网方式对比

我们看到，手机已经成为初中生更为常用的上网方式，而小学生还是以计算机为主。

④上网地点。初中生和小学生上网地点的调查统计结果如图 7-7 所示。

家庭成为学生上网的主要地点。这一方面说明学生家中的信息环境良好，可以保证学生有充足的时间接触网络，另一方面也说明家长的信息素养也是孩子进行信息活动的重要影响因素之一。

⑤上网时间。初中生和小学生上网时间的调查统计结果如图 7-8 所示。

在所调查的学生中，近70%的初中生每天上网时间在一个小时以上，足以说明网络已成为学生日常生活中必不可少的信息交流工具，同时也意味着学生需要控制自己的上网时间，也更加说明网络成瘾与相关的健康问题可能会成为潜在的新生问题。

初中生上网时间较长，更容易出现网瘾、生理健康方面的问题；同时初中生的信息法律意识薄弱。小学生则缺乏信息安全常识，社会参与意识不强。

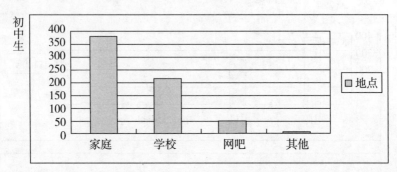

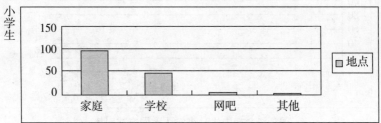

图 7-7 初中生、小学生上网地点对比

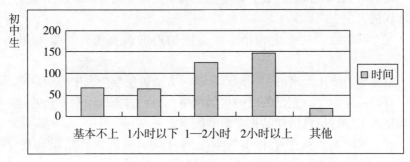

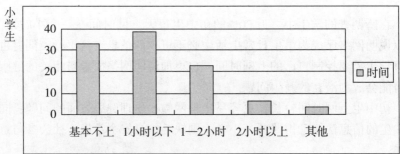

图 7-8 初中生、小学生上网时间对比

综上所述，实验学校学生的信息社会行为有如下特点：

①初中生、小学生比较注意网络礼仪，行为习惯良好；

②初中生、小学生缺乏信息安全常识；

③初中生、小学生知识产权知识不足；

④小学生、初中生信息法律意识薄弱；

⑤初中生平均上网时间较长。

（二）实验教学资源设计

根据以上调查结果所反映的初中生和小学生表现出来的不同信息社会行为特点，考虑学生的发展阶段，基于之前对课程开发模式的论述以及在实验学校进行教学实验的具体情况，对信息社会学课程资源进行了如下设计。

1. 初步设计

鉴于小学生的身心发展特点，在小学品德与生活、品德与社会的课程中都没有涉及法制教育的内容，因此，小学阶段的设计以信息安全的核心课程为教学实验的主题。

在初中，根据学生上网时间较长的现状，并考虑初中思想品德课程中在"认识自我"的课程内容中包含"1.3 讨论学习活动和游戏活动之间相互矛盾又相互促进的关系、树立正确的学习观念和游戏观念"[①]，我们将这两门学科中这个关联性极强的内容进行了课程组织，形成了"网络成瘾的危害与预防"一课。初中思想品德课程标准中在"成长中的自我"的课程内容中包含"3.1 知道不履行法律规定的义务或做出法律所禁止的行为都要承担相应的法律责任，受到一定的法律制裁"；"权利与义务"的课程内容中包含"3.2 知道公民的人身权利受法律保护，任何非法侵害他人人身权利的行为，都要承担法律责任"。[②] 根据这些内容之间密切的知识联系，确定信息法律方面的课程内容，同时考虑课程模式的变化，我们设计了一个以"信息安全法律教育"为主题的班会活动，即模拟法庭，

① 中华人民共和国教育部. 义务教育思想品德课程标准（2011 年版）［M］. 北京：人民教育出版社，2011：7.

② 中华人民共和国教育部. 义务教育思想品德课程标准（2011 年版）［M］. 北京：人民教育出版社，2011：8, 12.

让学生在自我组织与安排课程内容的过程中了解信息法律的相关知识；同时针对初中学生知识产权知识不足的现状，设计了"著作权的合理使用"一课。

在确定课程资源的主题内容后，开始收集与设计资源，主要包括学生使用的教材、学习单，教师使用的课件、教学指导，研究使用的后测测验题和学生对课堂教学的反映问卷。教学资源的设计如表 7-7 和表 7-8 所示。

表 7-7　小学课程资源

课程资源名称		课程开发形式	适用年级	教学目标与对应内容条目
"E-mail 达人"单元	E-mail 礼仪	核心课程	小学五年级	了解使用 E-mail 时应遵守的一般性礼仪。能编辑一封符合礼仪的电子邮件。了解清楚、简洁、尊重的原则。（水平二中信息伦理下的 1-2-1）
	垃圾邮件		小学五年级	了解什么是垃圾邮件及其危害，知道垃圾邮件的几种形式（连锁信、网络钓鱼、恶意软件），能采取措施避免垃圾邮件带来的危害（不打开或回复链接、陌生邮件）。（水平二中信息安全下的 2-2-1）
	E-mail 密码		小学五年级	描述邮箱密码的功能。掌握如何创建安全程度高的密码以及保护密码的一些策略（8 个字符以上，字母数字混合，定期更改，保密）。（水平二中信息安全下的 2-2-2）

表 7-8　初中课程资源

课程资源名称	课程开发形式	适用年段	教学目标与对应内容条目
网络成瘾的危害与预防	相关课程	初中一、二年级	"知道什么是'网瘾'，并了解其一般标准；掌握预防网络成瘾的方法。 通过测试，能够初步判断自己是否网络成瘾；通过对网络成瘾的信息收集、加工、整理、表达，使学生对沉迷网络的危害有更为深刻的认识，进而学会科学、理性地使用网络，提高自己的自控力和约束力。 了解'网瘾'对青少年身心健康的危害，通过对一个个鲜活案例的直观感受，自觉形成对网瘾危害的认同感，进而自我警醒，在讨论过程中形成清晰的防范意识。"① （水平三中社会信息系统下的 4-1-1，以及信息伦理下的 1-1-1）
信息安全法律教育主题班会	活动课程相关课程	初中一、二年级	了解什么是"黑客"行为。知道《中华人民共和国计算机信息网络国际联网管理暂行规定实施办法》第 18 条的规定。了解法庭人员构成以及基本审判程序。能模拟法庭审判程序依法判决。认识到非法侵入计算机信息系统是犯罪行为；养成法律意识。 （水平三中信息法律法规下的 3-4-1 和 3-1-2）

---

① 马艳红，钱松岭.《网络成瘾的危害与预防》教学设计 [J]. 中国信息技术教育，2013（4）：33-35.

续表

课程资源名称	课程开发形式	适用年段	教学目标与对应内容条目
著作权的合理使用	核心课程	初中一、二年级	了解什么是"著作权（版权）""合理使用""公有领域""剽窃"；了解作品创作者的权利是受到著作权法保护但有合理使用范围的；知道《中华人民共和国著作权法》第二十二条第 1 款和第 6 款关于合理使用的规定；能举例说明如何复制使用网上的原创作品（文字、图片、图表等）。 （水平三中信息伦理下的 1-4-1 和 1-4-2、信息法律法规下的 3-3-2；水平二中信息法律法规下的 3-3-2 和 3-3-3）

2. 专家评估

在准备好这些资源后，便进入专家审议的环节。该环节所选择的专家是课程设计及教学经验丰富的三位专家。三位专家分别是一位初中思想品德教师（专家 A），一位是小学信息技术教师（专家 B），另一位是大学教育技术学教授（专家 C）。课程资源评估专家背景如表 7-9 所示。

表 7-9　专家背景

专家代号	专　　长	背　　景
专家 A	初中思想品德课程教学	中学高级教师，教育学硕士，教龄 20 年
专家 B	小学信息技术课程教学	小学高级教师，教育学硕士，教龄 17 年
专家 C	信息技术课程，教育技术学	教授，博士生导师

为初中阶段开发的教学实验资源包括"网络成瘾的危害与预防""信息安全法律教育主题班会"和"著作权的合理使用"；为小学阶段开发的资源是"E-mail 达人"主题单元，主要包括三个课时："E-mail 礼仪"、"垃圾邮件"和"E-mail 密码"。三位专家对这些课程资源进行了评估，评估结果如表 7-10 所示。

表 7-10　信息社会学课程专家评估结果

项目	题　目	E-mail 礼仪	垃圾邮件	E-mail 密码	网络成瘾的危害与预防	信息安全法律教育主题班会	著作权的合理使用
课程内容	1. 课程目标具体可行	4.00	4.00	4.00	3.33	4.00	4.00
	2. 能达成课程目标	4.00	4.00	4.00	3.67	4.00	4.00
	3. 课程内容条理分明	4.00	4.00	4.00	3.67	4.00	3.33
	4. 课程内容难易程度适中	2.67	3.33	4.00	4.00	4.00	3.33
	5. 课程内容安排合适	4.00	4.00	3.67	3.67	4.00	4.00
教学设计	6. 教学活动设计具体可行	4.00	3.33	4.00	3.67	4.00	4.00
	7. 能达成既定教学目标	4.00	4.00	4.00	3.33	4.00	4.00
	8. 教学活动时间安排恰当	4.00	4.00	4.00	4.00	4.00	4.00
	9. 教学活动能引起学生兴趣	4.00	4.00	4.00	4.00	4.00	4.00
	10. 课件合乎教学的需求	4.00	4.00	4.00	4.00	4.00	4.00
教学资源	11. 学生教材易用	4.00	4.00	4.00	4.00	4.00	4.00
	12. 教学计划易用	4.00	4.00	4.00	4.00	4.00	4.00
	13. 教学内容详细	4.00	4.00	4.00	4.00	4.00	4.00
	14. 教学资源说明清楚	4.00	4.00	4.00	4.00	4.00	4.00
	15. 教学流程容易操作	4.00	4.00	4.00	3.67	3.67	4.00

续表

项目	题　目	E-mail 礼仪	垃圾邮件	E-mail 密码	网络成瘾的危害与预防	信息安全法律教育主题班会	著作权的合理使用
学习评价	16. 评价方式具体	4.00	4.00	4.00	4.00	3.67	4.00
	17. 评价方式容易操作	4.00	4.00	4.00	4.00	4.00	4.00
	18. 能确实评价学生学习成果	3.67	4.00	3.67	4.00	3.67	3.67
	19. 能评估是否达成了教学目标	3.67	4.00	4.00	4.00	3.67	3.67

4=非常同意；3=同意；2=不同意；1=非常不同意

以下分别对各个教学资源进行说明。

（1）E-mail 礼仪。

本课的专家评估分数，除了第4、18、19项外，其余各项平均分均为4分。课程内容项中的"课程内容难易程度适中"项目，平均分为2.67。学习评价项中的"能确实评价学生学习成果"和"能评估是否能达成了教学目标"的平均分为3.67。

关于"课程内容难易程度适中"项目的平均分数较低，专家A、专家B和专家C都表示内容难度太低，"E-mail 礼仪"单独成课的必要性有待商榷，而且在五年级开设就显得比较简单，该内容更适合更低年级学生的学习。专家C建议可以结合小学语文教学，在更低年级展开该内容的教学。

关于学习评价项中的"能确实评价学生学习成果"和"能评估是否能达成了教学目标"平均分略低，专家C建议评价项目可以增加对学生能力方面的评价，而不只是集中在对知识内容的评价上。

（2）垃圾邮件。

本课的专家评估分数，除了第4、6项外，其余各项平均分均为4分。课程内容项中的"课程内容难易程度适中"项目和数学设计项中的"教学活动设计具体可行"项目平均分都为3.33。专家B认为本课内容对于五年级学生来说可能略为简单，特别是活动可能占用了太多课堂时间。对于教学设计项中的"教学活动设计具体可行"，专家 C 认为当前设计可以完成教学目标，但应考虑是否可以尝试在机房中进行教学，让学生直接到自己的邮箱中接收垃圾邮件。

（3）E-mail 密码。

本课的专家评估分数，除第 5、18 项外，其余各项平均分均为 4 分。课程内容的"课程内容安排合适"项目平均分为 3.67。专家 A 对密码是否有必要成为教学内容表示有异议，而专家 B 和专家 C 都认为这是比较新颖的内容，符合学生的实际需要。

（4）网络成瘾的危害与预防。

本课的专家评估分数，除了第 1、2、3、5、6、7、15 项外，其余各项平均分均为 4 分，课程内容中的"能达成课程目标""课程内容条理分明""课程内容安排合适"、教学设计中的"教学活动设计具体可行"和教学资源中的"教学流程容易操作"项目平均分为 3.67，课程内容中的"课程目标具体可行"、教学设计中的"能达成既定教学目标"项目平均分为 3.33。专家 A 和专家 B 认为此课设计得虽然不错，但具体知识目标不够明确，教学活动并不是十分紧密地围绕教学目标进行的。专家 A 建议此内容也可以属于思想品德课程的内容，可以将此内容放在思想品德课上进行教学，并建议重新组织课堂教学环节与目标的关系。

（5）信息安全法律教育主题班会。

本课的专家评估分数，除了第 15、16、18、19 项外，其余各项平均分均为 4 分。教学资源中的"教学流程容易操作"、学习评价中的"评价方式具体""能确实评价学生学习成果""能评估是否达成了教学目标"项目平均分为 3.67。

专家 A 建议，教学流程说明要更清楚些，因为整个课程的学习都是让学生自己操作，要说明学生分工的具体任务；专家 A 和专家 C 都认为可以更多地设计评价的点，因为班会是学生的一种活动课程；专家 C 提出要增加课程目标，例如合作交流、组织管理等都可以作为评价的指标。

（6）著作权的合理使用。

本课的专家评估分数，除了第 3、4、18、19 项外，其余各项平均分均为 4 分。课程内容中的"课程内容条理分明""课程内容难易程度适中"项目平均分均为 3.33 分。学习评价中的"能确实评价学生学习成果""能评估是否达成了教学目标"项目平均分为 3.67。

专家 A 和专家 B 都认为本课涉及概念较多，应注意其安排的顺序；专家 B 认为难度可能有些高，应尽量减少概念的说明。专家 C 提出评价部分是否可以设计双层次测验，让学生回答出理由。

总结各位课程专家的建议，本研究决定小学不开展"E-mail 礼仪"一课的教学，其他全部保留。对"垃圾邮件""E-mail 密码"的教学，考虑到实验学校的具体情况保留了原来的设计；重新设计"网络成瘾的危害与预防"以增强其可操作性，并由专家 A 进行教学；改进"信息安全法律教育主题班会"的资源说明部分；"著作权的合理使用"课中则要注意各个知识点的衔接。

（三）教学实验实施

在设计好教学资源之后深入实验学校，与相关教师确定好教学时间和实验班级后展开教学。下面以"E-mail 密码"为例说明具体的教学实验实施过程。

1. 教学前准备

给学生下发实验学习材料，包括教材与相应的学习单。

教学实验课例 "E-mail 密码"

◎本课目标

- 描述邮箱密码的功能；
- 掌握创建、保护安全强度高的密码的一些策略。

🔒阅读新闻

瑞星发布中国用户最常用十大密码

11 月 22 日，国内安全厂商瑞星（微博）公司发布针对密码强度的专业研究结果。这项研究表明，国内用户在密码使用和创建上存在种种疏漏，一些极其简单的密码被广泛应用于各种使用环境中，给用户带来极大安全风险。根据这项研究，中国用户最常用的十大简单密码是 abc123、123456、xiaoming、12345678、iloveyou、admin、qq123456、taobao、root、wang1234。

资料来源：http：//news. xinhuanet. com/jiadian/2011-11/24/c_122330012. htm。

哈哈，你用过上面的密码吗？你觉得如何能创建一个非常安全的密码？

🔒强大的密码

Powerful passwords protect private possessions 是一句英语绕口令，译为强大的密码保护你私人的财产。你能连续快速说五次吗？强大的密码能保护私人的财产，这是事实。密码可以阻止别人偷看你的个人信息或者假装是你。密码还是打开你在计算机中或在线上的一些有价值的个人文件的钥匙。也就是说，密码还能保证你的信息安全。例如，你的密码能使你保存在线游戏的分数。

当长大后，你可以使用密码锁住你的存款。你还可以用它来进行网购。了解如何创建强大的密码能使你的存款更加安全。

创建一个强大安全的密码就像把一个拼图拼在一起。最好的密码就是用一种只有你自己才能记住的方式，将小的拼图拼在一起。如果是好的密码，你的好朋友也是很难猜出来的，而且企图犯罪的人也难以琢磨出来。专家们想出许多窍门来创建最安全的密码，知道越多窍门你的密码就越难被猜出来。

🔒游戏

掷骰子，按掷出骰子的数字在格子中前进，遇到有指示的格子，按指示去做，先到终点者胜。

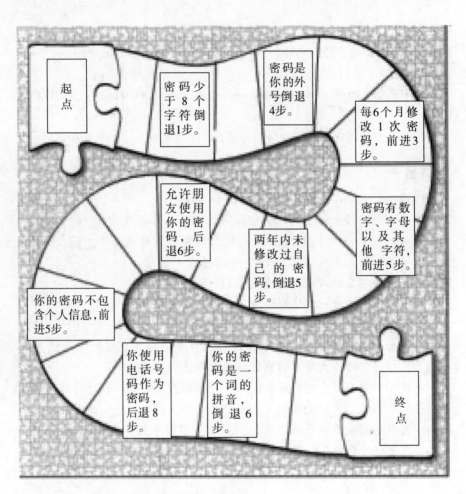

创建新邮箱，检测密码的安全强度。

◎ 密码能做什么？

它们是如何起作用的？

怎样创建安全的密码？请写出几条。

中小学信息社会学课程教学实验

🔒 **想知道安全强度高的密码是什么样的吗？看看下面的密码。**

FLZX3000cY4yhl9day 飞流直下三千尺，疑是银河落九天

hanshansi. location（）！∈［gusucity］姑苏城外寒山寺

hold？fish：palm 鱼与熊掌，不可兼得

🔒 **相关资源**

瑞星发布中国用户最常用十大密码：http：//news. xinhuanet. com/jiadian/2011−11/24/c_122330012. htm

Cybersmart 21st century skills for educationhttp：//www. cybersmart. org。

如何保护手机里的隐私：http：//tech. 163. com/12/0528/03/82IFI5F2000915BE. html。

怎样保护密码 抵制网络窃密：http：//security. chinaitlab. com/aqzx/391204. html。

中国 IT 实验室：http：//security. chinaitlab. com。

QQ 安全中心：http：//aq. qq. com。

● 学习单

课例 "E-mail 密码" 学习单

姓名：　　　　年级：　　　　班级：

1. 密码有什么作用？

2. 填空，请补充说明下面关于创建安全的密码的策略。

（1）密码应不少于_____个字符；

（2）不要在你的密码中使用你的外号或_____；

（3）密码中要包含_____、数字和其他字符；

(4) 至少每_____个月更换一次密码；

(5) 不要告诉朋友你的密码；

(6) 告诉_____或监护人你的密码；

(7) 不要在密码中使用_____信息（如生日等）；

(8) 不要用你的_____号码做密码。

● PowerPoint 演示文稿

E-mail密码

图片来源：http://technol.in/wp-content/uploads/2012/02/password1.png/

瑞星发布中国用户最常用十大密码

11月22日，国内安全厂商瑞星（微博）公司发布针对密码强度的专业研究结果。这项研究表明，国内用户在密码使用和创建上存在种种误高，一些极其简单的密码被广泛应用于各种使用环境中，给用户带来极大安全风险。

根据这项研究，中国用户最常用的十大简单密码是abc123、123456、xiaoming、12345678、iloveyou、admin、qq123456、taobao、root、wang1234

资料来源：http://news.xinhuanet.com/jiudian/2011-11/24/c_122330012.htm 12,21,2011

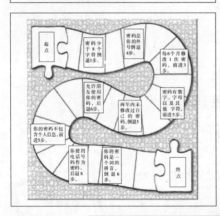

创建高强度密码原则

🔒 密码应不少于8个字符；

🔒 不要在你的密码中使用你的外号或乳名；

🔒 密码中要包含字母、数字和其他字符；

🔒 至少每6个月更换一次密码；

🔒 不要告诉朋友你的密码；

🔒 告诉父母或监护人你的密码；

🔒 不要在密码中使用个人信息（如生日等）；

🔒 不要用你的电话号码做密码。

安全强度高的密码

🔒 **FLZX3000cY4yhl9day**飞流直下三千尺，疑是银河落九天

🔒 **hanshansi.location()!∈[gusucity]** 姑苏城外寒山寺

🔒 **hold?fish:palm**鱼与熊掌，不可兼得

2. 教学过程

按照教学设计，进行课堂教学。

课例 "E-mail 密码" 教学设计（1 课时）

◎ 教学目标

- 知识与技能目标：能描述密码的功能。
- 过程与方法目标：掌握创建、保护密码的一些策略。
- 情感态度与价值观目标：有密码保护意识，了解密码安全的重要性，能尊重他人的密码安全。

◎ 教学重点和难点分析

- 教学重点和难点：如何创建、保护安全的密码。

◎ 教学策略设计

- 主要的教学方法如下。
- 故事法。在教学中通过故事呈现，联系现实生活创设信息问题情境，使学生加深对所学内容的理解。
- 游戏法。让学生玩密码游戏，如掷骰子，激发学生的兴趣，使学生能积极参与，并在游戏中掌握创建安全强度高的密码的策略。

◎ 教学准备

骰子、棋子、游戏盘。

◎ 教学过程

一、引入新课

提问：在生活中我们什么时候使用密码？（银行取款、转账、网上支付等。）你是否使用过上述的密码？引导说明密码的安全性会威胁个人信息、财产的安全。

二、设置问题情境

演示课件，给同学们看一则新闻。

瑞星发布中国用户最常用十大密码

11 月 22 日，国内安全厂商瑞星（微博）公司发布针对密码强度的专业研究结果。这项研究表明，中国用户最常用的十大简单密码是 abc123、123456、xiaoming、12345678、iloveyou、admin、qq123456、taobao、root、wang1234。

资料来源：http：//news. xinhuanet. com/jiadian/2011-11-24/c_122330012. htm。

头脑风暴：请学生说说如何能创建安全强度高的密码。

三、密码游戏

两人一组玩游戏。可事先将游戏盘放大（按照分组情况决定数量），再将其分配给分好的学生小组。

说明游戏规则：掷骰子，按掷出骰子的数字在格子中前进，遇到有指示的格子，按指示去做，先到终点者胜。教师应请学生注意阅读自己所到达位置上的说明。

四、知识归纳

在游戏结束后，请学生列出创建密码时应该遵守的原则，比如：

（1）密码应不少于8个字符；

（2）不要在你的密码中使用你的外号或乳名；

（3）密码中要包含字母、数字和其他字符；

（4）至少每6个月更换一次密码；

（5）不要告诉朋友你的密码；

（6）告诉父母或监护人你的密码；

（7）不要在密码中使用个人信息（如生日等）；

（8）不要用你的电话号码做密码。

五、知识应用

给出安全强度高的密码的例子。

展示 FLZX3000cY4yhl9day，让学生猜是什么意思。（飞流直下三千尺，疑是银河落九天）

展示 hanshansi. location（）!∈［gusucity］，让学生猜是什么意思。（姑苏城外寒山寺）

展示 hold? fish: palm，让学生猜是什么意思。（鱼与熊掌，不可兼得）

创建密码练习活动：你的密码合格吗？请同学们在一张纸条上创建自

己的密码，然后给老师看，注意不要让其他同学看到。如果有问题，老师就将密码说出来；如果安全强度高就不说出密码。

六、总结评价

提问：密码能做什么？怎样创建安全的密码？请说出几条。

七、知识巩固

完成学习单内容。

3. 教学后测

请学生参加教学后测，填写后测问卷以及学生对课堂教学的反映问卷。

四、KPRC 开发模式下的中小学信息社会学课程教学实验结果分析

（一）课堂教学实验结果分析

1. 信息安全法律教育主题班会

对于信息法律方面的内容，我们很难对学生是否能遵守法律的行为进行测量，因为必须将此推论置于真实情境之下才能测量。因此我们只对教学的知识目标进行考察，另外配合学生对课堂反映的问卷进行教学实效的推论。

（1）教学效果分析。

本节课利用单组后测验设计，所以在实验处理前以"学生信息社会行为问卷"测得全体初二年级 425 名学生信息社会行为的一个平均值。问卷中与本主题班会知识目标直接相关的一个题目为"小正简直是个计算机专家，他能进入城市计算机管理系统。为了证明这一点，他在市政府的网页上留了一行字'这是我的城市！'，其他什么都没破坏就离开了。如果是你，你会这样做吗？"，其平均分为 3.09。

后测题题目学生全部答对了，说明学生至少达到了知识目标，也有可能是设计的测验题目对学生而言过于简单。学生的后测得分率如表 7-11 所示。

表7-11　"信息安全法律教育主题班会"后测得分率

题　目	正答率
1. 下列选项中，正确的审判程序是（　　　） A. 法庭调查—法庭辩论—宣读起诉书—法庭教育—法庭判决 B. 法庭辩论—法庭调查—宣读起诉书—法庭教育—法庭判决 C. 宣读起诉书—法庭调查—法庭辩论—法庭教育—法庭判决 D. 宣读起诉书—法庭调查—法庭辩论—法庭判决—法庭教育	100%
2. 下列法庭座位示意正确的是（图略）	100%
3. "黑客"行为触犯了下列哪条法律?（　　　） A.《刑法》 B.《中华人民共和国计算机信息网络国际联网管理暂行规定实施办法》 C.《未成年人保护法》 D.《宪法》	100%
4. 司法机关办理未成年人刑事案件的一项重要的法律原则是（　　　） A. 教育为主，惩罚为辅 B. 坦白从宽，抗拒从严 C. 惩罚为主，教育为辅 D. 知错就改，既往不咎	100%

（2）学生对课堂教学的反映。

关于其他目标是否达成，如"了解法庭人员构成以及基本审判程序。能模拟法庭审判程序依法判决。了解非法侵入计算机信息系统的危害；提高学生的法律意识，树立正确价值观"，我们从学生的课堂反映问卷上来看，全班55人参加了班会，有40人写下了自己对本节课的感受，按主题将学生的感受归纳如下。

①课程内容实用性。

FL1："让我懂得了更多的法律常识，知道以后用计算机应多做健康有益的事。"

FL2："法律意识很重要，知法懂法不坐牢。"

FL3："通过这次班会，我懂得了我们要遵纪守法，懂法律知识，知道很多关于中国的法律，哈哈!"

FL6："增加新颖的知识。"

FL7："告诉我们道理，让我们明白了法律知识。"

FL13："学法、懂法很重要，我们要对法律有深刻的认识和了解。"

FL9："从这次班会，我懂得了许多法律知识。"

FL11："经过这次班会，让我对法律的认识更加充分了。"

FL15："这次法制班会，让我们加深了对法律的认识。"

FL16："这次法制班会，让我们加深了对法律的认识，同时也加强了我们对网络的正确使用。"

FL17："一是我们要多学习法律知识，二是要合法使用网络。"

FL18："参加了这次班会，真正知道了法庭上的座位安排以及一些相关的审问程序，这次班会真的很给力。"

FL22："学习法律知识对我们很有用，不但扩大了知识面，还增强了法律意识。"

FL23："听完这堂法律讲座课，我受益匪浅，希望此类活动以后多加开展。"

FL40："从这次活动中我收获很多，懂得了一些法律知识，这次班会很不错。"

FL29："促使我们更详细地了解法律，增加了我们的法律意识，是一堂很好的法律课。"

FL30："Q 哥，无论是法庭还是课堂，我都懂得了很多，作为一个学生，我们都应该懂法学法，希望您以后多开展这样的活动。"

FL31："我学习了有关网络的法律知识，知道了不可以私自动别人的网页。"

②学习方式。

FL4："通过这堂课学会了如何举办班会，还学了很多法律知识。"

FL5："这种班会的形式很好，不但可以让我们深刻记住这次班会，还可以增强我们的法律意识，我希望以后多开这样的班会。"

FL20："形式很好，有教育意义，总体非常好，但有些缺乏搞笑因素。"

　　FL27："希望多开展几次这样的班会，让我们进一步了解法律常识。"

③情感态度。

　　FL8："是这次活动让我了解了网络是一把双刃剑，谢谢Q哥！"

　　FL12："知法懂法，对我们来说很重要。在生活中很容易就会触到法律的边线。"

　　FL14："通过这次班会，我懂得了如果触犯了法律，必将受到法律的惩罚。我一定要做个守法的公民。"

　　FL19："通过这次班会，我深刻地理解了法律意识淡薄的危害。作为青少年，我们应该知法懂法。"

　　FL24："我们应该增强法律意识，法律是严肃的，不容我们随意玩弄于掌中。"

　　FL28："通过这次的班会，我学到一些法律知识，也知道了什么才是触犯法律，以及如何才能不触犯法律。"

　　FL32："这次班会让我知道了很多知识，我希望以后还会有更多这样的活动。"

　　FL33："我明白了我们不能仅以好奇心做事，否则可能会涉及身边的人，这样做是不负责任的。"

　　FL34："通过这次法律主题班会，我知道了法律的重要性，以及黑客行为不是英雄行为。"

　　FL37："我认为我们不能随意入侵政府网页，那样很不道德。"

　　FL38："我们要学法、懂法才能不犯法。"

　　FL39："网络是把双刃剑，可让你辉煌，可让你堕落。我们要知法守法，做个好公民，长大后报效祖国。"

④其他。

　　FL21："应该多一些关于我们的想法，不要让班会成为他们几个的舞台。"

　　FL25："挺好！"

　　FL26："虽然班会开完了，我从中学到很多知识，但我还是认为他没罪，只能说国家办事不力，让一个小孩儿攻破了，要是再来几个大人，那国家的一切不都曝光了吗？"

FL36："非常好！"

学生对课堂教学的反映的调查问卷数据如表 7-12 所示。

表 7-12   "信息安全法律教育主题班会"中学生对课堂教学的反映

问卷题目	满意率
1. 我觉得今天的课程很丰富	100%
2. 我觉得今天的课程新奇有趣，能引起我的注意	93%
3. 我觉得今天的课程对我来说难易适中	90%
4. 我觉得今天学到的内容很实用	99%
5. 课堂上使用的课件让人很容易理解	100%
6. 我喜欢今天班会活动的方式	96%
7. 经过同学的法庭模拟，我能了解基本的法庭审判程序	96%
8. 我学到了一些法律常识	100%

从学生的上述反馈中我们看到，大多数学生都对此课表示非常感兴趣，反应积极，大部分同学都表示通过此课不仅增强了法律意识，还学到了很多法律知识。可以说，此课取得了较好的教学效果。

2. 著作权的合理使用

本节课的教学是在初二年级某班进行的，其中实验组 54 人，对照组 52 人。在教学前对实验组和对照组进行了测验，将两组前测分数进行独立样本 t 检验，结果显示两组学生并无显著差异，均未达到 .05 的显著水平（题目为反向题）。测验结果分析如表 7-13 所示。

表 7-13   实验组、对照组"著作权的合理使用"前测 t 值检验摘要

组统计量					
	VAR00001	N	均值	标准差	均值的标准误
VAR00005	1.00	52	2.0052	0.45127	0.06258
	2.00	54	2.1707	0.65742	0.08946

续表

独立样本检验					
		方差方程的 Levene 检验		均值方程的 t 检验	
		F	Sig.	t	df	Sig.（双侧）
VAR00005	假设方差相等	7.549	0.007	−0.510	104	0.135
	假设方差不相等			−1.516	94.133	0.133

（1）教学效果分析。

将后测结果进行独立样本 t 检验，结果发现两组并未达到 0.05 的显著水平。测验结果分析如表 7-14 所示。

表 7-14　实验组、对照组 "著作权的合理使用" 后测 t 值检验摘要

组统计量					
	VAR00001	N	均值	标准差	均值的标准误
VAR0009	1.00	52	1.9083	0.59435	0.10475
	2.00	54	2.0182	0.72571	0.12582

独立样本检验					
		方差方程的 Levene 检验		均值方程的 t 检验	
		F	Sig.	t	df	Sig.（双侧）
VAR00009	假设方差相等	7.208	0.006	−0.478	104	0.124
	假设方差不相等			−1.253	94.133	0.125

这与台湾学者纪淑芳等人的研究结果相似，纪淑芳等人的研究结果发现，无论学生是否学习过资讯伦理课程，学生在某些行为量表上的得分均无差异。

造成测量无显著差异的原因有可能是在教学中并未以测验的方式来了解学生对著作权的认知掌握，在测验难度等设计方面也需要改进。此外，也有可能是学生自身在平时生活中对著作权比较漠视的原因。在后测的测试题中有一道题目为 "小辉发现有的网站能免费下载正在影院播映的热

门院线电影，就下载了与家人一起看。如果是你，你会这样做吗？"此题的正答率只有60.4%，许多同学说自己和家人通常都是这么做的，而且有一位同学说："网站让下载，就是网站已经有版权了。"这同时说明，家长对知识产权的意识对学生的知识产权观可能产生影响，另外，行业自律也可能是影响知识产权的一个方面。

（2）学生对课堂教学的反映。

在完成了"著作权的合理使用"一课的教学后，对学生进行了课堂教学反映的问卷调查，调查数据结果如表7-15所示。

表7-15　"著作权的合理使用"学生对课堂教学的反映

问卷题目	满意率
1. 我觉得今天的课程很丰富	100%
2. 我觉得今天的课程新奇有趣，能引起我的注意	91%
3. 我觉得今天的课程对我来说难易适中	95%
4. 我觉得今天学到的内容很实用	96%
5. 课堂上使用的课件让人很容易理解	100%
6. 我喜欢今天的上课方式	96%
7. 我喜欢老师引导我们一步步思考为什么会出现问题以及怎么解决这类问题	96%
8. 经过全班讨论、分享和老师建议后，我反思了自己的答案是否正确	93%
9. 今天上课时我能认真参与讨论，积极思考问题	93%
10. 上课后，我觉得"著作权的合理使用"是我必备的知识	100%

只有十多名学生写下了自己对本节课的感受，按主题将学生的感受归纳如下。

①课程内容实用性。

ZZQ5："这节课让我学到了很多东西。"

ZZQ6："这节课挺有用的，丰富了我的知识。"

ZZQ49："很实用。"

②教学资源。

ZZQ2："可以加一些动画。"

③总体情况。

ZZQ4："Very good！"

ZZQ50："好！"

ZZQ48："讲得很好。"

ZZQ52："应合法用网。"

ZZQ51："Very good！Perfect！"

④课程内容趣味性。

ZZQ47："不好玩。"

从学生对课堂教学反映问卷的统计情况来看，52 名学生中只有 10 多名学生进行了反馈。问卷第二项"我觉得今天的课程新奇有趣，能引起我的注意"的满意率比较低，说明部分学生对此内容并不十分感兴趣。

3. 网络成瘾的危害与预防

本节课的教学是在初二某班进行的，参加学生人数为 52，教学者为专家 A。"网络成瘾的危害与预防"一课的教学目标主要是提高学生对网瘾的自我诊断与预防意识，这一目标更多地应从生活中观察学生的行为，以做出正确判断。因此我们只对教学的知识目标进行考察，并配合学生对课堂反映的问卷进行教学实效的推论。

（1）教学效果分析。

本节课利用的是单组后测验设计，所以在实验处理前以"学生信息社会行为问卷"测得全体初二年级 425 名学生信息社会行为的一个平均值。问卷中的分量表"网络沉迷"包含四个题目，后测包含十个题目。前后测数据如表 7-16 和表 7-17 所示。

表 7-16　"网络成瘾的危害与预防"前测得分

题　　目	分值	总平均分
29. 小敏喜欢上网，她宁愿与网友聊天也不愿与家人外出。如果是你，你会这样做吗？	1.58	
30. 小莲喜欢玩网络游戏，常常玩到半夜还欲罢不能。如果是你，你会这样做吗？	1.35	
31. 如果小松一天不能上网就心情低落，好像缺了点儿什么似的。如果是你，你会有这样的感觉吗？	1.69	1.62
32. 小婷特别喜欢几位影视明星，她总是坐在计算机前不停地浏览他们的八卦新闻，以致忘记了时间，为此视力都减退了。如果是你，你会这样做吗？	1.37	

表 7-17　"网络成瘾的危害与预防"后测得分

题　　目	得分	题　　目	得分
1. 下网后总是念念不忘"网事"。	1.02	6. 上网比上学更重要。	0.93
2. 总嫌上网时间太少而不满足。	1.10	7. 为上网宁愿放弃重要的人际交往和工作。	0.97
3. 无法抑制上网的冲动。	1.24	8. 不惜支付巨额上网费。	0.93
4. 一旦减少上网时间就会焦虑不安。	1.13	9. 对亲友掩盖频频上网的行为。	1.05
5. 一上网就能忘掉种种不愉快。	1.23	10. 下网后有疏离、失落感。	1.21

通过对比上述两表中的统计得分我们看到，事实上，在教学实验处理前大部分学生对于网瘾问题已经有所了解，得分区间为 1.35—1.82，说明学生能比较正确地认识此问题。但与前测相比，后测各个问题的得分也还是明显下降（题目为反向题），得分区间为 0.93—1.24。这说明学生能了解网瘾的特征，意识到其危害，能更深入、全面地了解关于网瘾的相关知识，基本达成目标。

（2）学生对课堂教学的反映。

在完成了"网络成瘾的危害与预防"一课的教学后，对学生进行了有关课堂教学反映的问卷调查，调查数据结果如表 7-18 所示。

表 7-18　"网络成瘾的危害与预防"学生课堂教学反映

问卷题目	满意率
1. 我觉得今天的课程很丰富	100%
2. 我觉得今天的课程新奇有趣，能引起我的注意	93%
3. 我觉得今天的课程对我来说难易适中	95%
4. 我觉得今天学到的内容很实用	97%
5. 课堂上使用的课件让人很容易理解	100%
6. 我喜欢今天的上课方式	96%
7. 我喜欢老师引导我们一步步思考为什么会出现问题以及怎么解决这类问题	98%
8. 经过全班讨论、分享和老师建议后，我反思了自己的答案是否正确	95%
9. 今天上课时我能认真参与讨论，积极思考问题	91%
10. 上课后，我觉得我对网瘾有了更深的认识	100%

按主题将学生的反映情况归纳如下。

①课程内容实用性。

WY3："学到了很多。"

WY4："我自己要注意了，要得网瘾了，呜呜!"

WY6："很好，很实用。"

②教学资源。

WY10："那些案例都让人震惊了，他们很傻。"

WY37："要是有视频就好了，想看看得网瘾那帮人啥样。"

WY9："吓人，网瘾真有那么严重啊!"

WY17："那些案例太可怕了，人都疯了吧?"

③情感态度。

WY5："我觉得心理健康很重要。"

WY15："以后玩游戏要注意啦。"

WY16："科学用网，健康成长。"

WY18："肯定每个人都会有网瘾。"

WY25："网络是双刃剑，能载舟亦能覆舟。"

WY22："自己要注意，学习游戏两不误，嘿嘿!"

WY35："别一'网'情深。"

WY20："现代人，现代病。我不会得的。"

WY21："我的眼睛啊，一定是上网上的……"

WY23："玩物丧志啊，我还想玩，哈哈!"

WY30："玩游戏花那么多钱，傻子。"

④整体情况。

WY36："老师讲得不错，我以后一定注意。"

从上面的问卷调查结果来看，对于课程内容，93%的学生认为有趣味性，95%的学生感觉难易程度适中，97%的学生认为实用性强;对于上课的活动方式（96%）与教学资源（100%）也表现出了较高的满意度。全部学生都认为学有所得。

从学生的留言情况来看，对于网络成瘾问题的认识，多数学生都能正确对待，表现出了良好的心理状态，如"网络是双刃剑，能载舟亦能覆舟"等。还有一些学生注意到了网络对健康的影响，如"我的眼睛啊，一定是上网上的……"，一些学生注意到学习与上网之间的平衡问题，如"自己要注意，学习游戏两不误，嘿嘿"。我们看到本节课的案例对学生的影响很大，学生能意识到网瘾对身体、心理的影响。从上面的分析来看，教学取得了很好的效果。

4. E-mail 达人

本单元进行了两课时的教学实验，分别是"垃圾邮件"和"E-mail密码"。这部分教学实验是在小学五年级某班进行的，实验组人数为49，对照组人数为46。

（1）教学效果分析。

在教学前对实验组和对照组进行了测验，并将两组前测分数进行独立样本 t 检验，结果显示两组学生并无显著差异，均未达到 0.05 的显著水平。统计结果如表 7-19 所示。

表 7-19　实验组、对照组 "E-mail 达人" 前测、后测 t 值检验摘要

组统计量					
	分组	N	均值	标准差	均值的标准误
前测	1.00	49	2.2245	0.70838	0.10120
	2.00	46	2.2609	0.63988	0.09435
后测	1.00	49	1.5714	0.35585	0.05084
	2.00	46	1.7351	0.47181	0.06956

独立样本检验									
		方差方程的 Levene 检验		均值方程的 t 检验					
								差分的 95% 置信区间	
		F	Sig.	t	df	Sig.（双侧）	均值差值	标准误差值	下限	上限
前测	假设方差相等	0.613	0.436	-0.262	93	0.794	-0.03638	0.13880	-0.31201	0.23925
	假设方差不相等			-0.263	92.868	0.793	-0.03638	0.13835	-0.31113	0.23837
后测	假设方差相等	2.298	0.133	-1.916	93	0.058	-0.16363	0.08541	-0.33323	0.00597
	假设方差不相等			-1.899	83.556	0.061	-0.16363	0.08616	-0.33498	0.00772

（2）学生对课堂教学的反映。

• 垃圾邮件

在教学过程中，学生几乎全部都使用 QQ。在讨论接收垃圾邮件或垃圾短信经验的环节中，学生发言踊跃，基本上涵盖了"恶意软件""连锁信""网络钓鱼"等类型，而且多数学生都能正确处理垃圾邮件或垃圾短信。

按主题将学生留言归纳如下。

①课程内容趣味性。

　　LJ41："小 Q 老师的课上得非常好，加油！"

　　LJ40："老师讲课很好"。

　　LJ38："希望小 Q 老师越来越年轻，跟 QQ 糖一样年轻！"

　　LJ37："老师给我们上的课很有意思，让我们知道了生活中有的短信是不好的，老师上的课很好。"

　　LJ27："这节课上得很有趣，简单有趣。"

　　LJ26："我认为今天的上课方式真的很丰富多彩，我很喜欢！"

　　LJ35："老师讲得十分好，我也十分喜欢。"

　　LJ18："小 Q 老师，你很有趣。"

　　LJ14："小 Q 老师，我觉得这节课上得非常有意思，我希望老师下次能带我们做一些关于垃圾邮件的游戏。"

　　LJ5：　"小 Q 老师，你的课好有趣，希望你以后常来我们班讲课！"

②课程内容实用性。

　　LJ36："这节课很实用。"

　　LJ25："小 Q 老师讲的内容很实用。"

　　LJ22："学习这类知识后在生活中不会受骗上当，在生活中很实用。"

　　LJ19："我认为这节课上得非常有意思，也很实用。"

　　LJ17："我觉得这节课讲得非常接近生活，意义耐人寻味。"

　　LJ16："小 Q 老师，我认为这节课开设得非常好，希望以后多多开设这类课程。"

　　LJ15："我感觉这堂课非常好，小 Q 老师教会了我们怎样对付垃圾邮件，还告诉了我们有多少种垃圾邮件。"

　　LJ4："我觉得这节课上得很有用，以免我们上当受骗。"

③课程资源。

　　LJ29："这节课很好，我建议多列些小例子，这可以让我们知道谎言有什么类型，谢谢！"

　　LJ23："内容再多一点会更好。"

　　LJ7："小 Q 老师讲课的方式好极了！"

④学习方式。

LJ13："课程丰富，老师的教学方式很独特新奇，这节课很好。"

LJ12："我喜欢小Q老师的这种方式，给我们讲了必备的知识，希望下次能见到您。"

⑤教师情况。

LJ34："我建议老师应该多和同学们说话，这才能让老师了解我们。"

LJ33："小Q老师非常好，要是以后也给我们上课就好了。"

LJ32："老师讲得非常好。"

LJ31："小Q老师，你非常可爱。"

LJ30："小Q老师，祝IQ更高，多上QQ，做名副其实的小Q老师。"

LJ28："老师讲得很好。"

LJ24："省略120个赞美词，潮人……我爱你！"

LJ21："亲爱的小Q老师，好！好！好！今日上完课后阳光明媚，多云转晴了。"

LJ20："小Q老师，希望能再次和您一起上课。"

LJ11："太太……太棒了！以后再有这种课就好了。"

LJ10："小Q老师讲课易懂，又不会很难，很有趣，语气祥和，不严厉，下次有机会还希望小Q老师给我们讲课。"

LJ9："今天这课让我十分开心，还学会了知识。"

LJ8："我希望以后还让小Q老师上课。"

LJ6："小Q老师，我们班也有一个小小Q的，我觉得您很幽默。"

LJ3："小Q老师很友好，很可爱，这堂课也很活跃，没有感到很压抑，大爱小Q老师，希望小Q老师以后可以经常来给我们上课，总之，小Q老师和这节课都很赞！"

从上面的问卷调查情况来看，对于课程内容，几乎全部学生都认为非常丰富（3.91），课堂具有趣味性（3.91）、实用性（3.85）；问卷中的第三个题目"我觉得今天的课程对我来说难易适中"的得分较低，说明教学内容并不难；学生对上课的活动方式（3.85）与教学资源（3.85）也表现出了非常高的满意度，给予了肯定。

从学生的留言情况来看，学生们积极踊跃，相对初中的教学，小学生表现出了非常高的热情，充分肯定了本课的实用性与趣味性。他们的留言丰富多彩，还有些同学在留言部分用画画来表达对教学的肯定。但也有同学认为课程内容再多一些就好了，说明可增加课程的难度。

- E-mail 密码

教学过程中，在讨论创建安全密码的规则时，学生们能开动脑筋，思维活跃，讨论热烈，将密码创建规则总结得非常全面，一些同学还提及自己及父母密码被盗的经历，课堂气氛非常好。

按主题将学生留言归纳为以下几方面。

①课程内容实用性。

MM45："小 Q 老师，今天的课程很好，让我明白了密码的设法。"

MM44："小 Q 老师上的课很实用，很好。"

MM40："很实用，应多推广。"

MM35："小 Q 老师讲的内容很实用。"

MM34："我认为这节课内容丰富，让我知道了密码的重要性。"

MM33："我觉得能让我们知道密码的重要性。"

MM31："很实用。"

MM29："老师告诉了我们如何保护自己的密码。"

MM28："今天这节课新奇又实用。"

MM24："谢谢老师让我知道了如何保护密码。"

MM15："以前我设的密码有个人信息，通过这节课我知道了怎么设安全的密码。"

MM14："今天这节课讲的东西很实用，小 Q 老师很好，录制得也很好。"

MM13："今天这节课真的十分实用，可以让我们在日常生活中了解什么是安全的密码，我对今天的这节课非常满意。Perfect！"

②课程内容趣味性。

MM36："有趣。"

MM38："小 Q 老师讲得很有趣。"

MM30：“非常有趣，希望你常常来上课。”

MM32：“小Q老师，我特别喜欢你讲的这节课，希望以后还能给我们多讲几次课。”

MM25：“这节课上得非常有意思。”

MM19：“今天的课十分有趣。”

MM20：“这节课让我知道了用什么密码更安全。”

③总体情况。

MM43：“好！”

MM42：“Good！”

MM39：“很好”。

MM27：“好！”

MM26：“Thank you, these lessons。”

MM23：“Good！”

④其他情况。

MM22：“密码既简单又复杂，而且老师讲得超好！”

MM21：“老师讲得好，原来密码既简单又复杂。”

MM18：“小Q老师，我们不知什么时候才能相见。”

MM17：“小Q老师，我的密码可以改成CCTF16995.@。”

MM16：“很棒哦！小Q老师加油！其实告诉你个小秘密，我也叫小Q，重名了哦！很荣幸和小Q老师重名，希望下次还有机会听小Q老师讲课。”

MM47：“应该多活跃气氛。”

MM46：“老师应该和我们多说话，这样才能了解我们。”

从上面的问卷调查统计情况来看，对于课程内容，几乎全部学生都认为非常丰富（3.91），课堂具有趣味性（3.91）、实用性（3.87）；第五个题目“课堂上使用的课件让人很容易理解”的得分较低，说明教学资源还有改进的空间；学生对上课的活动方式（3.85）与教师引导（3.85）也表现出了很高的满意度，给予了肯定。

从学生的留言情况来看，学生们课堂表现积极踊跃，相对初中的教学，小学生表现出了非常高的热情，他们的留言丰富，还有些同学在留言部分用画画来表达对教学的肯定。

（二）　教师意见访谈结果

为了了解信息技术教师对教学实验课程的意见，笔者通过"教师意见访谈表"，在教学结束后对初中和小学的信息技术教师（各一位）以及专家 A 进行了访谈，访谈内容主要包括教学内容方面、教学方式方面、学生的学习情况方面、学生学习材料方面、整体情况等。

1. 教学内容方面

受访的初中信息技术教师表示"信息安全法律教育主题班会""网络成瘾的危害与预防"和"著作权的合理使用"比较适合初二学生，"信息安全法律教育主题班会"和"网络成瘾的危害与预防"的内容重在预防和治疗，如"我觉得这两课预防重于治疗"。对于"著作权的合理使用"，其难点在于学生的判断能力方面，即"就是判断何时能用，何时不能用"。

受访的小学信息技术教师表示"E-mail 达人"单元的"垃圾邮件"和"E-mail 密码"稍显简单，教学资源还可以再丰富些，如"觉得不太难，很多孩子有些生活经历，要么再丰富些资源，要么在低年级进行教学"。

对于教学内容的分量，受访的小学和初中教师都认为分量适中，学生有充分发表意见的时间，只有"著作权的合理使用"一课因教师本身时间把握问题，时间略有不足，但内容设计是合适的，"分量刚刚好，就是著作权那节课时间分配得不好"。

对于教学内容的实用性，三位受访者都认为从学生的角度来看，实用性都是在预防的层面，如"从预防这个角度，对学生来说非常实用""其实初中生上网时间越来越多，真是会出现越来越多的问题""对于网络成瘾的危害，还是应该让学生提前认识到，养成习惯再改就晚了"。不过对于"著作权的合理使用"一课，受访的小学和初中教师也都谈到了相关的社会问题，如"这课对他们来讲不会太难，他们没有想那么多，在中国大家谁也不在乎著作权问题，学校使用的计算机中安装的都是盗版软件，你还怎么让学生尊重著作权呢？""我们平时也考虑这个问题，就拿电影这个问题来说，我们谁不是上网看新电影呢，除非你想感受好的音效才去影院，有个同事就说过'想看美国大片，就去影院，文艺片就上网看吧'"。如此看来，著作权问题的教学还受到社会环境的影响。

对于教学内容的建议，几位受访教师认为课程设计还要进一步考虑学生实际情况，如"如果我设计（网络成瘾的危害与预防）的话，还要考虑到学生使用手机的情形，现在初中生人手一部手机，挡都挡不住"。不过，受访的小学教师建议"垃圾邮件"和"E-mail 密码"可以放在四年级进行教学，她觉得："我们在讨论的时候，生活中使用密码的情形他们在低年级就有经验了，可以提前些学习"。几位受访教师在内容方面提出的建议呼应时代发展，符合教学对象的实际情况。

2. 教学方式方面

几位受访教师表示是否需要信息社会学专业知识是次要的，重要的是教师要以身作则，对学生耳濡目染，这样才更有说服力。访谈中，那位初中教师认为："有专业素养当然好，但老师自己要是站不住脚就难以说服学生，难以让学生心服口服"。那位小学教师则认为："对小学生更是如此，老师的素养更重要，专业倒是没有那么重要。当然，不是不重要，没有那么重要。"

对于教学方法，几位受访教师都认为讨论法、活动法和任务法非常好，那位小学教师认为"这些方法都很好，密码那节课的游戏太有意思了，学生玩嗨了"！两位中小学教师认为"讨论法有时候得看班级，著作权那节课的学生太死板了，讨论不起来，发言比较沉闷"，"不过有时候讨论太浪费时间，到底对学生值不值也不好说啊"。

对于教学活动是否容易进行方面，受访教师们都认为教学活动很好，能引起学生互动，学生反应比较热烈，教学活动容易开展。"当然容易进行，机房都不用去，当然这和内容有关。"小学教师则认为："小学生就喜欢游戏，进机房就想玩。不过在机房也可以这样活动。"

对于教学方式的建议方面，受访教师们认为这种信息社会学课程不仅是学生需要的，而且在教学中需要教师引导，教师间应展开合作。"学生都需要，技术的东西学生都容易掌握，可是道德等问题需要教师引导示范。""小学生往往更需要引导，他们大多从兴趣出发，不懂得礼仪什么的"。他们认为这方面的教学由思想品德课教师和信息技术课教师合作开展更好些。"这课就给思品老师上得了，呵呵，不过合作上更好。"

3. 学生学习方面

对于学生能否分享信息社会学知识方面，受访教师认为讨论方式的教学中，从小组到全班，学生都表现得很好。"太能了！""活动设计不错，有些是小组讨论时间，有全班讨论时间，学生容易分享。"受访教师们还提到了男女生之间在课堂反应上有差别，他们都认为男生更快些。"女生在课上基本没有反应，除了那两个外。"

对于学生是否能够自我反省信息社会问题，受访教师们对教学效果相当肯定，虽然无法确认学生学到了什么程度，但认为学生一定会反省相关主题。"我不敢说他们能百分百都学会，都能做到，但他们肯定会去反省，自我成长。""我不知道预期是否完美，但肯定是有效果的。"受访教师还提到："学生在班级QQ群里，有学生不时提示相关的知识。一个同学发个爱爸爸妈妈的信息求转发，有的人就提出这是连锁信，有危险的信息。""我现在在课堂上都要求学生做眼保健操了，更多的人能主动做眼保健操，平时他们都懒得做的。"

对于学生是否能更深入地了解信息社会问题，受访教师认为学生能深入了解信息社会问题，受访教师是根据他们的经验或日常观察做出这种判断的。"其实他们都能学到，也能深入了解。""我觉得他们以前不在乎，不过，现在在班级QQ群里少了不少垃圾信息。"

对于学生的学习情况方面的建议，受访教师认为要常监督、常提醒，追踪学生的学习效果。"这种课一次肯定不能解决问题，只能有些效果，以后就要靠老师监督。""我可以追踪，看看到底能有多大效果，能有多持久。"教师们还认为可以设计一些师生互动的作业，使家长也了解学生使用计算机的情况。"我们的信息技术课一周一次，可他们天天回家看计算机上网，老师是看不到的。""通过留作业让家长看着他们使用计算机，并在作业上签名。"受访的初中教师提出："我们的作业他们才不会重视呢，家长也不重视。"这在一定程度上反映出学科地位与家长态度对课程的影响。

4. 学生学习材料方面

对于问题是否太难，几位受访教师表示学习单设计的问题很好，能够反映教学内容，问题不难，虽然有少数题有难度，但通过小组讨论可以解决。"学习单的问题我觉得挺不错的，能反映出我们要教学的基本知识点。""当然要有几个有难度的，我们设计的是小组活动，问同学去呗！"

对于学习材料的内容是否太多，几位受访教师表示不多，一节课几个选择题、是非题非常轻松。"也还好，那个也不难。""那个主题班会只有参与模拟法庭的同学才会充分准备，但对于大多数同学来说，他们通过观看就简单地做几个选择题等，容易。"

对于学习材料是否有助于教学，几位受访教师的回答非常肯定。"当然有，能明确学生学习目标，还便于我们予以评价。""有啊，太有助于教学了，这样重点突出，学生知道需要干啥。"

对于学习材料的建议，几位受访教师提出设计师生互动或与家长互动的学习材料。"在家里上网时间比学校长多了，设计这样的材料也能引起家长重视。""这样家长还能保护自己的小孩，同时也可以帮助家长成长。""是啊，现在对有些网络规范，有些家长本身都不懂。"

5. 整体状况

对于是否难以实施，几位受访教师认为不难实施，而且在学生刚接触计算机时就开始这方面的教育，能起到预防的作用。"我觉得现在不实施，以后就晚了。""一定要实施，养成好的道德品质和习惯。"

对于是否值得推广，几位受访教师认为很值得推广。"一定要推广，值得。""值得啊，不过要系统设计。"

对于信息社会学课程实施可能有哪些困难，受访的小学教师表示可能专业知识与资源是个困难。"我就不太懂啊，不过教学应该没有问题，你们这些研究人员能不能给我设计些有用的资源。""教法上肯定没问题，就是先想要教些什么，是很麻烦的。"

对于学生在学习过程中可能有哪些困难，几位受访教师认为教学得坚持进行，还有一些大环境的问题。"比较难的就是坚持做，这个比较难。""现在网站也不行啊，点一下就蹦出来一堆乱七八糟的东西，你防不胜防啊。"我们可以认为这是行业自律的问题。

6. 其他建议

教师们提到的第一个建议就是要推广此类课程。"我的建议是要广泛推广。"教师认为平时我们生活中涉及的版权问题比较突出，更要推广。"我们教师也要改，以前我还告诉同事怎么用盗版呢。""老师都如此，学生就可想而知了。"

几位受访教师还建议编写教材。"编个教材得了，要不放在信息技术教材中，那样不就系统了吗？""如果不教，知道的人就更少啊。"

此外，几位受访教师还建议要考试。"不考试，学生不重视。"

（三）综合讨论

综合前面的资源设计、教学实验结果、学生反映和教师意见的情况，下面从 KPRC 开发模式下的信息社会学课程教学实施的情况、学生的学习结果和师生的意见等方面进行探讨。

1. KPRC 开发模式下的信息社会学课程教学实施的情况

在教学设计方面，在"著作权的合理使用"一课，部分教学设计内容无法完全实施，教学设计中的概念太多、知识点分散、重点不突出等，致使知识点不明确，这也是造成后测效果不好的主要原因。再如"著作权的合理使用"的教学设计中只说明了原则与做法，没有实例，在学习单上也没有充分体现。即目标与资源没有相互之间的照应，这也是实验组与对照组并无显著差异的一个重要原因。"信息安全法律教育主题班会"成功地将初中思想品德课程与信息技术课程的相关部分进行了融合，并采取一种模拟法庭的方式进行教学，这是个好的尝试。

在教学内容上，学生对"垃圾邮件""E-mail 密码"的主题既陌生又熟悉，陌生是因为在信息技术课上学生并没有学过类似内容，但这些内容又与学生的生活密切相关，能引起学生的学习兴趣，其内容包括管理邮件的技巧、判断垃圾邮件的策略以及创建安全密码的原则，教学内容非常充实。"网络成瘾的危害与预防""从课前资料搜集整理到课上资料展示，充分发挥了学生的主体作用，整个教学过程就是认识网瘾危害的自我教育过程，所选资料都是现实生活中的真实案例，具有极强的感染性和震撼力，这节课中教师自选案例有十五六条之多，加上学生搜集的，教学资源丰富充实，问题分析深入，具有较强的说服力，教学中密切结合学生的生活实际展开讨论，学生参与的热情高，积极性强，观点碰撞激烈。"[1]

在教学方式上，整体而言，各课教学中都综合运用了材料呈现、描述、讨论和发表等方式，并灵活运用了案例法、故事法、讨论法以及戏剧表演等多种教学方法。但"著作权的合理使用"一课的讨论环节并不充

---

[1] 马艳红，钱松岭.《网络成瘾的危害与预防》教学设计［J］.中国信息技术教育，2013（4）：33-35.

分，致使某些学生对著作权的合理使用依旧不够明确。

在学生的反应方面，当教学内容与学生生活有切身相关时，学生都能表现出高度的兴趣，反应较为热烈，如垃圾邮件、E-mail 密码、网络成瘾的危害与预防等的教学中。在教学中学生所发表的内容也颇有深度，多能提出个人或小组的看法，反思信息社会学课程中的一些重要概念等。

2. 学生的学习结果

学生的整体学习结果，表现为在后测中的得分都相当高，但是与对照组相比均无显著差异。若从对学生的课堂观察、学生发表意见的内容和在学习单上所填写的情况来看，可以发现学生确实对信息社会问题有所思考，学生能以口头的方式进行表达、交流，也能以书面的形式表达。对学生学习信息社会学知识的认知过程是可以予以肯定的。

在态度方面，从学生在课堂上认真听讲、主动发言、相互讨论、专注地填写学习单的表现上，我们可以看到学生对信息社会学课程的主题内容相当感兴趣，能踊跃发表自己的想法，也能倾听他人意见。有时教学内容过多、重点不突出、学生难以集中注意力等问题会造成效果不理想的情况，但这些都是教学中可以改善的地方。

在行为方面，从教师的课后观察来看，教学后学生的信息社会行为确有不同，尤其是以对待垃圾信息方面的行为改善最为明显。在网瘾的危害与预防方面，一些学生也开始有意识地关注网瘾对自己健康的影响，能主动做眼保健操了。对于信息法律方面，不推至真实情境，很难判断学生的行为，只能说在思想上予以提醒和预防。对于著作权方面，学生和教师均表示，道理易懂，行动起来就困难了。

3. 师生的意见

整体而言，师生对信息社会学课程的实验教学都给予了相当的肯定。在学习内容方面，学生表示内容不难、有趣、实用，喜欢这些平时不注意但却重要的小技巧。学生也建议可以提供更多的影像视频、参考实例等。教师表示小学生思考信息社会问题的层次还没有那么深，难度不用太高，分量适中，从实用的角度来说起预防作用即可。教学中可以依据学生的不同实际情况调整教学内容。

教学方式方面，学生表示课堂教学确实能帮助他们明了常见的生活上的一些有关信息社会问题的疑惑，协助他们判断某些信息社会行为的对错以及思考这些行为的结果。初中学生表示班会上的模拟法庭表演很有意思，能引起兴趣；小学生表示密码课上的游戏好玩，垃圾邮件课上的活动也非常有趣，网络成瘾的危害与预防课上的案例令人印象深刻。教师表示案例法、讨论法、游戏法等活动方式太值得学习了。他们还表示教师也要以身作则，而不仅仅是说教规则规范，这样学生才能从教师身上学习。学生通常能进行自我判断，但是否能真正指导行为是比较难以判断和掌握的。此外，由于教学内容的相关性，教师认为教学者确实需要与不同学科教师合作，这样教学才会更有效。

学习情况方面，学生表示都能认真思考信息社会学课程的主题、发表交流自己的看法、倾听他人意见、认真填写学习单。学生表示课程的优点在于提高他们的警惕性，并从中学到一些小技巧。教师表示教学设计适宜，学生能分享对一些信息社会学主题的看法，能反思信息社会问题并深入了解。教师认为要追踪学生学习结果，并要进行长期观察。信息技术教师可以设计师生互动以及家长与学生互动的作业。是否能控制上网时间、能否正确处理垃圾邮件、能否创建安全的密码、能否尊重著作权等问题，需要家校合力完成。

学习材料方面，学生都觉得学习材料对学习非常有帮助，而且难度也适中。教师们也肯定了学习材料在教学中的辅助指导作用。

整体情况方面，师生都表示有必要学习信息社会学课程，而且师生对该课程都很感兴趣。教师也认为实施过程容易操作，值得推广。当然要有效开展教学，需要教师具有一些专业知识与准备。教学不难，难在如何将这些讨论落实在真正的生活情境中。另外，教师建议将该内容编入教材或增加有关该内容的考试，以收到更好的教学效果。同时，教学中的某些困难可能来自家庭与行业自律的问题。

五、KPRC 开发模式下的中小学信息社会学课程教学实验结论与建议

本研究的主要目的是设计适合中小学生的信息社会学课程教学资源，并探讨其教学成效。了解接受信息社会学课程教学的学生的知识掌握与信息社会行为是否与对照组有所不同，了解教学实施是否有一些有效的策略

和主要的影响因素，了解学生学习信息社会学课程的认知情形以及师生的看法和建议。期望研究结果能作为实施中小学信息社会学课程教学的参考。本研究以某实验学校的小学部五年级和初一、初二年级的学生为研究对象，开展了"信息安全法律教育主题班会""网络成瘾的危害与预防""著作权的合理使用"以及"E-mail达人"的教学实验。主要采用单组后测验、不等控制组的方法，之后访谈教师意见，利用问卷形式了解学生对课堂教学的反映。本教学实验的结论与建议如下。

（一）结论

综合分析学生信息社会行为问卷调查结果、教学后测、师生意见调查、课堂观察等资料，本教学实验得出以下结论。

一是经过 KPRC 开发模式下的中小学信息社会学课程教学实验，实验组和对照组之间没有显著差异。

研究结果发现，实验组学生在"信息安全法律教育主题班会""网络成瘾的危害与预防""著作权的合理使用"和"E-mail达人"的教学中与对照组均没有显著差异。

二是根据课堂观察和分析学生填写的学习单发现，学生能充分思考信息社会学议题。

在教学过程中，学生填写的学习单反映出，学生均能指出一些判断标准、说明某些行为的正面价值与反面价值，并考虑对他人的影响。如在"垃圾邮件"的教学中，学生能判断垃圾邮件的类型，还能将学到的知识迁移到垃圾信息等问题中，并能正确处理垃圾邮件和垃圾信息；在"E-mail密码"的教学中，学生能根据创建安全密码的原则成功设置安全的密码，提出相当有创意的密码；在"信息安全法律教育主题班会"的教学中，学生能积极参与表演，讨论情节，并了解法庭审判程序；在"网络成瘾的危害与预防"的教学中，学生能根据网瘾量表进行自我诊断，根据案例进行热烈讨论；在"著作权的合理使用"的教学中，学生能以自己的想法进行判断，并说明某些做法是否可行依据的标准。

三是师生对信息社会学课程教学实验的必要性给予了肯定。

学生对课堂教学的反映问卷的调查结果相当正面，学生对学习内容、学习方式、学习资源等各个方面都持有肯定的看法。如学生表示内容难度适中、有趣、实用，教学确实能帮助他们澄清一些有关信息社会问题的疑惑，协助他们判断一些信息社会行为的对错及思考某些行为的后果。学习中，学生确实也能积极思考问题，交流自己的看法，倾听他人的意见。

对教师意见的访谈结果表示，教师对教学内容、教学方式、学生的学习情况、整体情况均给予肯定。教师表示案例法、游戏法、活动法等教学方式值得学习，还表示学生确实能分享看法，反省信息社会学课程中的议题。教师通过对学生的后续观察发现，学生的行为在某些方面确实有所改善，如在对待垃圾信息、控制上网时间等方面。

四是学生家长的意识和行业自律可能成为课程实施的影响因素。

在教学过程、学生对课堂教学反映和教师的访谈结果中发现，学生家长对待信息社会问题的态度可能影响到学生的行为。如在"垃圾邮件"的教学中，学生提及了父母手机上的诈骗短信、垃圾短信，在"E-mail密码"的教学中提及了父母密码被盗的经历等。受父母应对策略的影响，学生能对这类信息有辨别能力。另外，在"著作权的合理使用"一课中，学生认为从网站上下载的电影，网站应该对版权问题负责，而且他们的父母也常常下载盗版电影与家人分享，因此行业自律的问题会影响学生对版权的认识与看法。

五是相关学科间联合教学行之有效。

在教学实验中，结合教学内容的相关性来设计课程是种非常好的形式。例如，"网络成瘾的危害与预防"便是成功的教学案例，该课的执教者为初中思想品德教师。网络成瘾的内容与初中思想品德课程中游戏与学习方面的内容极为相关，信息安全法律教育主题班会也是与思想品德课程联系极为密切的内容，在信息社会学课程学习中要注意学科之间的联系。

（二）建议

依据研究结论，从中小学信息社会学课程的教学、学习方式、评价以及未来研究方向四个方面提出如下建议。

1. 信息社会学课程的教学方面

（1）教学内容要根据学生的信息社会行为经验与要求进行设计。

学生学习时，如果学习内容能与学生的经验相结合，就能增加学习成效。信息社会学课程的内容与信息通信设备的使用及其相关产品的使用有关系，在教学中要配合学生使用这些信息通信设备的经验，学生就能够感受到学习内容与自己生活息息相关，学习动机与兴趣会相应提升。例如，在讨论密码问题时，学生例证丰富，能谈到自己或家人的密码被盗经历等。在教师访谈中，教师对这一点也给予了充分肯定。

（2）教师在教学时提供相关实例供学生参考。

教师在教学时，应提供多元化的实例供学生参考，以产生指导效果，使学生对问题的理解更清晰、更深刻。例如，"网络成瘾的危害与预防"中的案例极具感染力，学生对这些案例的印象极为深刻，对学生对课堂教学的反映的调查也表明，学生对这些案例的反响强烈。

（3）教学时或在日常活动中，对于学生的一些正确做法应给予赞扬。

教师的赞许会对学生的学习产生正向的影响，使学生对学习重点的认知更加清晰，但更重要的是如何将这些积极的影响与清楚的认知落实为行动。所以，如果学生在课后的活动中有正确的做法，如能正确地引用他人的智慧作品，对于这样的做法教师应给予赞扬，以引导学生思考和建立正确的观念。

（4）教学对学生认知信息社会学知识最有效果，落实到行为并不能一蹴而就。

在信息社会学的课堂教学中，关于信息社会学的知识、原则的认知是最有效果的，因其明确清晰，容易掌握，但将这些原则落实在具体的情境中需要时间。如对著作权的认识与具体行为之间的差距就是这样一类典型的问题。因此，教师在平时要率先垂范，给学生带来正面的影响。

（5）教学时属于信息社会学知识部分的内容，要以明确的文字叙述的方式呈现。

文字叙述可以给学生提供明确的指示、标准或范例，在信息社会学课程中当然应该包含学生应该掌握的知识部分，如一些概念、原理等。例如，垃圾邮件、著作权、合理使用、公共领域等概念及创建密码的原则等，在教学中必须以文字形式将这些内容清晰地呈现给学生。

（6）教学材料的设计要考虑美学因素。

教学材料的设计要考虑页面布局、字数、字体、字形、背景、插图等问题，以符合视觉美学并激发学生学习兴趣。

（7）教学要考虑教师之间的合作。

由于很多信息社会学课程内容涉及道德、公民教育等领域，因此，小学阶段要考虑其与品德与生活、品德与社会课程的联系，初中要多考虑其与思想品德课程的联系，或与其他学科的相关性问题，如"信息安全法律教育主题班会"和"网络成瘾的危害与预防"等。

2. 信息社会学课程的学习方面

（1）学习内容设计中可以增加亲子互动的内容。

学生的学习材料要体现出亲子互动的内容，这样不仅能提醒家长了解并关心学生的信息社会行为的问题，还能起到在学校以外的时间内对学生进行监督与指导的作用。例如，在开展"E-mail 密码"的教学后，可以让学生将创建安全密码的原则与家人分享。

（2）学习内容设计中可以增加一些隐性课程的设计。

笔者在教学中感到，对于一些原则性的问题或时常要注意的问题能否以海报的形式贴于计算机教室中，以便给学生经常性的提醒，同时又能制造一种树立正确规范的气氛，如对于密码创建的原则、信息法律法规的宣传等。

（3）学习内容设计应突出传统文化。

在教学实验中，由于我们注重根据学生实际以及通过课程来改善学生的行为作为教学实验的出发点，实验教学的内容并未涉及传统文化的内容，没有特别鲜明地体现出 KPRC 开发模式中的文化内容，因此学习内容要注意如何融合传统文化的内容。

（4）要让学生充分体验学习活动设计。

学习活动在调动学生兴趣的同时，也要注意让学生通过亲身实践和体验来加深对信息社会学知识和原理的认识，如主题班会中模拟法庭的表演、"E-mail 密码"教学中的游戏活动、垃圾邮件的海报制作等。

3. 信息社会学课程的评价方面

（1）信息社会学课程教学的评价要考虑信息社会学知识认知和信息社会行为两方面。

在信息社会学课程教学中，一方面要求学生掌握相关概念与原理等知识，但其最终目的是要落实在学生的信息社会行为上。因此，对其进行评价要从信息社会学知识认知和信息社会行为两方面考察。

（2）对于信息社会行为的评价要进行长期观察。

在信息社会学课程的教学中，除了教给学生正确的信息社会学概念、知识外，更要使学生能够将这些知识和概念进一步落实在生活的行为中，但以测试的评价手段很难对学生行为进行评价，而研究者的短期课堂观察较难观察到学生真实的行为表现。对于学生行为的评价，教师们也都抱有不确定的看法。尤其是在版权问题方面，有些学生表示要拒绝使用盗版作品很难。所以，在评价学生的信息社会行为方面，需要长期的观察与追踪。

（3）对于信息社会学知识认知的评价要符合学习目标与学习内容。

对于信息社会学知识进行教学后，在认知层面的评价上应考虑配合学习目标与学习内容进行设计，均衡纳入教学内容的各个方面的认知问题，以了解学生对所学内容的认知程度，达到评价目的。

信息社会学课程的认知层面依据主题不同可设计不同性质的评价，如著作权的合理使用等，认知部分可以是著作权、合理使用的概念。以信息安全法律教育主题班会为例，教学完全以学生的自主活动为主，在教学中教师需强调相关的法律意识以及对是否合法进行判断，而不是相关法律的记忆。

因此，在进行评价时，要兼顾认知层面的评价是否适合学习目标与学习内容，评价中可以以开放性问题的方式进行测量，辅以合适的评价标准。从本研究开展的教学实验的学习单可以发现，设计良好的学习单能代表学生的信息社会学认知情形。

4. 对未来研究的建议

（1）对于信息社会学课程教学的效果研究，可以观察的方式进行。

信息社会学课程教学的最终目的是期望学生能够于日常生活中落实行为，因此，观察学生的行为是否落实要比量表形式的评价更具有真实性的依据。另外，访谈的方式也是非常有效的方式。如通过对教师的访谈获得很多改善学生信息社会行为的证据。

在研究时间上，可考虑延长时间，定期追踪调查，以了解学生行为改变的情况和信息社会学课程教学的成效。

（2）开发更多主题的课程资源，据此实施教学实验并探讨其成效。

教学实验是在对实验校学生的需求进行分析的基础上确定的，教学实验中并没有涉及传统文化、信息科技发展史领域的内容。事实上,信息社会学课程包括的主题相当广泛,从教学实验来看,学生对教学内容的反映、参与情况、学习情况、意见与看法等各方面也不同,因此,设计信息社会学课程的其他主题,探讨教学设计的实施、教学过程、学习结果以及教师与学生的意见调查等层面,均可能有不同的发现。经过实施并研究的教学设计,可提供有价值的参考。

(3)开发信息社会学课程评价工具。

信息社会学课程教学的实施并不困难,但在评价学生的学习结果上,不论在行为、态度还是认知层面,教师都会缺乏适切的参考工具,以评价学生的表现。如采用长期观察的方式进行测量,需要更多的时间与精力。因此,开发适用于评价学生学习结果的工具会大有裨益。

(4)从学生的行为态度方面来探讨教学成效。

在探讨信息社会学课程的教学成效时,也可以从学生的信息社会行为态度方面来进行,对态度方面的测量可以作为未来的一个研究方向。

结　语

　　笔者对中小学信息技术课程中的信息社会学课程内容的开发进行了深入的研究，研究基点是以 S（Science，社会）、T（Technology，技术）、S（Society，社会）的综合理念来理解中小学信息技术课程。在 STS 的课程视阈中，信息社会学是重要的学科课程知识来源之一，与信息科学、信息技术相关的信息社会议题是信息技术学科课程的重要组成部分。如何将信息社会学课程内容与信息科学、信息技术的课程内容有机地结合起来，形成信息学或信息课程的统一体是本研究要解决的问题。

　　本书的绪论部分为研究议题做了基本的铺垫工作，分析了信息社会学课程开发的研究目的与意义、提出了研究的基本设计思路、明晰了核心概念的界定。第二章通过对课程开发理论、信息社会学本体知识和中小学信息社会学课程研究现状进行了文献研究，分析了这些方面对中小学社会学课程开发的适用性。本书相对突出了信息社会学课程的国际比较研究，第三章以英国、美国、日本和印度四国中小学信息技术课程中与信息社会学课程内容相关的政策性文件、教科书和课堂教学案例等课程资源为主要研究对象，对其课程目标价值取向、课程内容、课程开发模式以及常用教学策略和评价方法进行了比较与分析。第四章通过对中小学信息社会学课程的理论基础与价值进行分析，阐述了与中小学信息社会学课程相关的哲学、心理学、社会学三个方面的理论基础；提出中小学信息社会学课程的要体现文化传承、社会科学、反思探究的三个社会学课程传统；同时，本章还从社会、个人和学科三个维度对中小学信息社会学课程的价值进行了分析。第五章提出了中小学信息社会学课程开发的 KPRC 模式。第六章具体说明了 KPRC 开发模式下的中小学信息社会学课程目标与内容，此模式将课程目标定位为"数字公民"的培养，并依据此目标进行相应的内容选择与组织，从自我、自我与他人/他物、自我与社会三个层面的关系来组织这些内容，将课程内容分为四个水平阶段，然后通过专家审议的研究方法确定了宏观、中观与微观的三级目标与内容体系。第七章利用根据学生实际情况设计的课程资源开展了中小学信息社会学课程教学实验研究，并对其可行性进行了探讨。

一、研究总结

1. 信息社会学在中小学信息技术课程框架中的转化

本研究力图在对信息社会学学科本体进行分析的基础上，提出其在中小学信息技术课程框架中的转化方法。从信息论角度来看，信息的传递即从信源通过信道到达信宿的流动过程，而中小学信息技术课程也是以信息获取、加工、表达、交流、评价等过程为基本逻辑线索，如此，在社会信息流通的过程中涉及的基本问题领域为相关课程内容领域。其中，信息伦理与信息法律，可理解为信息获取、加工、表达与交流的基本流通规则；社会信息系统可以理解为信道；信息安全确保信宿能安全、可靠地接收信息。另外，信息科技发展史是关于信息科技发展的历史，从而让学生了解历史，理解信息社会的形成过程与基本特征，认识信息科学与信息技术对社会的经济、文化、社会组织、日常生活的影响，特别是对传统技术文化的了解也应是一个重要方面。中小学信息社会学课程领域包括信息安全、信息伦理、信息法律、社会信息系统、信息科技发展史五个基本领域。

2. 中小学信息社会学课程目标定位

信息社会中"数字公民"的培养是信息技术课程乃至信息技术教育的目标。中小学信息社会学课程的目标定位于数字公民的培养，是社会转型、社会现代化、教育现代化的必然要求。"数字公民"目标至少包括两层意思：一是数字公民的知识与技能，二是数字公民的权利与责任。本书将其表述为学生通过信息社会学课程的学习，在信息的获取、加工、管理、表达与交流过程中掌握信息社会学基本知识与基本技能，对信息社会形成广泛而深刻的理解和批判能力，了解自己的信息权利与信息责任，能符合道德、安全、合法地利用信息技术与他人进行有效交流与合作，并积极参与信息社会的建设。

3. 中小学信息社会学课程开发的基本模式

本研究基于 STS 综合课程的思想来看待信息技术课程，即信息科学、信息技术和信息社会通过有机整合的方式来实现人文与科学的统一。按照信息社会学课程与信息科学、信息技术课程内容的紧密程度，主要总结了体现知识本位、社会本位和学生本位的相关课程、核心课程和活动课程等三种基本开发模式。相关课程即依据课程内容的相关性将其他学科信息社会学内容整合到信息技术学科中的课程开发模式；核心课程是指在信息技术学科中，以现实生活中的社会问题为核心进行课程开发的模式；活动课程即以学生的活动为课程组织方式，以使学生获得充足的经验和真切的体验为根本目的的一种课程开发模式。

4. 中小学信息社会学课程开发的 KPRC 模式

笔者在解析了中小学信息社会学课程开发的基本原理后，提出一种基于课程要素的 KPRC 开发模式。其基本表达如下：K 指 Knowledge，代表信息社会学知识，信息社会学学科的知识体系是信息社会学课程开发的来源之一；P 指 Processing，代表信息处理过程，是信息技术学科的方法特质与过程原则，信息处理能力即是信息素养的表达，具备信息素养也是社会的要求；R 指 Relationship，代表社会关系，以学生个体——自我为起点，然后以自我与外部的关系，即自我、自我与他人/他物、自我与社会三个层面的关系来考虑，组成内容的基本架构之一；C 指 Cultures，代表文化，信息社会学课程是发生在具有一定文化特质的社会中的，信息技术课程为学生提供全球视野的交流机会，使学生学会国家间尊重与理解的多元文化是课程的使命之一，同时传统文化、民族文化的传承也是课程要体现的重要方面。

5. 中小学信息社会学课程内容

在分析"数字公民"内容的构成之后，梳理了中小学信息社会学课程内容的基本要素，即信息伦理包括自我责任、网络礼仪、隐私权、知识产权、网络欺侮、社会参与；信息安全包括个人信息安全、计算机安全；信息法律包括隐私权相关法律、法规公约、知识产权相关法律、网络人际相关法律；社会信息系统包括信息设备与健康、合作与交流、信息系统；信息科技发展史包括信息通信发明、信息科技思想、经典著作。

对于中小学信息社会学课程的内容组织方式，本研究以信息伦理、信息法律、信息安全、社会信息系统四个领域为横向组织，以自我、自我与他人/他物、自我与社会三个层面进行纵向组织，在信息科技发展史的课程领域中以信息通信发明、信息科技思想、经典名著为主题来组织课程，并按照学生社会性发展阶段性的特点分为四个水平阶段，分别是水平一（1—3 年级）、水平二（4—6 年级）、水平三（7—9 年级）和水平四（10—12 年级），进而形成具体的目标与内容体系。

6. 中小学信息社会学课程教学实验研究

在 KPRC 开发模式的框架下，按照相关课程、核心课程和活动课程的基本开发模式设计了"E-mail 达人"单元（E-mail 礼仪、垃圾邮件、E-mail密码）、"网络成瘾的危害与预防"、"信息安全法律教育主题班会"、"著作权的合理使用"等课的教学资源。

经过教学实验，虽然对照组和实验组之间没有显著差异，但根据课堂观察和分析学生填写的学习单发现，学生能充分思考信息社会学议题，师生也对信息社会学课程教学实验的必要性给予了肯定，学生家长的意识和行业自律可能成为课程实施的影响因素，相关学科间联合教学行之有效。这也充分说明了中小学信息社会学课程的必要性与有效性。

二、研究不足

1. 对于实际的课堂教学观察总量不足

在中小学信息社会学课程的国际比较研究中，相关的文本课程资源相对来说容易获得，但是由于网络、语言的限制等原因，对于课堂教学真正发生的教学情境的观察还有不足。

2. 中小学信息社会学课程资源开发形式单一

在研究过程中，对于中小学信息社会学课程资源的设计还不完善，研究中主要以文本的课程资源为主，多媒体形式的资源贫乏，如音频、视频、动画等，同时课程的呈现方式也不够灵活，还是以传统的课堂教学为主。

3. 对于中小学信息社会学课程的评价研究还不够深入

中小学信息社会学课程的评价工具、评价标准以及多元的评价方式都没有形成具体、实效的评价系统，特别是利用现代信息技术来进行高效、可操作的评价更需要进一步探索。同时，中小学信息社会学课程与学生的情感态度与价值观联系密切，对于这方面的评价需要大量、长期的行为观察才能实现。

4. 教学实验研究的实验样本数量较少

中小学信息技术课程的发展与社会经济发展水平密切相关，在进行教学实验研究的过程中，考虑到研究的前瞻性与方便性，选取的实验学校无论其所在地区经济发展水平，还是学校的行政级别方面都不具有普遍的代表性，因此会影响研究的可靠性。

5. 专家审议过程还不够完善

在对中小学信息社会学课程的目标体系进行专家审议的过程中，参与审议的专家的研究专长所涵盖的领域还不够全面，并未包括信息法律、信息安全方面的专家。同时，由于时间有限等原因限制，专家审议只进行了一轮，还需邀请专家在参考其他专家的审议结果后重新审视自己的意见与建议，直至达到趋向一致的结果。

三、后续研究展望

针对以上研究不足，还有很多研究工作需要深入。

1. 深入考察主要国家中小学信息社会学课程的课堂教学

通过网络等方式收集适时的课堂教学资料，通过对课堂观察的分析来获取更多的一线教学经验，总结相应的多元化教学策略，真正为课堂教学提供有效参考。

2. 丰富中小学信息社会学课程设计的方式

开发音频、视频、动画等多种形式的课程资源，利用网络的在线课程、慕课、电子书包等多种呈现方式来体现信息技术学科的特色。

3. 深入研究中小学信息社会学课程的评价方式

利用现代信息技术与实际课堂考察相结合的形式来探讨新学习方式的评价过程，充分发挥评价的诊断、指导功能，真正促进学生的社会化发展。

4. 扩大研究范围

推广已有研究成果，在不同类型、特点的学校中进行深入调查，更好地了解学生、学校的特定需求，有的放矢地开发有针对性的课程。此外，考虑不同地域特点，增加课程设计的弹性。

5. 完善专家审议过程

邀请更广泛领域的专家对课程目标与内容进行审议，吸收多方利益相关方的建议，增强课程的科学性与实用性。

参 考 文 献

一、中文部分

1. B. C. 戈特，王鹏令. 信息学的社会作用和哲学—方法论问题 ［J］. 哲学译丛，1985（6）.

2. 贝磊，鲍勃，梅森. 比较教育研究：路径与方法 ［M］. 李梅，主译. 北京：北京大学出版社，2010.

3. J. H. 弗拉维尔，P. H. 米勒，等. 认知发展 ［M］. 邓赐平，刘明，译. 上海：华东师范大学出版社，2002.

4. 乔尔·鲁蒂诺，安东尼·格雷博什. 媒体与信息伦理学 ［M］. 霍政欣，罗赞，陈莉，曹海凤，译. 北京：北京大学出版社，2009.

5. 乔恩·威尔斯，约瑟夫·邦迪. 课程开发：实践指南 ［M］. 徐学福，陈静，主译. 北京：中国轻工业出版社，2007.

6. 梅柯，布莱特普特. 信息安全原理与实践 ［M］. 贺民，李波，李鹏飞，等，译. 北京：清华大学出版社，2008.

7. T. S. 库恩. 科学革命的结构 ［M］. 李宝恒，纪树立，译. 上海：上海科学技术出版社，1980.

8. 阿尔温·托夫勒. 第三次浪潮 ［M］. 朱志焱，译. 北京：新华出版社，1996.

9.《中国信息技术教育》编辑部. 台北市小学资讯素养与伦理教材编写及推动概述 ［J］. 中国信息技术教育，2009（11）.

10. 蔡连玉. 儿童网络伤害及其保护研究：中美比较的视角 ［J］. 电化教育研究，2010（4）.

11. 蔡连玉. 儿童信息保护：理论与体系构建 ［J］. 电化教育研究，2008（7）.

12. 蔡连玉. 中美信息伦理教育比较研究 ［J］. 比较教育研究，2007（10）.

13. 个人数据保护：欧盟指令及成员国法律、经合组织指导方针 ［M］. 陈飞，等，译. 北京：法律出版社，2006.

14. 陈吉利. 网络礼仪：信息技术课程新热点 [J]. 中国信息技术教育，2008（3）.

15. 陈向明. 质的研究方法与社会科学研究 [M]. 北京：教育科学出版社，2000.

16. 陈英和. 认知发展心理学 [M]. 杭州：浙江人民出版社，1996.

17. 陈智，王爱胜. 信息技术普通教育如何渗透职业元素 [J]. 中国信息技术教育，2008（12）.

18. 成有信. 现代教育论集 [M]. 北京：人民教育出版社，2002.

19. 丛立新. 课程理论问题 [M]. 北京：教育科学出版社，2000.

20. 崔保国. 信息社会的理论与模式 [M]. 北京：高等教育出版社，1999.

21. 戴木才. 管理的伦理法则 [M]. 南昌：江西人民出版社，2001.

22. 丹尼尔·贝尔. 后工业社会的来临：对社会预测的一项探索 [M]. 高铦，等，译. 北京：新华出版社，1997.

23. 丹尼尔·贝尔. 资本主义文化矛盾 [M]. 赵一凡，等，译. 北京：生活·读书·新知三联书店，1989.

24. 丹尼斯·劳顿. 课程研究的理论与实践 [M]. 张渭城，等，译. 北京：人民教育出版社，1985.

25. 稻富荣次郎. 教育人名词典 [M]. 东京：理想社，1962.

26. 邓志伟. 多元文化课程开发 [M]. 合肥：安徽教育出版社，2008.

27. 丁尧清. 学校社会课程的演变与分析 [M]. 广州：广东教育出版社，2005.

28. 董焱. 信息文化论——数字化生存状态冷思考 [M]. 北京：北京图书馆出版社，2003.

29. 董玉琦. 普通高中信息技术课程标准研制省思 [J]. 电化教育研究，2004（9）.

30. 董玉琦. STS 视野下信息技术课程内容构建 [J]. 信息技术教育，2007（12）.

31. 董玉琦. 信息技术课程理论建设：关注基础，研究关键 [J]. 信息技术教育，2006（1）.

32. 董玉琦. 信息技术教育研究进展 2008 [M]. 长春：吉林教育出版社，2008.

33. 董玉琦. 信息技术课程导论 [M]. 长春：东北师范大学出版社，2001.

34. 董玉琦. 信息技术课程国际比较研究 [M]. 北京：人民教育出版社，2005.

35. 董玉琦. 信息技术课程研究：体系化、方法论与发展方向 [J]. 中国电化教育，2007（3）.

36. 董玉琦. 信息技术课程研究的新视野：从信息技术教育走向信息教育 [J]. 中小学信息技术教育，2002（5）.

37. 董玉琦. 信息技术课程与教学 [M]. 北京：电子工业出版社，2009.

38. 董玉琦. 信息教育课程设计：要因与取向 [D]. 长春：东北师范大学，2003.

39. 董玉琦，刘向永. 信息技术课程发展研究导论 [M]. 北京：教育科学出版社，2013.

40. 董自明. 信息技术教学中合作意识的培养 [J]. 信息技术教育，2007 (6).

41. 段尧清. 政府信息公开：价值、公平与满意度 [M]. 北京：中国社会科学出版社，2013.

42. 符福桓. 信息社会学 [M]. 北京：海洋出版社，2000.

43. 傅军胜. 劳动价值论研究讨论综述（下）[J]. 马克思主义研究，2002 (3).

44. 尼尔·波兹曼. 娱乐至死·童年的消逝 [M]. 章艳，吴燕莛，译. 桂林：广西师范大学出版社，2009.

45. 弗兰克·施尔玛赫. 网络至死 [M]. 邱袁炜，译. 北京：龙门书局，2011.

46. 弗雷斯特·W. 帕克，格伦·哈斯. 课程规划——当代之取向 [M]. 谢登斌，俞红珍，等，译. 7 版. 杭州：浙江教育出版社，2004.

47. 工信部. 五项措施保障儿童上网安全 [J]. 中小学信息技术教育，2009 (6).

48. 顾明远. 教育大辞典第 6 卷 [M]. 上海：上海教育出版社，1992.

49. 顾明远. 试论网络文化对传统教育的冲击 [J]. 电化教育研究，2004 (4).

50. 广东基础教育课程资源研究开发中心信息技术教材编写组. 信息技术基础 [M]. 广州：广东教育出版社，2004.

51. 郝德永. 课程研制方法论 [M]. 北京：教育科学出版社，2000.

52. 郝德永. 课程与文化：一个后现代的检视 [M]. 北京：教育科学出版社，2002.

53. 何怀宏. 伦理学是什么 [M]. 北京：北京大学出版社，2002.

54. 胡昌平，廖冬青，陈行亮. 信息社会学 [M]. 南昌：江西科学技术出版社，1990.

55. 黄光雄，杨龙立. 课程发展与设计：理念与运作 [M]. 台北：师大书苑有限公司，2004.

56. 黄松爱，董玉琦. 高中学生信息素养现状调查与分析 [J]. 中国电化教育，2010 (8).

57. 黄政杰. 课程设计 [M]. 台北：东华书局，1991.

58. 霍福广，刘社欣. 信息德育论 [M]. 北京：人民教育出版社，2008.

59. 教育部基础教育司，教育部师范教育司组织编写. 技术课程标准研修·信息技术 [M]. 北京：高等教育出版社，2004.

60. 解月光. 对"经历信息技术过程"的解读 [J]. 电化教育研究，2004 (3).

61. 靖继鹏，吴正荆. 信息社会学 [M]. 北京：科学出版社，2004.

62. 李丁. 英国青少年公民教育研究 [M]. 北京，人民教育出版社，2012.

63. 李臣. 活动课程研究 [M]. 北京：教育科学出版社，1998.

64. 冷天吉. 知识与道德 [M]. 北京：中国社会科学出版社，2009.

65. 李锦良. 从陶宏开整治网瘾谈当今中小学信息技术教学的侧重点 [J]. 中国信息技术教育，2009（10）.

66. 李伦. 鼠标下的德性 [M]. 南昌：江西人民出版社，2002.

67. 李伟，郑雷. 在信息技术教学中渗透道德教育——以《网上交个好朋友》教学设计为例 [J]. 信息技术教育，2006（5）.

68. 李艺，黄宇星，等. 信息技术课程与教学 [M]. 北京：高等教育出版社，2005.

69. 李艺. 信息技术课程：设计与建设 [M]. 北京：高等教育出版社，2003.

70. 李艺，朱彩兰. 信息技术课程中内容的相互衔接与选择 [J]. 电化教育研究，2003（8）.

71. 李子健，黄显华. 课程范式、取向和设计 [M]. 香港：中文大学出版社，1994.

72. 理查德·斯皮内洛. 铁笼，还是乌托邦——网络空间的道德与法律 [M]. 李伦，等，译. 2 版. 北京：北京大学出版社，2007.

73. 联合国教科文组织总部. 教育——财富蕴藏其中 [M]. 联合国教科文组织总部中文科，译. 北京：教育科学出版社，1996.

74. 林崇德. 发展心理学 [M]. 杭州：浙江教育出版社，2002.

75. 岭井明子. [M]. 姜英敏，编译. 广州：广东教育出版社，2012.

76. 林智中，陈建生，张爽. 课程组织 [M]. 北京：教育科学出版社，2006.

77. 刘钢. 信息哲学探源 [M]. 北京：金城出版社，2007.

78. 刘娟娟. 五套高中《信息技术基础》新课标教材的比较研究 [D]. 上海：华东师范大学，2009.

79. 刘济良. 价值观教育 [M]. 北京：教育科学出版社，2007.

80. 刘萌萌.《计算机病毒及预防》教学案例 [J]. 中小学信息技术教育，2009（2）.

81. 刘向永，董玉琦，满海峰. 英国中小学教师信息通信技术教育 [J]. 外国教育研究，2001（6）.

82. 刘向永. 信息技术课程价值论 [M]. 北京：教育科学出版社，2014.

83. 刘啸霆. 科学、技术与社会概论 [M]. 北京：高等教育出版社，2008.

84. 刘彦尊. 美国中小学信息伦理教育综述 [J]. 外国教育研究，2004（6）.

85. 刘彦尊. 日本中小学信息伦理教育综述 [J]. 外国教育研究，2003（12）.

86. 刘彦尊. 信息社会视域中的学校信息伦理教育研究 ［D］. 长春：东北师范大学，2009.

87. 刘毅然.《信息安全与信息道德》教学案例 ［J］. 中小学信息技术教育，2010 （6）.

88. 路易斯·拉思斯. 价值与教学 ［M］. 谭松贤，译. 杭州：浙江教育出版社，2003.

89. 马歇尔·麦克卢汉. 理解媒介——论人的延伸 ［M］. 何道宽，译. 北京：商务印书馆，2000.

90. 马艳红，钱松岭.《网络成瘾的危害与预防》教学设计 ［J］. 中国信息技术教育，2013 （4）.

91. 马云鹏，吕立杰. 近现代课程研究范式的演变及其启示 ［J］. 教育研究，2002 （9）.

92. 马云鹏. 教育科学研究方法导论 ［M］. 长春：东北师范大学出版社，2002.

93. 马云鹏. 课程实施探索——小学数学课程实施的个案研究 ［M］. 长春：东北师范大学出版社，2001.

94. 马云鹏. 课程与教学论 ［M］. 北京：中央广播电视大学出版社，2002.

95. 曼纽尔·卡斯特. 千年终结 ［M］. 夏铸九，黄慧琦，等，译. 北京：社会科学文献出版社，2006.

96. 曼纽尔·卡斯特. 认同的力量 ［M］. 曹荣湘，译. 北京：社会科学文献出版社，2006.

97. 曼纽尔·卡斯特. 网络社会的崛起 ［M］. 夏铸九，王志弘，等，译. 北京：社会科学文献出版社，2006.

98. 苗逢春. 关于网络时代中小学德育的思考与研究——"全国中小学信息技术道德教育研究与实验"课题介绍 ［J］. 中国信息技术教育，2008 （10）.

99. 尼尔·波兹曼. 技术垄断：文化向技术投降 ［M］. 何道宽，译. 北京：北京大学出版社，2007.

100. 戚万学，唐汉卫. 现代道德教育专题研究 ［M］. 北京：教育科学出版社，2005.

101. 钱松岭. 给个人信息撑起"保护伞"——《网上聊天的安全》教学设计 ［J］. 中小学信息技术教育，2007 （6）.

102. 钱旭升. 信息技术课程实施的文化取向研究 ［M］. 北京：教育科学出版社，2009.

103. 沙勇忠. 信息伦理学 ［M］. 北京：北京图书馆出版社，2004.

104. 上官木子. 网络交往与社会变迁 ［M］. 北京：社会科学文献出版社，2010.

105. 施良方. 课程理论——课程的基础、原理与问题 [M]. 北京：教育科学出版社，1996.

106. 苏怡如，周倩. 国中学生网络礼仪课程设计、发展与评价 [J]. 课程与教学季刊，2008 (1).

107. 台湾 "教育部". 高级中学课程标准，1984.

108. 台湾 "教育部". 高级中学必修科目课程纲要 [M]. 台北：正中书局，2010.

109. 谭光广. 文化学辞典 [M]. 北京：中央民族学院出版社，1988.

110. 檀传宝. 公民教育引论 [M]. 北京：人民教育出版社，2011.

111. 汤姆·L. 比切姆. 哲学的伦理学 [M]. 雷克勒，等，译. 北京：中国社会科学出版社，1990.

112. 阿尔温·托夫勒. 权力的转移 [M]. 吴迎春，等，译. 北京：中信出版社，2006.

113. 王桂红.《网络文明与安全》教学案例 [J]. 中小学信息技术教育，2007 (1).

114. 王吉庆. 信息技术课程的内容遴选与编排 [J]. 中小学信息技术教育，2002 (1).

115. 王吉庆. 信息素养论 [M]. 上海：上海科技教育出版社，2002.

116. 王璐. 西方学者关于马克思劳动价值论百年论争研究综述 [J]. 财经科学，2004.

117. 王陆，刘菁. 信息化教育科研方法——发挥技术工具的威力 [M]. 北京：教育科学出版社，2008.

118. 王琪. 美国青少年公民教育理论与实践研究 [M]. 北京：北京理工大学出版社，2011.

119. 王前. 技术现代化的文化制约 [M]. 沈阳：东北大学出版社，2002.

120. 王迁. 网络环境中的著作权保护研究 [M]. 北京：法律出版社，2011.

121. 王秋爽，缴洪勋. 基于 STS 视角的义务教育阶段学生信息素养现状调查——长春市 K 区的个案研究 [J]. 中国电化教育，2010 (7).

122. 王荣良，李树培. 信息技术课程情感态度价值观目标的难为与能为 [J]. 中国电化教育，2009 (3).

123. 王荣良，李树培. 信息技术课程情感态度价值观辨别 [J]. 中国信息技术教育，2009 (1).

124. 王伟萍. 信息技术课堂中的爱国主义渗透 [J]. 中国信息技术教育，2008 (9).

125. 王钢. 从人文关怀角度落实中小学信息伦理教育 [J]. 中小学信息技术教育，

2007（6）.

126. 王佑镁，陈敏. 民族传统文化整合于信息技术教学的策略探究 [J]. 中国信息技术教育，2010（1）.

127. 王玉樑. 价值哲学新探 [M]. 西安：陕西人民教育出版社，1993.

128. 王正平. 网络传播与文化教育 [M]. 上海：上海三联书店，2010.

129. 王志荣. 信息法概论 [M]. 北京：中国法制出版社，2003.

130. N. 维纳. 控制论（或关于在动物和机器中控制和通信的科学）[M]. 郝季仁，译. 2 版. 北京：科学出版社，2009.

131. 魏英敏. 新伦理学教程 [M]. 北京：北京大学出版社，1993.

132. 邬焜. 信息哲学 [M]. 北京：商务印书馆，2005.

133. 吴康宁. 课程社会学研究 [M]. 南京：江苏教育出版社，2003.

134. 谢俊贵. 社会学视野中的信息社会学 [J]. 湖南师范大学社会科学学报，2003（2）.

135. 谢俊贵. 我国信息社会学研究的回顾与展望 [J]. 情报科学，2002（1）.

136. 熊梅. 试析综合课程的教育目的观及其培养目标 [J]. 课程·教材·教法，2000（9）.

137. 熊梅. 当代综合课程的新范式：综合性学习的理论和实践 [M]. 北京：教育科学出版社，2001.

138. 徐仪明. 中国文化论纲 [M]. 郑州：河南大学出版社，1992.

139. 杨宁，钱薇旭. 义务教育阶段信息技术课程区域整体推进：问题、原因及对策 [J]. 中国电化教育，2010（7）.

140. 叶海智. 信息技术与情感教育 [M]. 北京：科学出版社，2007.

141. 殷登祥. 科学、技术与社会概论 [M]. 广州：广东教育出版社，2007.

142. 英格尔斯. 人的现代化 [M]. 殷陆君，编译. 成都：四川人民出版社，1985.

143. 有宝华. 综合课程论 [M]. 上海：上海教育出版社，2002.

144. 俞国良，辛自强. 社会性发展心理学 [M]. 合肥：安徽教育出版社，2004.

145. 约翰·奈斯比特. 大趋势：改变我们生活的十个新方向 [M]. 梅艳，译. 北京：中国社会科学出版社，1984.

146. 于洪侠. 美英日韩中小学信息伦理道德教育的比较研究 [J]. 中小学信息技术教育，2007（6）.

147. 张楚廷. 课程与教学哲学 [M]. 北京：人民教育出版社，2003.

148. 张岱年，方克立. 中国文化概论 [M]. 北京：北京师范大学出版社，1997.

149. 张洪. 小学信息技术素养与伦理教育探讨——台北市小学"资讯素养与伦理"教材简析 [J]. 中国信息技术教育，2010（1）.

150. 张华. 经验课程论［M］. 上海：上海教育出版社，2001.

151. 张华. 课程与教学论［M］. 上海：上海教育出版社，2001.

152. 张立新. 信息文化的形态与内涵——解读高中《信息技术课程标准》［J］. 电化教育研究，2005（1）.

153. 张舒予，周蓉. 英国苏格兰中小学信息技术教育课程指南（上）［J］. 电化教育研究，2004（2）.

154. 张义兵，李艺. 理想与现实的统一——谈高中信息技术课程改革的理念［J］. 电化教育研究，2003（5）.

155. 张震. 网络时代伦理［M］. 成都：四川人民出版社，2002.

156. 赵保佑，等. 情报社会学［M］. 北京：东方出版社，1992.

157. 中华人民共和国教育部. 普通高中技术课程标准（实验）［M］. 北京：人民教育出版社，2003.

158. 中华人民共和国教育部. 思想品德课程标准［M］. 北京：人民教育出版社，2011.

159. 钟启泉，李雁冰. 课程设计基础［M］. 济南：山东教育出版社，2000：20.

160. 钟启泉. 现代课程论［M］. 上海：上海教育出版社，1989.

161. 钟义信. 信息科学原理［M］. 北京：北京邮电大学出版社，2002.

162. 周蓉，张舒予. 英国苏格兰中小学信息技术教育课程指南（下）［J］. 电化教育研究，2004（3）.

163. 祝智庭. 信息教育展望［M］. 上海：华东师范大学出版社，2002.

164. 庄严. 何谓传统文化［J］. 兰州学刊，1997（2）.

165. 周勇. 传统文化课程开发［M］. 合肥：安徽教育出版社，2008.

166. 邹志仁. 试论信息社会学［J］. 情报学报，1997（6）.

167. 朱彩兰. 对情感、态度与价值观的解析与培养［J］. 中小学信息技术教育，2007（12）.

168. 朱秋林.《信息价值的判断》教学设计［J］. 中小学信息技术教育，2008（12）.

二、外文部分

1. 21st-century-skills-assessment［OE/BL］.［2013-12-09］. http：//www. learning. com/21st-century-skills-assessment.

2. AASL. Information literacy standards［OE/BL］.［2013-12-09］. http：//www. ala. org/aasl/aaslproftools/informationpower/Informationpower/InformationLiteracy Standards_final. pdf.

3. About us［OE/BL］.［2013-12-09］. http：//www. childnet. com/about.

4. Armstrong, D. G.. Developing and documenting the curriculum. [M]. Needham Heights, MA: Allyn & Bacon, 1989.

5. Baase, S.. A gift of fire [M]. 2nd ed. NJ: Prentice Hall / Pearson Education Inc, 2003.

6. Barr, R. D., Barth, J. L, Shermis, S. S. Defining the social studies [M]. Arlington, VA: NCSS, 1977.

7. Brady, L. Curriculum development [M]. 3rd ed. Australia: Prentice Hall, 1990.

8. Bruner, J. Man: a course of study [M]. Combridge, MA: Educational Services Incorporated, 1965.

9. Common Sense Media. Our 10 beliefs [OE/BL]. [2013 - 12 - 09]. http://www. commonsensemedia. org/about-us/our-mission.

10. Computer mastilevel 2 [OE/BL]. [2013 - 12 - 09]. http://www. it. iitb. ac. in/~sri/ssrvm.

11. Counts G. Dare the school build a new social order? [M]. New York: John Day Company, 1932.

12. C-SAVE [OE/BL]. [2013 - 12 - 09]. http://www. staysafeonline. org/teach-online-safety/csave/.

13. CSTA. A model curriculum for K-12 Computer Science (2003) [OE/BL]. [2013-12-09]. http://csta. acm. org/Curriculum/sub/CurrResources. html.

14. CSTA. K-12 Computer Science Standards [OE/BL]. [2013 - 12 - 09]. http://www. csta. acm. org/Curriculum/sub/CurrFiles/CSTA_K-12_CSS. pdf.

15. Curriculum overview [OE/BL]. [2013 - 12 - 09]. http://www. common-sensemedia. org/sites/default/files/curr_overview_10. 31. pdf.

16. Cyberbullying resources for parents, teachers, and students [OE/BL]. [2013-12-09]. http://www. csriu. org/cyberbully.

17. David Easton, Robert D. Hess. The child's political world [J]. Midwest Journal of Political Science, 1962 (6): 229-246.

18. Davis, L. K. Objectives in curriculum design [M]. London: McGraw-Hall, 1976: 128-129.

19. Dearden, R. F. The philosophy of primary education [M]. London: Routledge& Kegan Paul, 1968.

20. Derek Heater. What is citizenship? [M]. London: Polity Press, 1999.

21. Dick, W., Carey, L. &Carey, J. O.. The systematic design of instruction [M]. New York: Longman, 2001.

22. Elliot, J. A. A curriculum for the study of human affairs: the contribution of Lawrence Stenhouse [J]. Journal of Curriculum Studies, 1988 (15).

23. Fred M. Newman, Thomas A Bertocci. Skills in citizen action: an english-social studies program for secondary schools (citizen participation curriculum project) [D]. University of Wisconsin, 1977.

24. Giroux, H. Critical theory and rationality in citizenship education [J]. Curriculum inquiry, 1980 (10).

25. GRADES K-2 [OE/BL]. [2013-12-09]. http: //www. staysafeonline. org/teach-online-safety/grades-k-2.

26. Hanna, P. R. Social studies for today [J]. NEA Journal 45, 1956 (1).

27. Harnessing technology school survey: 2010 [DB/OL]. [2013-12-09]. http: //www. bee-it. co. uk/Guidance%20Docs/becta%20Files/Official%20Statistics/01e%20BECTA_htss_ict_lead_teacher_revised. pdf.

28. ICTProgramme of study for key stage 3-4 and attainment target [OE/BL]. [2013-12-09]. http: //curriculum. qcda. gov. uk/key-stages-3-and-4/subjects/ict/keystage3/ICT_and_the_national_curriculum_aims. aspx.

29. Inspiring safe and security cyber world [DB/OL]. [2013-12-09]. http: //www. isc2. org.

30. ISTE. National educational technology standards [OE/BL]. [2013 - 12 - 09]. http: //www. iste. org/docs/pdfs/nets-s-standards. pdf? sfvrsn=2.

31. Jack Zevin. Social studies for the twenty-first century: methods and materials for teaching in middle and secondary schools [M]. 3rd ed. London: Routledge, 2007.

32. K. Mossberger, Caroline J. Tolbert, and Ramona S. McNeal. Digital citizenship: the Internet, society and participation [OE/BL]. [2013-1-2-09]. http: //zh. scribd. com/doc/13853600/Digital-Citizenship-the-Internetsociety-and-Participation-By-Karen-Mossberger-Caroline-J-Tolbert-and-Ramona-S-McNeal 23 Nov. 2011.

33. Lesson plan one [OE/BL]. [2013-1-2-09]. http: //www. childnet. com/kia/secondary/downloads/LESSON-PLAN-1. doc.

34. Mager, R. F. Preparing instructional objectives [M]. Rev. 2nd ed. Belmont, California: Pitman Learning, 1984.

35. Mcneil, J. Curriculum [M]. New York: Macmillan, 1996.

36. McNeil, J. D. Curriculum: a comprehensive introduction [M]. 4th ed. Glenview, Illinois: Scott, Foreman/Little, Brown Higher Education, 1990.

37. Microsoft online safety resources [OE/BL]. [2013 - 12 - 09]. http: //www.

microsoft. com/protect/resources/brochures. aspx.

38. Mike Ribble. Digital citizenship in schools [OE/BL]. [2013 - 12 - 09]. http: //www. iste. org/docs/excerpts/DIGCI2-excerpt. pdf.

39. Model computer science curriculum for schools [OE/BL]. [2013 - 12 - 09]. http: //www. it. iitb. ac. in/~sri/papers/CSC-April2010. pdf.

40. NCF2005 [OE/BL]. [2013-12-09]. http: //www. ncert. nic. in.

41. Quinn, M. Ethics in the information age [M]. Boston: Pearson Addison Wesley, 2005.

42. R. E. Muuss. Theories of adolescence [M]. New York: McGraw Hill Publishing Company, 1988.

43. Rice F P. Human development: a life-span approach. [M]. Upper Saddle River: Prentice Hall. 1995.

44. Robert M. Hutchins. The conflict in education [M]. New York: Harper & Row, 1953.

45. Schwab, J. J.. The concept of structure of a discipline. [J]. The Educational Record, 1962 (43).

46. Schwab, J. J. The practical: a language for curriculum [J]. School Review, 1969 (78).

47. Scope & sequence [OE/BL]. [2013-12-09]. http: //www. commonsensemedia. org/sites/default/files/original_ scope11. 1. pdf.

48. SEX And TEC results from a survey of teens and young adults [OE/BL]. [2013-12-09]. http: //www. thenationalcampaign. org/sextech/PDF/SexTech_ Summary. pdf.

49. Smith, P. L., &Ragan, T. J. Instructional design [M]. 2nd ed. New York: Merrill, 1999.

50. Spinello, R.. Readings in CyberEthics [M]. 2nd ed. Sudbury: Jones & Bartlett Publishers, 2004.

51. STOP. THINK. CONNECT. [OE/BL]. [2013 - 12 - 09]. http: //www. staysafeonline. org/stop-think-connect/.

52. Taba, H. Curriculum development: theory and practice [M]. New York: Harcourt, Brace & World, Inc., 1962.

53. Texas essential knowledge and skills for technology applications [OE/BL]. [2013-12-09]. http: //ritter. tea. state. tx. us/rules/tac/ch126toc. html.

54. The 2012 ACM computing classification system [OE/BL]. [2013 - 11 - 18]. http: //www. acm. org/about/class/2012.

55. The big6 skills［OE/BL］. ［2013-12-09］. http：//big6. com/pages/about/big6-skills-overview. php.

56. The computing ontology project ［OE/BL］. ［2013 - 11 - 18］. http：//what. csc. villanova. edu/twiki/bin/view/Main/OntologyProject.

57. The national curriculum for england ［OE/BL］. ［2013 - 12 - 09］. http：//www. nationalarchives. gov. uk/information-management/guidance/c. htm.

58. Tween cyber safety［OE/BL］. ［2013-12-09］. http：//www. linksysbycisco. com/static/content/20090629/Kids_ and_ tweens_ Cybersafety_ WEB. pdf.

59. Tyler, R. Basic principles of curriculum and instruction ［M］. Chicago：The University of Chicago Press, 1949.

60. UK Safer Internet Center ［OE/BL］. ［2013-12-09］. http：//www. saferinternet. org. uk.

61. Unit 9 publishing on the web, Key stage 3 schemes of work ［OE/BL］. ［2013-12-09］. http：//www. docin. com/p-307250710. html.

62. Welcome to the new digizen website ［OE/BL］. ［2013 - 12 - 09］. http：//www. digizen. org/.

63. Zais, R. S.. Curriculum：principles and foundations ［M］. New York：Harper Collins Publishers, 1976.

64. 高等学校普通教科「情報」改訂のポイント ［M］. 东京：开隆堂出版株式会社, 2008.

65. 情報モラル ［OE/BL］. ［2013-12-09］. http：//sweb. nctd. go. jp/2005/index. htm.

66. 水越敏行, 村井纯, 生田孝至. 情報与科学 ［M］. 东京：日本文教出版, 2013.

67. 文部省, 高等学校学习指导要领解读（信息篇）［M］. 东京：开隆堂出版株式会社, 2000.

68. 文部省. 教育信息化发展规划 ［M］. 东京：开隆堂出版株式会社, 2011.

69. 英国教育部. Citizenship programmes of study for Key stages 3 - 4 ［OE/BL］. ［2013 - 12 - 09］. http：//www. education. gov. uk/schools/teachingandlearning/curriculum/secondary/b00199157/citizenship/ks3/programme.

附　　录

附录 1　学生信息社会行为问卷（正式版)

亲爱的同学：

　　你好，这是一份针对"信息社会行为"的问卷，目的是为了更好地真实地了解学生，以便改善学校的课程。请按照你对于各个问题的看法在相应的项目上画"√"，本问卷为不记名问卷，请一定如实回答，谢谢你的合作！

　　祝学业顺利！

　　你的性别：男□　女□

题　　目	可能总是	可能经常	可能偶尔	不太可能	根本不可能
1. 小明最近在线聊天时，不停地使用具有色彩动感的闪烁文字、火星文字和 QQ 表情。如果是你，你会这样做吗？	5	4	3	2	1
2. 小涵在线聊天时常常不用标点，也不注意错别字。如果是你，你会这样做吗？	5	4	3	2	1
3. 小淼正跟小希在网上聊天，突然被电视节目吸引，丢下小希起身离开了。小希看着屏幕等不到回应，不明白发生了什么。如果是你，你会这样做吗？	5	4	3	2	1

续表

题　目	可能总是	可能经常	可能偶尔	不太可能	根本不可能
4. 班级的 QQ 群里正在讨论一位著名歌手，小新发现了一篇篇幅较长的介绍该歌手的文章，便把它粘贴在了 QQ 群里，大家的发言瞬间就不见了。如果是你，你会这样做吗？	5	4	3	2	1
5. 小明常常浏览一家网站的 BBS，他看见别人不停地互相"拍砖"（发生言辞不雅的论战），觉得好玩儿，就也参与其中。如果是你，你会这样做吗？	5	4	3	2	1
6. 小飞给在外地居住的姑姑写邮件，没有写标题，也没有落款，弄得姑姑一头雾水。如果是你，你会这样做吗？	5	4	3	2	1
7. 小沛上网的时候常常让父母离开，不让他们陪同，而且还为此和父母争吵。如果是你，你会这样做吗？	5	4	3	2	1
8. 小贝开通了 QQ 空间，为了让大家认识自己，小贝将自己、好朋友的照片以及家人的照片都上传到空间里。如果是你，你会这样做吗？	5	4	3	2	1
9. 小刚在线看到游戏网站的一项活动，得知只要输入自己的姓名、电话和通信地址，就会得到网站寄来的游戏光碟，小刚很想得到这些东西就填写了资料。如果是你，你会这样做吗？	5	4	3	2	1
10. 小哲喜欢和各种不同的网友聊天，如果聊得高兴，还会互传自己的照片给对方看，以便更了解对方。如果是你，你会这样做吗？	5	4	3	2	1
11. 小美也喜欢上网聊天，聊到关于自己的话题时，因为不想透露自己的信息，就拿同学小彤的资料应付或假装是别的不同年龄和性别的人。如果是你，你会这样做吗？	5	4	3	2	1

题　目	可能总是	可能经常	可能偶尔	不太可能	根本不可能
12. 小美有一个特别要好的网友，不管什么事情只要和他聊都觉得特别开心。有一天这个网友约她单独见面，小美就答应了。如果是你，你会这样做吗？	5	4	3	2	1
13. 小奇不仅和小毅吵架，还挨了打，小奇越想越气，就匿名在校园网上写了很多小毅的坏话。如果是你，你会这样做吗？	5	4	3	2	1
14. 小芬与小杉争吵，就匿名把小杉的电话留在了网上，还说小杉要找男朋友。如果是你，你会这样做吗？	5	4	3	2	1
15. 小丹在班级的 QQ 群里看到别人转发的小米的泳装照片，大家都恶语相加，小丹也添油加醋。如果是你，你会这样做吗？	5	4	3	2	1
16. 小强和网友们在线玩游戏，一个网友总是骂他"笨蛋""猪头""把游戏搞砸了"。小强也不甘示弱，觉得反正谁也不知道谁是谁，就与那个网友对骂。如果是你，你会这样做吗？	5	4	3	2	1
17. 小凯与小叶开玩笑，每天都给小叶匿名发邮件说："我来了，就在附近。"这把小叶吓坏了。如果是你，你会这样做吗？	5	4	3	2	1
18. 为了好玩儿，小林到学校的网站上匿名通知大家："明天下午召开教师会议，学生放假。"如果是你，你会这样做吗？	5	4	3	2	1
19. 小平收到同学转发的图片上说某某品牌的牛奶不能喝，里面有危害健康的成分。小平觉得应该让大家知道这个消息，就转发给了自己所有的 QQ 好友。如果是你，你会这样做吗？	5	4	3	2	1

续表

题　目	可能总是	可能经常	可能偶尔	不太可能	根本不可能
20. 小轩接到一封不明邮件，主题是班级照片，他就打开链接看了。如果是你，你会这样做吗？	5	4	3	2	1
21. 小宁设置密码时常常使用自己的生日、电话号码或名字拼音，有时将这些混合在一起。如果是你，你会这样做吗？	5	4	3	2	1
22. 小正简直是个计算机专家，他能进入城市计算机管理系统。为了证明这一点，他在市政府的网页上留了一行字"这是我的城市！"，其他什么都没破坏就离开了。如果是你，你会这样做吗？	5	4	3	2	1
23. 小纯的计算机技术很好，常常匿名教人破解密码的办法，并告诉大家哪些网站的密码容易破解。如果是你，你会这样做吗？	5	4	3	2	1
24. 小成生日时爸爸送了他一套游戏软件，哥们儿小力希望借来安装在自己的计算机上玩，小成就借给他了。如果是你，你会这样做吗？	5	4	3	2	1
25. 小凯为了完成作业，上网查找了一些相关的文字图片，下载后不加说明地就直接用到了作业中。如果是你，你会这样做吗？	5	4	3	2	1
26. 小超在网络上下载了一个试用30天的赛车游戏，试用期快到时，小超就把计算机系统的日期改了，以便多玩几天。如果是你，你会这样做吗？	5	4	3	2	1
27. 小辉发现有的网站能免费下载正在影院播映的热门院线电影，就下载了与家人一起看。如果是你，你会这样做吗？	5	4	3	2	1

题　　目	可能总是	可能经常	可能偶尔	不太可能	根本不可能
28. 小义喜欢收集各种流行歌曲，把它们刻成光盘，然后低价卖给同学。如果是你，你会这样做吗？	5	4	3	2	1
29. 小敏喜欢上网，她宁愿与网友聊天也不愿与家人外出。如果是你，你会这样做吗？	5	4	3	2	1
30. 小莲喜欢玩网络游戏，常常玩到半夜还欲罢不能。如果是你，你会这样做吗？	5	4	3	2	1
31. 如果小松一天不能上网就心情低落，好像缺了点儿什么似的。如果是你，你会有这样的感觉吗？	5	4	3	2	1
32. 小婷特别喜欢几位影视明星，她总是坐在计算机前不停地浏览他们的八卦新闻，以致忘记了时间，为此视力都减退了。如果是你，你会这样做吗？	5	4	3	2	1
33. 小彤发现校园里的喷泉坏了，便想给校长信箱发一封电子邮件，希望校长能解决这个问题，但又怕校长不会理睬一名学生的意见，于是放弃了。如果是你，会放弃吗？	5	4	3	2	1
34. 小慧发现自己居住的小区有很多树都死了，她想告诉小区物业管理人员，可是又怕他们认为自己是小孩子，于是放弃了。如果是你，你会放弃吗？	5	4	3	2	1
35. 小泉觉得自己居住的城市汽车越来越多，空气越来越差，他想建议市长实施尾号限行制度，又觉得写电子邮件麻烦，于是放弃了。如果是你，你会放弃吗？	5	4	3	2	1

续表

以下题目请按照自己的实际情况填写。
1. 你使用过下面哪些网上工具（可多选)？（　　） 　　A. 即时聊天工具（QQ、Skype、MSN 等）　　B. 网上聊天室　　C. BBS 　　D. 线上讨论区（校园贴吧、校内网）　　E. 电子邮件 　　其他＿＿＿＿＿＿＿＿＿＿
2. 你上网通常做哪些事情？（　　） 　　A. 看新闻、天气　　B. 查找学习资料　　C. 聊天　　D. 下载音乐、电影 　　E. 玩游戏　　F. 购物　　G. 写日志 　　其他＿＿＿＿＿＿＿＿＿＿
3. 你上网的方式是什么？（　　） 　　A. 计算机　　B. 手机　　C. iPod touch \ iPad　　其他＿＿＿＿＿＿＿＿＿＿
4. 你上网的地点是什么？（　　） 　　A. 家里　　B. 学校　　C. 网吧　　其他＿＿＿＿＿＿＿＿＿＿
5. 你每天上网的时间是多长？（　　） 　　A. 基本不上网　　B. 1 小时以下　　C. 1 小时以上 2 小时以下　　D. 2 小时以上 　　其他＿＿＿＿＿＿＿＿＿＿

附录 2　信息社会学课程教学资源专家审议问卷

尊敬的专家，以下问题是要了解您对信息社会学课程教学资源的看法。请您按照自己感受选择最接近的项目，并在相应位置上画"√"。感谢您的时间与耐心！

1 表示很不同意，2 表示不同意，3 表示同意，4 表示很同意。

1. 教学资源提供了教学所需的正确、丰富的信息　　　1　2　3　4
2. 提供了教学所需的各种素材（课件、学习单等）　　1　2　3　4
3. 提供了相关参考资源（专家、网站、书籍等）　　　1　2　3　4
4. 教学目标、内容能清楚地呈现给教师　　　　　　　1　2　3　4

5. 教学目标、内容符合学生需求，并能清楚地呈现给
   学生   1 2 3 4

6. 教学活动适合实际教学现场   1 2 3 4

7. 教学现场的学生符合对主要教学对象的描述   1 2 3 4

8. 对教学资源不需要再做过多的调整、修改以符合
   实际教学现场   1 2 3 4

9. 教学资源中有对资源使用方法的指导   1 2 3 4

10. 教学内容在学生能力范围内，学生可完成整个学
    习历程   1 2 3 4

11. 对一般教师而言，教学资源在教学现场中容易实施 1 2 3 4

12. 教学资源能引起教师教学的兴趣   1 2 3 4

13. 学生能从教学资源中学有所获   1 2 3 4

14. 教师愿意就其他类似的内容展开教学   1 2 3 4

15. 我会推荐教学资源给其他老师的   1 2 3 4

16. 改进教学资源的其他建议：_____

_____

_____

附录3   学生对课堂教学的反映问卷

亲爱的同学，本问卷要通过以下问题了解你对信息社会学课程课堂教学的看法。请你按照自己的感受选择最接近的项目，并在相应位置上画"√"。谢谢！

	非常不同意	不同意	同意	非常同意
1. 我觉得今天的课程很丰富	1	2	3	4
2. 我觉得今天的课程新奇有趣，能引起我的注意	1	2	3	4
3. 我觉得今天的课程对我来说难易适中	1	2	3	4
4. 我觉得今天学到的内容很实用	1	2	3	4

5. 课堂上使用的课件让人很容

易理解	1	2	3	4
6. 我喜欢今天的上课方式	1	2	3	4
7. 我喜欢老师引导我们一步步 思考为什么会出现问题以及 怎么解决这类问题	1	2	3	4
8. 经过全班讨论、分享和老师 建议后，我反思了自己的答 案是否正确	1	2	3	4
9. 今天上课时我能认真参与 讨论，积极思考问题	1	2	3	4
10. 上课后，我觉得我对网瘾有 了更深的认识	1	2	3	4

附录4　教师意见访谈提纲

访谈教师：＿＿＿＿＿＿＿＿＿　　访谈时间：＿＿＿＿＿＿＿＿＿

访谈地点：＿＿＿＿＿＿＿＿＿　　访谈人：＿＿＿＿＿＿＿＿＿

一、教学内容方面

1. 内容太难

2. 内容太多

3. 内容不够实用

4. 有何建议

二、教学方式方面

1. 教师需要信息社会学专业知识才能使教学顺利进行

2. 教学方法不易掌握（讨论法、活动法、任务法等）

3. 教学活动是否容易进行

4. 有何建议

三、学生的学习情况

1. 学生能分享信息社会学知识

2. 学生能反省信息社会学的话题

3. 学生能更加深入地了解信息社会学的主题

4. 有何建议

四、学习材料方面

1. 内容太难

2. 内容太多

3. 有助于信息社会学的学习

4. 有何建议

五、整体情况

1. 难以实行

2. 值得推广

3. 进行信息社会学课程实施还有哪些困难

4. 学生在信息社会学课程的学习中还有哪些困难

六、有什么其他意见与建议

附录5 网络沉迷自我检测量表

亲爱的同学，以下是"网络沉迷自我检测量表"，你可以通过该表来检测自己是否有网络沉迷的倾向。请你按照自己的真实感受选择最接近的项目，并把相应的分数相加，然后对照后面的说明看看自己的情况。

	非常 符合	很多 符合	一般 符合	很少 符合	非常 不符合
1. 我常常在网络上结交新朋友。	5	4	3	2	1
2. 我上网常常超过预定时间。	5	4	3	2	1
3. 我常常因为上网而忽略平时 该做的事儿。	5	4	3	2	1
4. 我上网之后常常变得比较 容易疲倦、无精打采。	5	4	3	2	1
5. 不能上网会使我心情低落， 做事没干劲。	5	4	3	2	1
6. 我宁愿上网也不愿和家人外出。	5	4	3	2	1

7. 我常常趁父母不在偷偷上网。	5	4	3	2	1
8. 我常常上网到深夜，欲罢不能。	5	4	3	2	1
9. 如果有人妨碍我上网，我会感到不高兴。	5	4	3	2	1
10. 我已经因为上网而学习成绩下滑。	5	4	3	2	1
11. 我已经因为上网而视力下降。	5	4	3	2	1
12. 上网时，我感到很快乐。	5	4	3	2	1

评分说明：

0—29分（正常级）：属于正常上网行为。

30—45分（沉迷级）：有网络沉迷倾向，要注意哦！

46—60分（成瘾级）：严重沉迷于网络，已达到网瘾程度，需尽快得到帮助。

我的总分是：＿＿＿＿＿＿分。

附录6　教学实验课例"著作权的合理使用"

© 本课目标

- 知道"著作权（版权）"的概念，了解什么是"合理使用""公有领域""剽窃"；
- 了解作品创作者的权利受到著作权法的保护，有合理使用的范围；
- 知道《中华人民共和国著作权法》第二十二条第1款和第6款关于合理使用的规定；
- 能举例说明如何复制使用网上的原创作品（文字、图片、图表等）。

© 想一想

沿虚线将下列内容剪下来，放在纸盒里。随意从纸盒中抽取一张，与你的同桌讨论这些做法是否正确。

从网站上复制喜欢的图片放在你个人的网页上。	你利用搜索引擎查找到几个含有与你的作业相关的信息的网站，从这几个网站上分别复制了一些内容后粘贴在一起，重新组织了一段话放在你的作业中，最后写出自己的介绍和结论。
从网站上复制一张图片后粘贴到你的作业上。	你用光盘复制了你最喜欢的图片处理软件，并将其送给一位喜爱摄影的好朋友，以使他可以使用该软件处理平时的照片与其他摄影作品。
你在一个游戏网站上看见了一个非常"酷"的动画片，然后你下载了该动画片并将它上传到你的个人网页上。	哥哥告诉你在哪里可以得到免费密码以登录游戏网站免费玩那个网站上的游戏，而其他人要每月花 10 元钱才能玩。
你看到了朋友登录在线游戏的用户名和密码，你记住并使用该朋友的用户名和密码登录后玩游戏。	你收到一张非常搞笑的生日卡片，将它扫描后上传到你的个人网页上。
同学们知道你有一个下载速度快的因特网链接，便请你下载音乐文件。你觉得这是个挣钱的好机会，就将音乐复制到 CD 上，然后以便宜价格卖给同学。	你知道在哪里可以下载到刚刚上映的影片，于是你下载了影片与家人一起观看。

© 学一学

著作权（copyright）也称版权，是指作者和其他著作权人对文学、艺术和科学工程作品所享有的各项专有权利。

● 一种生存的权利

每个人都有通过自己的劳动赚得自己生活的权利。摄影师、作家、画家、音乐家或者软件工程师就是通过自己创作的作品来生活的。当其他人复制他们的艺术作品进行买卖或向外传播时，创作者的财产就会有所损失。创作这些作品的作家或艺术家等是唯一拥有复制或允

许复制的权利的人，他们受到著作权法的保护。

- 尊重著作权

尊重著作权等于尊重别人的生存权利。如果你复制一个受版权保护的作品，并把它出卖、赠给他人或把它放在你自己的网页上公开都是违法的。不要因为你没有被逮捕就意味着没有问题。只有在得到版权拥有者的允许之后才可以复制。

版权符号

保护著作权的最主要目的是鼓励人们创新，如果大家都没有限制地复制他人作品，也许就没有人愿意创新了。

- 著作权的合理使用

《中华人民共和国著作权法》第二十二条规定："在下列情况下使用作品，可以不经著作权人许可，不向其支付报酬，但应当指明作者姓名、作品名称，并且不得侵犯著作权人依照本法享有的其他权利。"其中，第1款是："为个人学习、研究或者欣赏，使用他人已经发表的作品。"第6款是："为学校课堂教学或者科学研究，翻译或者少量复制已经发表的作品，供教学或者科研人员使用，但不得出版发行。"

因此，对于学生来说，尽管没有得到版权所有者的允许，但在学校作业里使用受版权保护的作品是可以的。使用作品可以不经著作权人许可，不向其支付报酬，但应当指明作者姓名、作品名称，这就是"合理使用"。当你使用受版权保护的作品时，你应该做到以下几点：

（1）如果是文字，使用引号表明这段文字是引用的别人的；

（2）指明作者姓名、作品名称。

- 公有领域

公有领域（public domain）是人类的一部分作品与一部分知识的总汇，可以包括文章、艺术品、音乐、科学理论、发明等。比如一些不受现行法律保护的作品或已经超过法律保护期限（通常为50年或70年）的作品，它们被认为处于公有领域，任何人都可以自由、无偿地使用。

公有领域符号

● 诚实

"复制、粘贴，复制、粘贴，复制、粘贴"，你的文章完成了！如果你使用了与别人一模一样的语言、图片或图表，也没有说明创作者是谁，那么你就是在"剽窃"。也许你不会因此而被逮捕，但这是一种欺骗。如果遇到下面的情况，请注意要标明创作者是谁。

（1）复制与别人一模一样的文字，甚至一个句子；

（2）复制别人的绘画、图表或图片等；

（3）复制大多数人不知道的事实；

（4）用你自己的话表达别人的想法。

© 看一看

● "合理使用"范围还有哪些呢？你可以上网查询《中华人民共和国著作权法》第二十二条的其他条款。

● 你一定见过下面的符号吧？你知道它们代表什么意思吗？

© 相关资源

中华人民共和国国家知识产权局：http：//www. sipo. gov. cn。

中国保护知识产权网：http：//www. ipr. gov. cn/index. shtml。

后　记

　　作为一门与信息技术发展关系密切的学科，中小学信息技术课程内容始终处于一种动态变化的过程中。随着社会信息化程度的不断加深，信息与社会的主题渐渐成为课程内容的重要组成部分。本书以此为核心问题，对国内外的课程开发问题进行分析与归因，在阐述其课程开发一般原理的基础上，提出了课程开发的 KPRC 模式，力求从理论与实践上为促进中小信息技术课程发展提供一些借鉴。

　　谨以此机会，向完成此书过程中给予我帮助的人致谢。

　　感谢董玉琦教授。这套丛书由他作为主编，体现了他对中小学信息技术课程的深入思考与宏伟构想。在他身上，我不止看到了一个理想主义者的执着，一个浪漫主义者的率真，更见到一个现实主义者的批判，这种批判有时鞭辟入里，有时天马行空，有时曲尽其妙，有时异想天开，虽然这些批判往往结果未遂，却是拨云见日柳暗花明的必由之路，同时，也是个人求真至善内心优雅的真实体现。这是对我求知、生活的最大影响。

　　感谢马云鹏教授、袁孝亭教授、解月光教授、吕立杰教授在我开题时的指导；感谢王吉庆教授、傅德荣教授、傅钢善教授、李艺教授、张剑平教授、衷克定教授、张庆秀教授、韩晓京教研员、李冬梅老师对我的论文研究给予的建议与支持。

　　感谢黄松爱博士、刘向永博士、李赫博士、徐继红博士、杨宁博士、张燕博士、王靖博士、王秋爽博士、包正委博士、伊亮亮、钱薇旭、边家胜、谢建、鲍乃源、王珏、马芳、杨莉、王东英、郑一等同学的关心，谢谢你们的幽默与智慧。

　　感谢在我进行教学实验期间给予极大便利的苏向红、孙伟、赵志强、姜华、王珍君、侯菲、马艳红等老师，感谢我任教学校众多领导、同事们的多年关注与鼓励。

感谢让我成为儿子、弟弟、丈夫、女婿、父亲的家庭，这诸多的家庭称谓使我得以体会一个凡夫俗子生存、生活的艰难与喜悦，那诸多与我相对应的家庭称谓使我得到了毫无条件的爱的赠予。虽然我爱得那么笨拙，但我深爱你们。

2015 年 6 月 29 日

出版人　所广一
责任编辑　贾立杰
版式设计　杨玲玲
责任校对　张　珍
责任印制　叶小峰

图书在版编目（CIP）数据

信息社会学课程开发理论与实践／钱松岭著. —北
京：教育科学出版社，2015.12
（信息技术课程发展研究丛书）
ISBN 978-7-5191-0264-7

Ⅰ. ①信…　Ⅱ. ①钱…　Ⅲ. ①信息学—社会学—教学
研究—中小学　Ⅳ. ①G633.672

中国版本图书馆 CIP 数据核字（2015）第 318570 号

信息技术课程发展研究丛书
信息社会学课程开发理论与实践
XINXI SHEHUIXUE KECHENG KAIFA LILUN YU SHIJIAN

出版发行	教育科学出版社			
社　　址	北京·朝阳区安慧北里安园甲 9 号	市场部电话	010-64989009	
邮　　编	100101	编辑部电话	010-64989637	
传　　真	010-64891796	网　　址	http://www.esph.com.cn	
经　　销	各地新华书店			
制　　作	北京金奥都图文制作中心			
印　　刷	北京易丰印捷科技股份有限公司			
开　　本	169 毫米×239 毫米　16 开	版　　次	2015 年 12 月第 1 版	
印　　张	20.25	印　　次	2015 年 12 月第 1 次印刷	
字　　数	330 千	定　　价	40.60 元	